理性的矛与盾
——购房维权指南

何正荣　任秀娟　夏云鹏
史庆华　高　翔　王　云　著
周　航　张　颖　郑博恩

中国建筑工业出版社

图书在版编目（CIP）数据

理性的矛与盾——购房维权指南/何正荣等著．
北京：中国建筑工业出版社，2004
ISBN 7-112-06302-7

Ⅰ．理...　Ⅱ．何...　Ⅲ．住宅—商品交易—法规—基本知识—中国　Ⅳ．D922.181

中国版本图书馆 CIP 数据核字（2004）第 003676 号

理性的矛与盾——购房维权指南

何正荣　任秀娟　夏云鹏
史庆华　高　翔　王　云　著
周　航　张　颖　郑博恩

中国建筑工业出版社出版、发行（北京西郊百万庄）
新 华 书 店 经 销
北京市兴顺印刷厂印刷

开本：880×1230 毫米　1/32　印张：11½　字数：287 千字
2004 年 2 月第一版　2004 年 2 月第一次印刷
印数：1—5000　定价：**25.00** 元
ISBN 7-112-06302-7
F·493(12316)

本社网址：http://www.china-abp.com.cn
网上书店：http://www.china-building.com.cn

每年的“3·15”都是老百姓和媒体十分关注的日子，其间，对商品房问题的投诉和对不良开发商的曝光更是社会关注的热点。因此本书在“3·15”推出，以借维权之势，让更多的购房人了解在购房过程中容易出现哪些问题或纠纷，从而使自己处于主动地位，防患于未然；并且一旦遇到了显失公平的情况乃至陷阱、欺诈，应该怎样以理性的心态应用法律的利剑去维护自己的权利。

全书主要结合楼盘广告、认购、合同、规划设计变更、交付、产权及物业等与购房密切相关的内容，介绍在整个交易过程中容易发生的问题、其根源是什么以及解决的对策。

全书语言生动，内在逻辑性强，并配以多幅漫画，让读者在轻松的氛围之中就掌握了实用有效的购房知识。

处于购房各个阶段的消费者均可从书中获得极有价值的信息，此外本书还可供开发商、房地产专业律师以及政府相关管理部门等参考。

* * *

责任编辑：齐庆梅
责任设计：孙　梅
责任校对：黄　燕

序

在我国，房地产市场的形成比较晚，地区发展不平衡，市场机制也还不太完善，是改革开放的直接产物。特别是近二十年来，随着住房制度改革的不断深入，我国房地产市场得到了迅猛发展，房地产行业在GDP中所占的比重越来越大，在国民经济中的重要地位也日益显现出来。由此看来，尽快完善市场机制，推动整个房地产市场朝着健康有序的方向发展显得非常重要和迫切。

党的十六届三中全会把进一步完善社会主义市场经济体制，作为深化改革的总方向确定下来，为房地产市场的不断发展提供了又一次机会。我们知道，市场经济是法制经济，房地产市场也不例外，法律是规范和调整作为房地产市场主体的政府、开发商、消费者之间关系的惟一手段，也只有这样，才能确保各市场主体的权利不被侵害。

近年来，我国房地产市场特别是商品房市场产生了大量的纠纷，已成为社会热点和难点问题，消费者的权益受到了不同程度的侵害，这是政府政策法规滞后、开发商经营不规范、消费者维权意识觉醒相互作用的结果。统计资料显示，2003年上半年与2002年同期相比，各类商品和服务总投诉量下降8.9%，但是商品房投诉在连续5年以10%以上的速度攀升的基础上又上升了

38.3%，达到了6727件，而这只是全国消费者协会组织受理的数字。与此同时，消费者维权的形式也呈现出激烈的趋势，有的地区甚至出现了人身伤害事件。虽说商品房投诉和消费者维权不是市场发展的主流，但如不及时制止和妥善处理，不仅会侵害消费者的切身权益，也会阻碍房地产市场的健康发展。可见，对这类问题的预防和解决不仅是有关职能部门十分迫切的工作，也是党和政府关心广大群众切身利益的具体体现。

消费者权益必须得到保障，这不仅是实践三个代表重要思想的要求，也是我国社会主义市场经济成功的关键。结合我国房地产市场侵权行为的成因和房地产市场发展的实际，我认为要采取标本兼治的办法，具体为：立法机关要加强调研，及时解决立法滞后的问题，尽快制定出一些与市场经济相适应的、有前瞻性和操作性的法律、法规；各级政府主管机关应转变观念，严格执法，积极改革与市场经济不相适应的管理体制和运行机制，依法对房地产市场进行科学的宏观调控；房地产开发企业要树立守法经营的观念，自觉遵守国家制定的各项法律、法规，树立诚信经营的理念，保证消费者法定权利不受侵害；消费者尽可能采用理性的维权方式和途径，如与开发商协商和解、请求消费者协会调解、向有关政府部门申诉、提请仲裁机关仲裁、向人民法院提起诉讼等，以确保自身的合法权益得以实现。

本书的作者通过对实践工作的总结，系统地介绍了消费者在购买商品房过程中可能遇到的主要法律问题，并从消费者维权这一独特的角度详细阐述了维权的法律基础、维权的焦点、维权的方式等，对房地产市场的发展和消费者权益的保护都有着积极的意义，对房地产市场各主体来说都具有很强的指导性和借鉴作用。

希望本书能够成为一本科学、实用的购房指南和维权利剑！

中国消费者协会
投诉与法律事务部主任 王前虎

前　言

刚刚过去的2003年，是房地产业不平静的一年。

这一年，房地产行业被司法机关和行政机关高度“关注”：最高人民法院出台《关于审理商品房买卖合同纠纷案件适用法律若干问题的解释》；中国人民银行出台“121号文”（《关于进一步加强房地产信贷业务管理的通知》）；国务院出台“18号文”（《国务院关于促进房地产市场持续健康发展的通知》）和《物业管理条例》；拆迁问题、施工企业拖欠工资问题都被提到从未有过的高度……

这一年，购房者的维权行为如火如荼：砸沙盘的，上访的，冲击开发商办公楼的，集体诉讼的……一个显著的变化便是与房地产有关的诉讼成倍的增加。

这一年，开发商也在苦练内功，抓产品，抓成本管理，抓客户服务，抓诚信……以使自己适应客户的需求和市场的整顿和调整。

不管如何的不平静，我们欣喜地看到，房地产行业的各个参与主体正在走向成熟，走向理性。本书就是在这样一个大背景下诞生的。

本书的作者都是从事房地产法律实务的专业人士，熟知房地

产开发的流程、流程中涉及的法律问题和购房者可能遇到的问题。

本书选择了广告、认购、合同、规划设计、交付、产权、欺诈、物业、维权途径九个方面的法律问题和维权焦点问题加以详细介绍。

本书的作者因其所从事专业的特点，分析和判断问题充满了理性的色彩，同时，这个创作集体又是一群充满激情的年轻人，希望用自己的微薄之力为这个行业的发展做出贡献，为购房者的理性维权推波助澜。

在此还要特别感谢薛蓓蓓为本书所作的生动而寓意深刻的漫画。

编　者

目　录

第一章　广　告

第二章 认 购

第三章 合 同

第四章　规划设计

第五章　交　付

第六章　产　　权

第七章 欺　诈

第八章　物　　业

第九章　维权途径

第一章　广告

第一节 引 言

一、土堆水沟与青山绿水

王先生现在仍能清晰地回忆起自己看到小区楼书时那种激动的心情：羽毛球场、缓坡式绿地、欧式雕塑、亭台楼榭，组合起来是何等赏心悦目的美景，而这也正是王先生心目中家庭和环境完美的组合，于是他毫不犹豫地签下了购房协议。而当小区终于建设完成，王先生有机会实地看房之际，才发现希望的肥皂泡破裂得是如此的彻底，欧式雕塑、羽毛球场、缓坡式绿地都不见了去向，连合同中明明白白写着的“外墙局部配有高级面砖”也变成了涂料，王先生拿着楼书广告，听着开发商各种的解释，却怎么听也听不明白。

面对令人目眩神迷的精美广告，一位业主在论坛上留下了这样一个帖子：想想当时手捧精美的楼书与宣传广告，仿佛身处碧水云天之美景，气舒放怀，满心憧憬，那风、那水、

那山……美！真美！40%绿化率，全封闭管理，园林曲水，自然环绕，闲情逸致，怎能不动心？再加上美丽的售楼小姐的叫卖“你看到的就是我们要给你的”，乖乖送上银子，为自己的理想的家园换取入门证。真的只是理想，KFS（开发商）一句不负责任的话——“不能以楼书为据”，将梦击醒。那我们凭什么买你的房？我们看到的是你的楼书，听到的是你经过统一训练的销售小姐红嘴薄唇的承诺，那一刻才有了誓死如归，拿出前半生的积蓄再透支上后半生。可交了银子到现在才知道一二期隔着条市政路，近邻是家大医院，车库向社会开放，绿化率不足30%，小区入口仿佛自由市场，这是彻头彻尾的欺诈！KFS做何解释？不知交房后还会拉响什么新的警报，实在受不了如此刺激！呜呼！耶稣救我！

所有的这类纠纷，归根结底就是一个缘故：不是消费者糊涂犯了错，都是虚假广告惹的祸。

二、什么是广告？什么是房地产广告？

国外商业界有一句名言：“想推销商品而不做广告，犹如在黑夜里向情人递送秋波”，可见广告宣传在销售中的重要作用，这在房地产方面表现的尤为明显，各家开发商不惜在广告方面投入重金。如果要问消费者现在什么广告最多，人们第一反应估计不是“送礼就送×××”就是“今天你喝了吗？”，满世界的食品药品广告让我们觉得自己不是缺钙就是缺铁，要不就是缺维生素C。而事实上，据最新的统计资料显示，我国房地产广告量超过百亿，在不知不觉中已经超过药品、食品广告，成为广告市场的龙头老大。在广州、海南等房地产发展较快的地区，房地产广告占广告投放总额的一半以上；在北京，打开《北京青年报》、《精品购物指南》等报刊，其中精美的大幅广告很多都是房地产广告。

什么是广告？《中华人民共和国广告法》（以下简称《广告法》）在第二条就对此做了规定："本法所称广告，是指商品经营者或者服务提供者承担费用，通过一定媒介和形式直接或者间接地介绍自己所推销的商品或者所提供的服务的商业广告"。而所谓房地产广告，依据《房地产广告暂行办法》是："指房地产开发企业、房地产权利人、房地产中介服务机构发布的房地产项目预售、预租、出售、出租、转让以及其他房地产项目介绍的广告。居民私人及非法经营性售房、租房、换房广告不属于法律范围内房地产广告的范围。"

法律上的定义可能对于消费者过于抽象，人们最熟悉的还是广告的不同表现形式。在广播、电视、电影、报纸、期刊、网络等媒体上直接推销产品的宣传活动、文件资料无疑是最典型的广告。而鉴于房地产行业宣传的一些特点，开发商向外界展示其项目的效果图、沙盘模型、样板间等也应该视为广告。从保护消费者的角度而言，房地产开发商或者其销售人员对于房地产项目的口头承诺也应该具有和广告同样的性质。而本书将围绕着这些形形色色的广告而展开。

三、形形色色的虚假广告

一项调查显示：90% 以上购房者对楼盘的第一印象来自房地产广告，可见其影响力不容小视。但当人们通过广告去了解商品房的有关信息时，却发现自己陷入了层层迷雾之中。有一则笑话说，某地举办吹牛大赛，最终杀入决赛圈的一水儿全是售楼小姐。这看来有些极端，但却在笑声之后让人感觉到消费者面对虚假宣传的苦涩。明明只有一所学校，却硬说自己是教育社区；明明只有零星的几棵树一片草，却硬是立着一块硕大的牌子，上书"社区花园"；明明是积压

多时的空置房，却说是保留单位典藏户型；明明是楼盘紧靠着蚊虫滋生的臭水沟，却偏要吹嘘自己是水景豪宅。

据不完全统计，业主与开发商、物业公司的冲突、矛盾有50%以上与虚假广告有关。据全国各地消费者协会上报的统计数字显示，1999年受理房地产虚假广告366件；2000年受理房地产虚假广告395件；2001年受理房地产虚假广告320件；2002年受理房地产虚假广告888件。从1999年到2002年，受理房地产虚假广告的数量增长了近三倍，而且这些统计出来的也许只是冰山一角，许多关于房产质量和面积的纠纷中或多或少的都会见到虚假广告的影子。对于消费者而言，购买商品房的第一步大多数都是从看广告开始的，而许多以后的纠纷也直接源于这关键的第一步，从这个方面来说，消费者维权的第一步就是要从如何对付虚假广告开始。

四、虚假广告出现的原因

对于消费者而言，所谓虚假广告就是指宣传的内容与实际的情况不一致的广告。那么，是什么原因导致出现虚假广告呢？据调查，有31.4%的人认为“广告媒体一味追求经济效益，把关不严、不规范”；还有14.7%的人认为是由于“对虚假广告没有专门的法律和法规进行约束，无法可依”；也有12.7%的公众认为是由于“消费者的消费、经营意识不够成熟，过于轻信，让虚假广告屡屡得逞”。这些看法无疑都反映了虚假广告出现的部分原因，但并不全面。在汉语中，“虚假”总包含着某种欺诈的故意或者至少是主观上的过失，但在房地产广告方面却并非总是如此，事实上，出现广告宣传与实际情况不一致的原因很多，因而处理的方式也不尽相同。

（一）政策法规变动的影响

房地产广告发布后，由于政府政策或相关法律、法规发生变动，开发商原有的设计、规划无法得到批准；或为配合政策或法律、法规的变动，开发商对小区的现有设计、规划作出必要、合理的调整，由此造成广告宣传与实际不一致，开发商原则上无需承担任何法律责任。但如果购房人的根本目的无法实现的，应允许其退房，双方恢复至没有订立合同前的状态，即取消合同。

（二）规划设计变更的影响

开发商基于小区开发成本、房屋功用等考虑，为使小区的设计、规划更趋合理，在履行了相应的政府批准手续后，对小区现有设计、规划作出必要、合理的调整，因而造成了广告宣传与实际不一致的情况。对此，购房人则不宜用虚假广告的相关规定追究责任，而应该根据规划设计变更的规定维护自己的权利，本书第四章对此将有详细的阐述。

（三）开发商恶意欺诈的影响

部分开发商为达到自己的销售目的，不择手段，故意违反广告法律、法规，违背诚实信用原则，对外发布虚假广告，欺骗、误导购房人。这是令购房者最为深恶痛绝的一种情况。对于此种情况，法律规定了严厉的处罚措施，开发商不仅要承担罚款等行政责任，还应当就其欺诈行为向购房人承担相应的民事责任。购房人有权根据具体情况，要求解除合同、赔偿损失等。

（四）开发商过失的影响

在很多情况下，开发商并无欺诈或误导购房者的故意，但由于广告用语错误、叙述不准确等原因导致购房人理解差异。另外，由于开发商的工作人员对广告的不当理解并随之进行了错误宣传，也会导致购房者理解的广告与实际情况有

所差异。对此，开发商应在发现后，及时采取相应的补救措施，与购房人协商解决处理办法，同时购房者有权利根据具体情况要求开发商承担相应的违约责任。

鉴于房地产虚假广告较多的现状，公众对房地产业的健康发展有什么建议呢？有关资料显示：71.4% 的公众认为，“房子也是一种商品，应该在返修、维修的基础上，增加包退、包换内容，实行三包”；有67.2% 的公众认为，应“建立必要的法律援助及相应机构，以便及时处理投诉，解决问题”；有61.6% 的公众认为，应“加大执法力度”；有47.5% 的公众认为，应“增加强制性、惩罚性、操作性的条文，以便于执法”；有32.7% 的公众认为，“政府部门应与房地产开发公司脱钩，以便加强对房地产业的规划开发、立项、审批的监督管理”；有22.9% 的公众建议，“对于虚假广告，应像普通商品那样可以‘打假’，实行多倍罚款”。归纳来看，公众的要求就是要完善针对虚假广告的法律规章制度。那么，在对付虚假广告方面，我们消费者维权的法律依据是什么呢？

第二节　维权的法律依据

一、维权的学理基础

消费者维权有很多的途径，双方协商无疑是最简捷有效的手段，在协商无法解决的情况下，有些消费者选择了向媒体求助，还有一些消费者干脆直接去对方的售楼处等地散发传单，甚至有些怒不可遏的消费者把开发商的沙盘砸个稀烂……事实上，媒体的关注固然有一定的影响力但却没有强制力；而采取暴力的手段或可泄一时之气，但却会因触犯法律而使自己陷入被动。因此，本书认为最强有力的维权手段就是利用法律。有了法律的依据，既可以通过谈判向开发商主张自己的权利，必要时也可以通过司法的途径维护自己的权利。正所谓“理直”才能“气壮”，那么利用法律进行维权的“理”是什么呢?

（一）“金口玉言”和“随便说说”：要约和要约邀请

打开电视，格格、阿哥、太后在屏幕上忙得不亦乐乎，在剧中格格们可以疯疯癫癫，胡说八道，但皇上、太后说话就必须小心了，因为他们说的是“金口玉言”，一旦说出就不能轻易收回。事实上，每个人一生都会说很多的话，但没有人能保证自己每句话都是真的并对此承担责任。那么哪些话会产生法律责任，哪些不会？这就是要约和要约邀请所要讨论的问题。前者可被视为“金口玉言”，不能反悔；后者则可以视为随便说说，没有强制性的约束力。

对于要约，《中华人民共和国合同法》（以下简称《合同

法》）第十四条中有明确的定义："要约是希望和他人订立合同的意思表示，该意思表示应当符合下列规定：

（一）内容具体确定；

（二）表明经受要约人承诺，要约人即受该意思表示约束。"

要约邀请在《合同法》第十五条有明确的定义："要约邀请是希望他人向自己发出要约的意思表示。寄送的价目表、拍卖公告、招标公告、招股说明书、商业广告等为要约邀请。商业广告的内容符合要约规定的，视为要约。"

对于消费者维权的实践而言，如果认定广告属于要约，一旦消费者据其购买了房屋，则其内容就应该构成房屋买卖合同的一个组成部分，如果开发商没有实现广告中提到的承诺，则应视为违约。如果认定广告属于要约邀请，则即使消费者因此购买了房屋，广告的内容也不能当然地作为合同的一部分，仅能被视为一种参考，并不具有约束力。由此可见，广告到底是要约邀请还是要约对消费者而言至关重要。通常情况下，广告被认为是一种要约邀请。但是在特定的情况下，广告也可被视为要约，从而对广告发布者具有约束力。

要约和要约邀请的区别在于：

（1）要约是当事人自己主动愿意订立合同的意思表示，以订立合同为直接的目的；要约邀请是当事人表达某种意愿的事实行为，是希望对方主动向自己提出订立合同的意思表示。

（2）要约中含有当事人表示愿意接受要约约束的意思，而要约邀请则不含有当事人接受约束的意思。

（3）要约大多数是针对特定的相对人的，故要约往往采用对话方式和信函的方式；而要约邀请一般是针对不特定的相对人的，故往往通过电视、报刊等媒介手段。

（4）要约的内容必须具备足以使合同成立的主要条件；而要约邀请则不具备足以使合同成立的主要条件。

对于要约和要约邀请，美国曾有一个很著名的案例说明这个问题。被告为一个制药商，刊登了一则广告，声称任何人若依其指示之方法及特定期间内使用该药品，可以防治流行性感冒，如照上述方法使用而仍被感染感冒时，被告愿付其100英镑，并于广告中表示已存入银行1000英镑以示诚意。原告见广告后购买了该药，并依指定方式使用，结果仍患流行性感冒，于是起诉被告付给100英镑。法院支持了原告的请求。被告虽然辩称该广告不是要约而是要约邀请，仅是促销手段，但法院认为原告广告明确具体，其存入银行1000英镑以示慎重，足以让消费者确信其内容，故该广告已构成要约。

对于广告是否属于要约，我国的法律对此有明确的规定，《合同法》第十五条第二款规定“商业广告的内容符合要约规定的，视为要约”；而对于房地产广告，我国的法律还有专门的规定：《最高人民法院关于审理商品房买卖合同纠纷案件适用法律若干问题的解释》（法释[2003]7号，以下简称司法解释）第三条规定：“商品房的销售广告和宣传资料为要约邀请，但是出卖人就商品房开发规划范围内的房屋及相关设施所作的说明和允诺具体确定，并对商品房买卖合同的订立以及房屋价格的确定有重大影响的，应当视为要约。该说明和允诺即使未载入商品房买卖合同，亦应当视为合同内容，当事人违反的，应当承担违约责任。”

由此可见，合同法和司法解释在通常情况下均将商业广告和商品房的销售广告和宣传资料定性为要约邀请。但也有例外的规定，即当商品房的销售广告和宣传资料符合下列条件时，其性质将变为要约，若出卖人违反，将承担违约责任：

1）出卖人就商品房开发规划范围内的房屋及相关设施所作的说明和允诺；2）该说明和允诺具体确定；3）该说明和允诺对商品房买卖合同的订立以及房屋价格的确定有重大影响。

需要注意的是上述三点需要同时符合，如果仅是符合其中之一，则不能认为该广告构成要约，比如有消费者非常看重小区的绿化，开发商在广告中也打出了纯天然生态小区这样的噱头，而实际上其绿化率却很低，这时由于开发商对于绿化的承诺并不具体确定，因此该广告并不能被视为要约。那么，如何理解最高院的司法解释，什么情况下房地产广告可能是要约呢？我们可以对最高院的司法解释进行详细的分析：

1. 房屋及相关设施与商品房开发规划范围

房屋及相关设施应理解为硬件设施，包括三个层次：1）房屋结构部分，房屋内装饰装修、水电煤气、各种管线等；2）房屋所在楼宇的公共部分，比如大堂、电梯间、楼梯间、外立面等的造型、颜色、用材及品牌、装饰装修标准等；3）房屋所属项目的配套、绿化、规划道路、供暖方式等。

商品房开发规划范围狭义的理解应为：规划批准的项目用地范围内的所有建筑及配套设施，是一个空间方位的概念。

广义的理解应为：规划批准的项目中所涉及的组成建筑和配套设施的所有元素。凡是与该元素有关的，都应列入此范围。

比如说，某项目规划用地范围外的一块地，有业主认为销售人员在卖房时承诺是一片绿地，也不会有超高建筑。但事实并非如此。按照狭义的理解，该说明和允诺不在商品房开发规划范围内，只能理解为要约邀请；但如果按照广义的

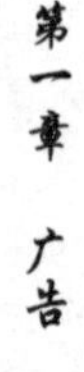

理解，绿地是组成建筑和配套环境的一个元素，因此，对于绿地的说明和承诺应理解为要约。

通常情况下，对商品房开发规划的范围应按照狭义的理解，但如果开发商对超出商品房开发规划范围外的事务的说明和承诺对客户非常重要又比较具体明确，则不能排除被认定为要约。

2. 说明和允诺具体确定

“具体确定”是区分要约和要约邀请的很重要的一点，所谓具体确定，通常是指要约的内容明确、全面，受要约人通过要约能清楚地知道要约人的真实意思表示和将来可能订立的合同的主要内容。比如宣扬小区是个“天然氧吧，绿树环绕”显然不能认为有具体的内容，而“绿化率超过50%”则可以被视为说明和允诺具体确定。

3. 对商品房买卖合同的订立以及房屋价格的确定有重大影响

什么样的说明和允诺对想要订立商品房买卖合同的客户具有重大的影响，因人而异，不同的客户关注点会非常的不同，因此，如果仅因为这一点发生纠纷，法官的自由裁量度将会很大，比较难以作出判断。法官通常会对不同的设施和不同的材料、配套等对商品房价格的影响有个常识性的判断。如果消费者在买房时将自己关心的因素明确地表达出来，如绿化等，并有充分的证据对此加以证明，则有利于在以后可能出现的纠纷中确认“对商品房买卖合同的订立以及房屋价格的确定有重大影响”。

（二）无商不奸？民法上的诚实信用原则

如前所述，通常情况下，房地产广告属于要约邀请，对开发商没有法律约束力，但这并不意味着开发商可以不负责任地作虚假广告，欺骗、误导消费者。开发商从事房地产广

告还应遵守我国《民法通则》、《广告法》等相关法律、法规及规章的相关规定，开发商对外发布的广告应真实、合法，开发商从事广告活动应遵守诚实信用原则，不得有欺诈行为，否则将承担罚款等责任。

所谓诚实信用原则是指民事主体在从事民事活动、行使民事权利和履行民事义务时，应本着善意、诚实的态度，即讲究信誉、恪守信用、意思表示真实、行为合法、不规避法律和曲解合同条款，这是最基本的民法原则。诚实信用原则不仅发挥着指导当事人正确行使权利和履行义务的功能，而且还发挥着解释和补充法律规定不足的功能。在最高院司法解释颁布以前，由于缺乏对于房地产广告性质明确的规定，法院处理这类案件的时候，曾经根据诚实信用原则直接对一些虚假广告的行为进行了处理，但是现在对于广告既然有了明确的规定，诚实信用原则就不能任意适用了。

（三）合同不成立是否没有保护？缔约过失责任的应用

无论是认定广告的要约性质还是要求适用诚实信用原则，通常都只能适用于商品房买卖合同签订以后，如果购房者及时发现了开发商的虚假广告而没有与其签订合同，这时购房者也可以利用法律来维护自己应有的权利，这就需要借助于缔约过失理论。我国《合同法》中有一个很突出的特点就是引进了不少国外先进的立法理念，其中就包括缔约过失责任的引入。

缔约过失责任是指因缔约过程中当事人一方或双方故意或过失地违反诚实信用原则负有的先合同义务，在合同尚未成立、无效或被撤销的情形下，依法承担赔偿责任。其中先合同义务，是随着缔约人双方因签订合同而互相接触、磋商逐渐产生的注意义务，而非合同有效成立所产生的给

付义务。它包括互相协助、互相照顾、互相保护、互相通知、诚实信用、互相保密等义务。由于这些义务以诚实信用原则为基础，随着债的关系的发展而逐渐产生，因而在学理上又称为“附随义务”。缔约人违反这些义务时，向对方当事人所负的赔偿责任，就是缔约过失责任。《合同法》第四十二条对此做了明确的规定：“当事人在订立合同过程中有下列情形之一，给对方造成损失的，应当承担损害赔偿责任。(一)假借订立合同，恶意进行磋商；(二)故意隐瞒与订立合同有关的重要事实或者提供虚假情况；(三)有其他违背诚实信用原则的行为。”

很多时候，购房者根据广告与开发商进行协商，并为此花费了不菲的费用，但在这个过程中购房者却发现开发商的广告与实际情况相去甚远，从而导致了合同无法缔结，有些开发商甚至会借口购房者不签合同而扣掉其已经缴纳的部分定金，这时购房者通常只会庆幸自己躲过了开发商的陷阱，对于如何要回定金可能感觉束手无策，而对自己已经支付的费用更是不去追索。事实上，在这种情况下，只要能清楚地举证证明开发商进行了虚假宣传，购房者不仅可以取回已经给付的定金，还可以根据《合同法》第四十二条的规定，要求开发商承担缔约过失责任，赔偿消费者此前为此支付的费用及其他直接经济损失。

此外，对于开发商经常推说广告不是合同的内容，也有人建议消费者要求开发商在楼书广告上盖上骑缝章，认为这种“高招”能达到将广告楼书内容计入合同中的目的。但事实上，这种做法无任何法律上的意义。如前所述，我们知道广告楼书是否作为合同的内容，关键是判断其是否属于要约。在楼书广告上盖开发商的大印，在没有其他明确的说明语句（比如：同意该广告楼书作为合同的附件）的情况下，

在法律上只有一个意义，就是说明该楼书广告是该开发商发布的，并不能以盖章推断出楼书广告的内容已被纳入合同之中，倒是对于某些楼书广告上没有的内容，而只是售楼人员的口头承诺，只要有足够的证据加以证明就可以达到将其视为合同一部分的目的。

二、维权的法律规定

在明确了消费者维权的理论依据之后，对于消费者而言更重要的就是了解对于虚假广告，在我国有哪些具体的法律规定。

（一）与广告有关的立法

我国关于广告的立法大致可以分为两类。一类是专门针对广告的立法，如《广告管理条例》、《广告管理条例实施细则》、《印刷品广告管理暂行办法》、《房地产广告发布暂行规定》等；另一类是在综合性的法律法规或者司法解释中对于广告的某些问题加以规定，如《合同法》中关于要约的规定，《刑法》中关于“虚假广告罪”的规定，《中华人民共和国消费者权益保护法》（以下简称《消法》）中关于消费者知情权的规定，最高院司法解释关于广告法律性质的规定等。这些法律法规对于广告，包括房地产广告作出了全面的规定，其中不仅涉及广告发布的基本原则，如《广告法》第三条规定：“广告应当真实、合法”；第四条规定：“广告不得含有虚假内容，不得欺骗和误导消费者”；也涉及发布虚假广告的法律责任，如《广告法》第三十七条对发布虚假广告的行政责任和刑事责任做出了规定，第三十八条对虚假广告侵权的民事责任作出了规定；此外，还涉及广告性质及广告管理等方方面面的内容，购房者在面临虚假广告的时候可以从这些立法中寻找到法律的保护。

（二）我国法律中关于房地产广告的具体法律规定

作为广告的一种，房地产广告当然必须符合上述法律的规定，此外，鉴于房地产广告的特殊性，我国相关法律对房地产广告的基本内容作出了有针对性的规定，这是消费者维权最基本的依据，这些规定主要涉及以下几个方面。

1. 下列房地产项目不能发布广告：

（1）在未经依法取得国有土地使用权的土地上开发建设的；

（2）在未经国家征用的集体所有的土地上建设的；

（3）司法机关和行政机关依法裁定、决定查封或者以其他形式限制房地产权利的；

（4）预售房地产，但未取得该项目预售许可证的；

（5）权属有争议的；

（6）违反国家有关规定建设的；

（7）不符合工程质量标准，经验收不合格的；

（8）法律、行政法规规定禁止的其他情形。

2. 房地产广告中不应包括下列内容：

（1）房地产广告不得含有风水、占卜等封建迷信内容，以项目情况进行的说明、渲染不得有悖社会良好风尚。

（2）房地产广告中不得出现融资或者变相融资的内容，不得含有升值或者投资回报的承诺。比如，以前曾有一些楼盘在广告中宣称在10年以后将逐年返回消费者的购房款，这种承诺没有切实的依据，主要想诱导消费者购房，事实上属于一种投资回报的宣传，已为法律所禁止。

（3）房地产广告中不得含有广告主能够为入住者办理户口、就业、升学等事项的承诺。对于这个问题，在《国家工商行政管理局关于房地产广告中承诺为入住者办理户口问题的答复》中有更为具体的规定，该答复中说明：“一、

办理户口只能由政府有关部门依照规定进行。因此，房地产广告中不得以任何形式出现房地产开发企业、房地产权利人、房地产中介服务机构能够为入住者办理户口承诺的内容。 二、依照法律法规和有关规定可以办理户口的房地产项目，广告中有关办理户口的内容应当表述清楚、明白，标明有关规定的出处或者相关条件，不得使人产生误解。”

除以上几点内容不能在房地产广告中出现以外，一些地方性法规或规章中可能会有一些规定，如广东省《关于加强房地产广告管理的通知》中就规定：“预售商品房广告中涉及物业管理内容的，应当符合法律、法规的有关规定；不得在广告中出现减免或赠送若干年物业管理费的内容”，消费者也应对此有所注意。

3．房地产广告必须具备下列内容：

（1）开发企业名称；

（2）中介服务机构代理销售的，载明该机构名称；

（3）预售或者销售许可证书号。

广告中仅介绍房地产项目名称的，可以不必载明上述事项。

另外，如果房地产广告中对价格有表示的，应当清楚表示为实际的销售价格，明示价格的有效期限。而如果广告中表现项目位置，应以从该项目达到某一具体参照物的现有交通干道的实际距离表示，不得以所需时间来表示距离。房地产广告中的项目位置示意图，应当准确、清楚，比例恰当。如果房地产广告中涉及的交通、商业、文化教育设施及其他市政条件等，在规划或者建设中，应当在广告中注明。如果房地产广告中涉及面积的，应当表明是建筑面积还是使用面积。

第三节 维 权 焦 点

“雾里看花，水中望月，你能分辨这变幻莫测的世界”，那英唱起这首歌的时候不知道有多少人把它当成一首缠绵悱恻的情歌，又有多少人知道这其实是专为“3·15”晚会创作的维权歌曲。不过当消费者们被五花八门的广告折腾得晕头转向的时候，一定想到的是“借我借我一双慧眼吧，让我把这纷扰看得 清清楚楚 明明白白 真真切切”。那么，房地产广告中有哪些方面需要我们睁开慧眼呢？

一、房屋的位置

房地产界有一句深受推崇的论断是：对于一个房地产项目，最重要的因素第一是地段、第二是地段、第三还是地段。事实上，消费者在选择购买商品房时首要关注的也是房屋所在的位置。此外，随着城市各种交通设施的完善，周边交通状况的好坏也构成了判断地段优劣的一个很重要的指标。于是，所要购买的楼盘是在亚运村还是在CBD？是在三环内还是在五环外？是在地铁沿线还是在轻轨之畔？这些成了消费者首先希望从房地产广告中获知的答案。

楼书广告中，最能直接反映房产位置的无疑就是楼盘地理位置示意图，通常情况下这幅示意图的中间都端立着本地最突出的标志性建筑，比如在北京就是天安门，然后在离天安门不远的地方你会看到一个美丽的图案，那就是广告宣传的楼盘，如果不出意外的话在这幅示意图上，消费者还不难看到一些著名的公园、高校、购物中心等等，它们看来都在

该楼盘周围，但是千万不要以为这个楼盘和图上的这些地方都近在咫尺，如果消费者再仔细一点或许可以看见在楼盘和天安门之间有条小小的细线，旁边有几个小字——五环，所有的一切都源于一个比例，二环以内的房子可以在图上和天安门相距10厘米，而天津的房子在示意图上你会发现和天安门也仅有5厘米的距离，因此，要想弄清房子的具体位置，购房者必须注意地理位置图是不是按照比例绘制的。事实上，在许多房产广告中都会采用很高的比例，甚至很多广告的示意图根本没有按照比例绘制。所以说，房子的位置还是眼见为实。

除了示意图以外，中国语言的博大精深也被众多的房地产广告应用到了极致，“毗邻”无疑是最常见到的一个词，毗邻清华北大、毗邻亚运村、毗邻CBD……一旦你身临其境，才会深刻地认识到什么是咫尺天涯。毗邻清华北大的房子其实在清河，住在昌平就可以说南临亚运村，通县的房子无疑就是毗邻CBD的典范，再有想像力一点还可以说成长安街沿线（延长线），如果你以此质疑开发商，他可以坦然地告诉你四海之内还是一家，况乎区区十几公里的房子说是邻居当然也不为过了。如果觉得以上的表述还不够力度，房地产广告中还会对交通状况做一个详细的描述，比如离某地几分钟车程，你千万别以为这是在何等中心的地段，对于一些开发商而言，20分钟车程可能是指时速200公里的宝马在深夜的高速路上通过的直线距离，也就是说离天安门30分钟车程的楼盘可能是在河北的某个村里。对于这种广告，消费者一定要亲身感受一下周围的交通环境再做判断。

还有一类广告强调自己位于地铁沿线、轻轨沿线或者未来的某轨周边，此时，消费者一定要小心。如果你看见距轻

轨××米的广告时，它可能是指到铁轨的直线距离。如果你觉得自己有成龙的身手，可以三两下爬上100米的高架桥，并能够如詹姆斯·邦德般纵身跃上飞速的轻轨列车，然后，用你的谦谦绅士风度夹着公文包去上班，那么这里对于你而言确属“交通便利”。但如果没有此等身手，那么这种轻轨畔的家园可能仅仅意味着能远远看到飞驰而过的列车，站台却是不见踪影。对于这种广告，还可以通过实地观察来发现事实，而对于宣称自己处于未来地铁（或者城铁）某环线的楼盘而言，消费者就难以考证了。如果见到这种广告，消费者首先应该明确这种规划的来源，并了解其实施的具体时间；其次可以向相关部门求证，如果觉得材料不足以证明的话就不能轻信，或者要求开发商将这种承诺特别是实现的时间直接纳入合同之中，如果到时无法实现就可以以此为依据要求开发商承担相应的违约责任。

二、房屋的价格

电影《大腕》里面有这样一句话“什么叫成功人士？成功人士就是买什么他不买最好的,就买最贵的！所以我们搞房地产的口号就是:不求最好，但求最贵！”这句话当然比较极端，不过至少说明了价格在房地产中的重要地位，买房也许其他所有因素都不在话下，但是价格是一定要考虑的因素，因为价格本身就能说明很多问题，房屋的地段、装修、配套设施等等要素无一都可以通过价格来体现，所以消费者选择购买房子的时候，希望从广告中获得的一个重要的信息就是房子的价格，对于“成功人士”如此，对于囊中并不足够宽裕的普通人士更是如此。

顺应消费者的心理，许多房地产广告中直接标明了房屋的价格，以吸引消费者的眼球。这些广告上标明的价格

和超市中商品价格标签上的价格不同，后者就是实际的售价，而前者可能和实际的售价有很大的区别。这其中虽不乏有广告突出其高昂的价格以吸引那些“不买最好的，就买最贵的”“成功人士”，但大部分的房产广告标明的价格都尽可能突出房屋的高性价比，也就是说大部分广告标明的价格都低于其实际销售的价格。

某房地产开发商为了招揽顾客，在广告中把房价标得很低，每平方米仅1800元，但又在后面加了一个不起眼的“起”字，最后各种费用加起来竟达到3000多元。还有，广告中所标出的价格往往只是基本价，你若购买，还有各种各样的附加税费在等着你，如绿化费、教育配套费、开房费、管道煤气预设费等，所以对广告上标出的房价要仔细询问清楚。

几乎所有营销行业都有起价这个词，但惟独房地产的起价让绝大多数消费者痛恨，所以有人称，房地产业的“起价不是价”。×元／m^2起实际上意味着你永远也别想用这个价钱买到你心仪的房子。一方面，所谓起价的房子都是楼层或者朝向最不好的房子，而且即使是这样的房子，绝大多数开发商的房地产项目在广告中所标起价的户型都是“已售完”的，这让那些看完广告后想要买起价房而在第一时间赶到售楼处的消费者大有上当受骗的感觉。而实际上，很少有开发商愿意出示那套“刚刚售出”的起价房的合同。另一方面，很多物业的最后成交价往往都高于起价1000元／m^2左右，个别物业的最高成交价甚至是起价的两倍。对于房地产这样的大件商品而言，这么大的价差是难以让人接受的。 特别是几乎所有的房价都是开发商自己定，也是自己说了算，其中的水分与上下幅度都有相当多的人为因素，很让消费者迷惑不解。第三方面，对于那些最终以起价成交的房子，消费者也会发现那可能都

是些问题房。

因此，消费者在看广告上的价格时一定要搞清，起价、均价、开盘价、清盘价各不相同，有时楼书上出现的价格只是供应几套的优惠价，这种优惠价根本不值得参考。另外常有广告中不标明销售价格的有效期限，如果开发商以此来作为自己抬高价格的理由，消费者可以根据《房地产广告管理暂行办法》要求相关部门认定其广告违规。

此外还有一类广告，走另类路线：或者宣称本楼盘下个月涨价100元或者宣称优惠仅限在本月，不过如果你下个月再看可能还是同样的广告，所谓价格所谓优惠始终未变。对于这类广告，消费者也应该慎重。因为一旦买房之后，即使发现存在这种问题，也只能要求工商管理部门查处此类广告，但是由于难以认定广告构成要约，同时也难以证明自己因此类广告受到何种损失，因此很难最后据此要求开发商进行赔偿。

三、房屋的面积

除了位置和价格以外，消费者买房必须要考虑的就是房屋的面积，这也是现在房地产广告中的一个重要内容。对于房屋的面积，有两种计算的方式，一种是建筑面积，一种是使用面积。现在在商品房销售中，通常是以建筑面积计价。广告中涉及到的房屋面积通常分为两类，一类是在楼书中详细列出楼盘各种户型的户型图并标明面积，另一种就是在广告中只标明大概的面积范围和一个模糊的总价。

对于楼书中户型图上标明的房屋面积要仔细区分是建筑面积还是使用面积，如果没有注明，则通常意味着是建筑面积。这时消费者尤其要注意的是要对比楼书上的户型图是否与合同签订时的户型图一致。有时消费者因为看到

楼书上的户型图在先，于是不仔细研究合同附带的户型图。如果两者不一致的话，法律上一般认为应以合同所附带的户型图为准。因为既然合同中已有明确的规定，那么广告中的内容则不能被看作是合同的一个部分。还有一种广告，并不标明房屋的具体价格和面积，只是说“最后100套46~54m²精装小户型，首付2万，月供1600”或者“首付4.2万，月供1000起，36~98m²时尚精装小户型”，这种广告中的面积一般是指建筑面积，而首付和月供通常是针对最小面积的户型而言。

值得注意的是，并非所有的省市销售房屋都按照建筑面积计价，比如根据2003年8月26日通过的《北京市城市房地产转让管理办法》的规定，从2003年12月1日起，“商品房预售可以按照套内建筑面积计价，也可以按照建筑面积计价或者按照套（单元）计价。但预售商品住宅的，应该按照套内建筑面积计价。”也就是说，在2003年12月1日以后，如果预售商品住宅的广告中没有标明其所言的面积是建筑面积还是套内建筑面积，就应该视为套内建筑面积。因此建议不同省市的消费者应注意所在地是否有特殊的规定。

四、房屋结构部分

有些房地产项目的楼书上没有标明楼宇的朝向，这就要注意了。通常坐北朝南的建筑最好卖，房地产开发商宣传惟恐不及，如果没有注明，那么楼盘的方向可能就不尽如人意了，一定要去现场看看。此外，有些楼书广告总是宣传自己是明厨明卫，但是对于不同的户型情况肯定是有区别的，因此这方面的问题还是应该去实地考察了才能确定。对于购买期房的用户，买房前户型的情况就只能从楼书广告上去判断了。这就需要消费者懂得如何去看手中各种各样的广告。

现在的楼书广告一般都会有外观图、户型图等等，在阅读楼书时，消费者应该注意由大到小进行阅读。通过看外观图、小区整体布局图，购房者可以初步判断楼宇是单体建筑还是成片小区，是高档、中档还是低档。通过研究小区总体规划平面图，确定小区的环境布局是否理想，是否有足够的绿化率与车位，楼与楼之间的间距是否够大，是否影响采光，仔细了解小区内外的道路交通情况，进出小区是否方便，是否有保安系统，垃圾是否集中处理等。然后看整幢楼的平面图，最后看自己拟选购的户型图。通过房屋平面图，选择设计合理、适合购房者居住或办公的面积与房型。

在看户型图的时候，应该特别注意功能分区明确，既有层次感又不宜设置过多隔断墙，在突出私人空间私密性的同时也要注意厅堂的通透性，而门户开关的方向及过道的设置等对于房屋的有效使用也有非常重要的关系。

五、房屋的装饰装修标准及配套设施

无论是以毛坯房的形式还是以精装修的形式交房，房屋本身的装饰装修标准及相应的配套设施都是购房者非常关注的。在楼书广告中当然也少不了这方面的内容。这主要涉及几个方面，包括：房屋的装饰装修标准、房屋大堂的设计、车库的设计、电梯设备规格等。

对于这些内容，有些在楼书广告中有非常明确的说明，比如“电梯系统选用美国奥迪斯品牌”、“厨房使用德国SIEMATIC-66006系列组合橱柜”等。这种内容非常明确具体的宣传，可以被认为是要约，视为合同的一个组成部分，而消费者也可以直接以此为依据要求开发商履行义务。还有一种就是相对具体的标准，比如：“空调采用麦克维尔或同档次户式中央空调”、“户门采用德国霍曼或同档次户门”这类

的承诺有一个相对明确的衡量标准，因此也可视为要约。但大多数情况由于销售的都是期房，开发商尚不能确定装饰装修的品牌，同时又要满足购房者了解房屋的要求，就在楼书广告中采用一些较为模糊的描述形式，比如“入户门：国内名牌三防门”、“门窗：高级塑钢窗”等，这种表述中所谓的“名牌”、“高档”很难明确界定，这类的楼书广告也就很难作为要约约束开发商。

除此之外，开发商有时也会在楼书广告中许诺“提供24小时热水，**HBO**、**CNN**直接入户”。这些内容毫无疑问可以被视为合同的一个组成部分，而无论其是否已载入合同。通常情况下，楼书广告中涉及的装饰装修标准就是合同中会约定的装饰装修标准，这时购房者必须注意合同上的内容和楼书广告上的内容是否完全一致，如果购房者签署的合同上所言的内容与楼书广告上的内容不一致，则一般会视为购房者已认同合同规定的内容，这时就不能根据楼书广告中的内容来要求开发商。一般而言，合同中的装饰装修标准仅就本户进行规定，因此楼书广告中对于该处房产的大堂、车库乃至于中央空调系统的说明就至关重要了。比如在广告中说明“南北通透豪华景观大堂达到6米层高”、“地下车库净高达到3米以上”这些应该都可以视为一种要约，如果开发商无法实现这种承诺，就应该视同违约。

在装饰装修方面，一个很重要的参考标准来自样板房。现在很多商品房在没有建成前，样板房就早早的矗立起来了。无论卖的是毛坯房还是精装修的房子，开发商总是会竭尽全力的将样板房装修的美仑美奂。然而事实上，多数楼盘的样板房与实景房之间都会出现或多或少的差距。这主要表现在三个方面。

（1）面积问题　除了实景样板房外，面积问题成为实际

所交房与样板房有差异的最大投诉点。对于这类问题，因为合同上对于房屋面积有明确的约定并对此有专门的罚则，因此，购房者不能以样板房作为面积的参照，要求追究虚假广告的责任。而购房者之所以觉得样板房和实际的房屋面积有差异，通常是因为样板房布置特殊，会让人产生大的感觉，比如，样板间里家具很少，灯光很强，色调处理简洁等，有时样板间会摆设一些小号的家具，如床、柜等，也会让购房者有房间“大”了的感觉。因此，对于房屋面积的衡量，购房者还是应该以合同约定的面积作为判断的出发点，而不要为样板房迷惑。

（2）样板房有时在户型结构空间上与实际的房屋不一致这包括两种可能性，一种是样板房设计的户型确实和实际不同，这时购房者如果想就此要求开发商承担违约责任的话还应该要注意合同中所附带的户型图，如果实际的房屋与户型图和样板间都不一致，购房人当然可以要求开发商承担违约责任，但如果实际的房屋符合合同所附带的户型图却与样板房不同，那笔者认为开发商不应承担违约责任；另一种情况是因为样板间通常是精装修后的结构，因此可能对户型结构根据需要做一些装饰装修上的变更，比如增加隔断墙以强调房屋的私密性，购房者应该参照合同附带的户型图对此有个清楚的认识，不能将这个作为房屋交付的标准。

（3）样板房中还有许多装饰是在精装标准以外附加的，与实际精装修的标准可能有不小的差距　样板房相当于开发商的门面，对此开发商总是不惜血本的。对于一些高档项目而言，其一个样板间的装修费用甚至高于该套房屋的实际售价。对于这种情况，购房者就一定要注意“精装修”有多“精”，应该对照合同中约定的精装修标准去考察样板房，对于合同中约定的事项以合同约定的为准，比如合同约定精装修就是

木地板，那就千万不要以为你收房的时候会看到样板房里光可鉴人的大理石地面。

虽说样板房和现房有上述种种差异，但总体来说，样板房可以作为一个具体的参照物来衡量开发商是否履行了自己的承诺，尤其是在样板房和楼书广告结合的情况下，下面这个案例正说明了这点。

胡女士与开发商签约购买了××名苑两套房屋。在广告中该开发商宣称厨卫精装中使用德国 Siematic6006 系列橱柜，并写进合同附件。交房前，胡女士在查看房屋时发现按约定使用德国 Siematic6006 系列橱柜的房屋，橱柜与样板间展示的样品差距很大：除了橱柜外表面为德国 Siematic 外，橱柜内部、抽屉材质明显不同于样板间的样品。询问售楼人员后，胡女士被告知开发商使用的德国 Siematic6006 系列橱柜只是于外表面使用 Siematic 产品，橱柜内部使用的是其他产品。经调查发现该售楼处样板间的 Siematic 橱柜从外观、质感上，基本达到了宣传册所称的品质标准。而胡女士购买的房屋厨房中的 Siematic 橱柜，则只是外观与样板间相同，而橱柜内部与样板间展示橱柜的抽屉等选材用料有很大差别。胡女士称，安装在自己所购房屋中的“Siematic 橱柜”与样板间展示的 Siematic 橱柜差价约为 20 万元。在这种情况下，胡女士可以就此要求开发商参照样板间的标准履行自己的承诺并赔偿由此造成的损失。

至于购买毛坯房的购房者，虽然样板房的装饰不具有要约的作用，但也可以关注样板房的结构以及门窗、外墙等房子的基本情况，根据我国《商品房销售管理办法》第三十一条的规定：“房地产开发企业销售商品房时设置样板房的，应当说明实际交付的商品房质量、设备及装修与样板房是否一致，未作说明的，实际交付的商品房应当与样板房一致。”如

果遇上两者不符的情况，消费者可以据此要求开发商承担相应的违约责任。而有些地方法规对于样板房有着更明确的规定，如最近颁布的《北京市城市房地产转让管理办法》规定：“房地产开发企业预售商品房时设置样板间的，在签订预售合同前没有告知预购人实际交付的商品房质量、设备、装修标准、布局结构及其附属设施等与样板房是否一致的，实际交付的商品房应当与样板间一致。”当然，有些开发商会在样板间里注明或者在合同中直接约定：“本样板间（或示范单位）仅供参考，实际以合同约定为准”。如果遇上这种情况，购房者就一定要注意合同中究竟做何规定，对于合同中没有约定而样板间中有表现的地方尽量争取列入合同之中。

六、房屋所属项目的配套、绿化、规划等

房屋不仅仅是一个提供睡眠的场所，更是一个生活的平台，这个生活的平台能否提供购房者一个满意的空间不仅取决于其自身的大小、装修、格局，而且取决于其周边的环境。这种环境包括两个层面，一个是指社会环境，这主要是指社区环境及其各种附属配套设施；另一个就是自然环境，这主要是指小区的绿化情况以及周边的自然景观。在房子本身都大同小异的情况下，这两个方面就成了各路开发商宣传的重点。

在社会环境方面，开发商在宣传自身的时候，各种概念层出不穷，乍看上去可谓金光闪闪。对于那种价高的社区，毫无例外打出的都是“高尚社区”、“尊贵居所”这样的旗号。《现代汉语词典》对“高尚”的解释是“道德水平高，不低级趣味的”，不过到了房地产界高价似乎就和高尚等价了；而对于周边有一两所大学的楼盘，显然就会给自己戴上教育社区的光环；至于楼盘半里开外有个小河沟的，也敢大言不惭

地宣称自己是水岸豪宅。对于这类广告，因为都是一种模糊的概念宣传，因此很难加以规治。不过有些楼盘为了吸引购房者，明确许诺本社区将建设中学小学或者大型超市、体育馆，对于这类的许诺购房者就一定要注意，首先要明确开发商许诺的具体项目；其次就是要求开发商给出具体的落实时间；最后，就是要开发商将这些具体的许诺落实到书面。如前所述，楼书广告中模糊的概念性的宣传是不能构成要约的，只有具体的许诺才可能成为要约，从而构成合同的组成部分。

在自然环境方面，购房者一向看重小区的绿化情况。“SARS”之后，人们对于健康生活环境的要求更是促进了大家对于绿化情况及周边自然环境的关注。开发商自然也不会放弃这一炒作的大好题材，“天然氧吧”、“××花园”、“水岸豪宅”之类的名号被冠在了各类楼盘上，对于这种宣传，购房者一定要注意了，所谓氧吧可能就是社区中有几棵小树，反正氧吧标准是什么没人知道；而所谓的花园可能就是一片草地上有些野花；而“水岸豪宅” 一般来说，就是站在水边能看见楼，而绝不是站在楼区能看见水，而且这水没准还就是一条排污渠。因此购房人千万不要被花花绿绿的楼书所蒙蔽，应仔细询问小区的绿化率是多少，这很重要，有了具体数据的承诺，消费者才能以此为根据主张自己的权利。吴女士就深刻地感受到了这一点。

吴女士称，“2001年5月，在广告的诱导下，我前往××家园项目看楼。售楼人员介绍楼盘时提到了小区绿化高达60%等情况。因此，我与开发商于2001年5月达成预购协议，并于同年7月签订商品房买卖合同。2002年7月23日，开发商要求我办理入住。我准备办理入住时发现房屋与商品房买卖合同约定的房屋存在很大的差别，小区绿化率根本达不到

60%。我要求开发商对此予以答复，开发商答复缺乏诚意，不符合开发商所承诺的百家房地产开发企业承诺放心房的联合宣言。”吴女士起诉要求开发商承担违约责任，并赔偿损失3.4万余元。

开发商辩称，就绿化问题，根据市规划局核准的规划用地许可证，小区总体规划面积3.72万平方米，居住区规划绿化面积1.49万平方米，待征绿化面积为1.57万平方米，在不包括待征绿地时绿化率为40%以上，包括待征绿地是58%以上。根据北京市城市绿化条例和相关法规，我公司就待征绿地的认建、设计等签订协议，而绿化问题，双方在合同中没有约定，谈不上违约。另外，吴女士看到的销售广告是在签订商品房合同之后，不存在广告诱导问题。同时，销售材料只是宣传材料，并非广告。

法院经审理查明，××家园认建绿地产权归××区市政园林服务中心所有，为公共绿地，不能做成封闭式专用绿地。××家园不计算认建绿地面积其绿化率为40%左右。另外，开发商在销售时曾在广告宣传中注明“拥有2万平方米的中心花园，高达60%（或58%）的整体绿化率使小区成为一个天然鲜氧环抱区”。开发商曾发出“百家房地产开发企业承诺销售放心房联合宣言”，第7条写明：“保证广告宣传内容与实际一致，经有关部门认定为虚假广告的，退款退息或按已付房款5%赔偿”。法院认为，开发商发出的“百家房地产开发企业承诺销售放心房联合宣言”，应视为向购房人发出的承诺，开发商应当履行承诺。开发商宣传的绿地面积包括认建绿化用地面积，不是实际拥有的绿化面积，因此这项内容不真实。以上广告宣传的内容与实际不一致，含有虚假成分，开发商应按照向社会公开的承诺赔偿吴女士的损失。最后，法院一审判决，开发商赔偿购房人吴女士3.4万

余元[1]。

除了上述的情况外，有些楼盘在宣传时会强调自己楼盘以外周边的文化、教育、科研、绿化、交通、环保等项目，当作与自身房地产相联系的组成部分进行宣传。这里面有些是确实存在的，而对于很多尚不存在的事项，开发商则打着政府规划的旗号进行宣传，比如“一座奥运场馆将在附近拔地而起”、“××学校的新校址已选定在附近”、“小区旁将被规划为公园”等等，同时在楼书广告中又刊出 “一切以政府最后批准图册为准”，意图免除自己的责任。那么这些文字能否免除开发商的法律责任？我们认为，应根据不同情况区别对待： 如果开发商在发布广告时，尚没有“政府最后批准图册”等文件，则该说明性文字可以免除开发商的相关法律责任；如果开发商在发布广告时，已有“政府最后批准图册”等文件，则该说明性文字不但不能免除开发企业的相关法律责任，相反还能成为开发企业违反诚实信用原则的证据，开发企业据此有欺骗、误导购房人之嫌，应依法承担相应的法律责任。

[1] 刘新雷. 承诺宣言做依据××家园业主索赔“放心房”. 北京青年报，2003年9月4日

第四节 维 权 方 式

一、责任的主体：消费者向谁追究责任

所谓责任的主体就是指消费者在遭遇虚假广告时应该向谁追究责任而进行维权。通常情况下消费者想到的就是开发商，事实上，在涉及虚假广告的问题上可能还存在其他的责任主体。比如房地产商委托代理销售的公司，负责制作广告的广告公司，以及负责发布广告的媒体等。对于沙盘、样板间等直接由开发商发布的广告形式当然应该由开发商来负责，但是报纸电视上的广告就需要考虑了，《今日说法》2003年8月报道的一个案例很能说明这个问题。

一家经纪公司在一家大报上刊出广告，声称购买其代理销售的住房一套就能解决户口，有不少购房者正是急于解决户口问题，同时现场看过开发商的资质合格，楼盘正在建设中，于是就购买了该房。但最后却发现这个经纪公司就是一个皮包公司，而且解决户口的承诺也是其自己作出，开发商并不知情。消费者将此事反映后，皮包公司的负责人因其诈骗行为而被逮捕，但是消费者向谁要求赔偿损失就成了本案的一个焦点。开发商认为自己也是受害者，因为其对此事毫不知情，而发布广告的媒体也认为自己没有义务审查合同的内容。笔者认为，不能因为广告是经纪公司做的，就免除开发商的责任。因为在房屋销售中，经纪公司实际上的地位就是房地产开发商的代理人，根据民法上代理的原理，房地产开发商作为被代理人应该承担代理人行为产生的法律后果，

不知道代理人行为的内容不能成为抗辩的理由。事实上，如果认为虚假广告的责任只能由直接发布广告的人承担，那么如果房地产商成立或委托一个注册资金很少的有限公司代理销售，广告由这个代理公司委托广告公司去做，房子卖出后，再将这家公司解散，追究广告责任将非常困难，这种做法也有违公平正义。

此外，在上述的案件中，笔者认为作为发布该广告的媒体也应该承担一定的责任，因为根据《广告法》第三十八条的规定："广告经营者、广告发布者明知或者应知广告虚假仍设计、制作、发布的，应当依法承担连带责任"，而根据《房地产广告发布暂行规定》第十八条 "房地产广告中不得含有广告主能够为入住者办理户口、就业、升学等事项的承诺"，本案中谈到的广告明显违反了该项规定，对此发布该广告的媒体即使不是明知也应构成"应知广告虚假"，故应该承担相应的连带责任。

总之，对于房地产虚假广告可能存在以下几个责任主体：负责开发房屋的房地产公司，负责销售的房地产经纪公司，负责制作广告的广告经营者，负责发布广告的广告发布者。这其中，作为房地产广告宣传对象的房地产公司应该是虚假房地产广告的责任主体。对于房地产公司自己决定作出虚假广告的，房地产公司应该承担责任。即使房地产经纪公司的某些广告内容未经其同意，制作虚假广告的经纪公司或者广告经营者当然应该承担责任，而由于房地产经纪公司及广告制作者均是作为房地产公司的代理人存在，而且相对于消费者而言，房地产开发商也有能力防止虚假广告的情况出现，因此房地产公司对于这种虚假广告也应该承担连带责任。至于负责发布广告的广告发布者对于楼书广告中的具体内容当然无法逐项审查，只能对广告的内容参照《广告法》

及《房地产广告发布暂行规定》等法律法规做一个形式上的审查，只有根据具体情况有充分理由判定广告发布者在知道或者应当知道虚假广告时，其才应当承担连带责任。

二、责任形式：消费者怎样维护自己的权利

对于发布虚假房地产广告者应该如何处罚，在《广告法》、《房地产广告发布暂行规定》、《广告管理条例施行细则》等法规中都有明确的规定。比如《广告法》第三十七条规定："违反本法规定，利用广告对商品或者服务作虚假宣传的，由广告监督管理机关责令广告主停止发布、并以等额广告费用在相应范围内公开更正消除影响，并处广告费用一倍以上五倍以下的罚款；对负有责任的广告经营者、广告发布者没收广告费用，并处广告费用一倍以上五倍以下的罚款；情节严重的，依法停止其广告业务。构成犯罪的，依法追究刑事责任。"《房地产广告发布暂行规定》第二十一条规定："违反本规定发布广告，依照《广告法》有关条款处罚，《广告法》无具体处罚条款的，由广告监督管理机关责令停止发布，并可对违法行为人处以三万元以下的罚款。"这些规定无疑都起到了限制虚假广告的作用，但是消费者一定要注意《广告法》、《房地产广告发布暂行规定》等属于行政法律法规，它只是规定了对做虚假广告的处罚标准，而无法规定制作虚假广告的当事人对受虚假广告欺骗当事人的具体赔偿，也就是说，工商管理部门打击房地产商的虚假广告，国家可以收到罚款，但买房人无法得到赔款。《广告法》对虚假广告的广告费1至5倍罚款对房地产项目的资金来讲只是皮毛，难以起到根本的阻吓作用。

对于购房者而言，最具有实际意义的就是要求房地产开发商承担相应的民事责任并赔偿自己的经济损失。如果每个

购房者都利用法律的武器维护自己的利益，开发商就不敢在广告中胡说八道了。民事责任主要有两种形式：侵权责任和违约责任。虚假广告造成的民事法律责任主要就是违约责任，当然也包括一些缔约过失责任。所谓违约责任是指当事人一方不履行合同义务或其履行义务不符合合同约定或法律规定，对另一方当事人所应承担的赔偿损失、支付违约金、强制实际履行等民事责任。在违约责任的承担形式方面主要有以下几种：违约金责任、损害补偿责任、强制实际履行责任、定金责任、标的物瑕疵的补正。如果消费者发现广告与实际情况不符，意图要求开发商承担违约责任，首先应该确认该广告属于要约，即“出卖人就商品房开发规划范围内的房屋及相关设施所作的说明和允诺具体确定，并对商品房买卖合同的订立以及房屋价格的确定有重大影响的”，在这个前提下，消费者主要可以要求开发商承担以下三种违约责任。

（1）赔偿损失　是指违约方因不履行或者不完全履行合同义务而给对方造成损失的，依法或根据合同规定应承担赔偿对方当事人损失的责任。这里需要注意的是这种责任形式要求受害人必须证明自己因虚假广告的事实受到了损害。在我国这种损害仅指财产损害，而不包括非财产损害，而且这种损害是由虚假广告的原因直接造成的而非间接造成的。比如开发商承诺所有业主的子女都能免费进入某所重点中学就学，但实际上却无法办到，当孩子入学时业主不得不自己缴纳费用，就这种费用，业主可以要求开发商赔偿损失，但如果业主以孩子没读上重点中学所以没考上重点大学为由要求赔偿的话则无法获得法律的支持。另外，值得注意的是，在很多情况下，许多损失难以确定准确的范围。比如开发商对教育设施的约定，对绿化范围、周边配套设施都做了很多许

诺，但最后却无法完成，在这种情况下，消费者很难举出自己到底受到了怎样的直接损失，对于这类情况，最好是通过在合同中直接约定违约金条款来保障自己的权益。

（2）违约金　违约金是指当事人在合同中约定的或法律所规定的，一方违约时应支付给对方的一定数量的货币。比如合同中约定："如开发商违反自己在楼书广告中的承诺，须向对方承担合同总额5%的违约金"，但值得注意的是，在开发商制定的合同中基本不会主动规定这种条款，消费者可以要求开发商在补充协议中加上这样的条款，这样做的好处在于可以根据该条款直接获得赔偿，而无需向前段所说的那样要想办法证明自己受到的损失数额。当然，购房者还需知道违约金比例并不是越高越好，根据《合同法》第一百一十四条的规定，约定的违约金过分高于所造成的损失的，当事人可以请求人民法院或者仲裁机构予以适当的减少。另外，需要注意的是，开发商关于违约责任的单方承诺如果内容明确具体应该视为合同的条款，可以看作对于违约金责任的约定，比如像前文中谈到的××家园的开发商曾发出"百家房地产开发企业承诺销售放心房联合宣言"第7条写明："保证广告宣传内容与实际一致，经有关部门认定为虚假广告的，退款退息或按已付房款5%赔偿"，这种内容即可以视同为开发商对于违约金的承诺，是消费者进行索赔的依据。

（3）强制实际履行　是指违约方不履行合同时，另一方有权请求法院强制违约方按合同规定的标的履行义务，而不得以支付违约金或赔偿金的形式代替履行。比如有开发商在广告中明确宣传将于2004年底在小区中央建立一所双语幼儿园，同时在沙盘中也明确标示了幼儿园的位置，但是现在却表示不再建幼儿园，而要在同样的地方建一座商场。对于这种情况，业主就可以请求法院强制开发商实际履行其承诺。

但需要强调的是，要求强制履行的前提必须是违约方能够继续履行合同。如违约方不能履行，或因不可归责于当事人双方的原因致使合同履行实在困难，实际履行则显失公平的，不能采用强制实际履行。比如开发商在合同中宣传本小区绿化率是60%，结果只有30%，在这种情况下，如果根据小区的情况，其绿化率可以采取有效的手段达到60%，则可以要求开发商实际履行自己的承诺，但如果根据小区的实际情况根本不可能达到其合同宣传的条件，在这种情况下就不能采取强制实际履行的责任形式，只能要求开发商承担赔偿损失或者支付违约金。

一个值得探讨的问题就是，消费者可否因为虚假广告的问题依据《商品房买卖合同》的约定拒绝接受交房。

有见解认为，如果买受人有充足的理由认定出卖人在广告中的表述“具体明确”，同时对其订立合同和商品房价格有重大影响，在出卖人交付的商品房不符合该表述和合同约定时，买受人有权拒绝接收。由此导致的逾期交房的违约责任由出卖人依据《商品房买卖合同》第九条的约定承担。但是，笔者认为这种“拒绝接收”的权利在实践当中实际上不具有可操作性。首先，买受人在行使此项权利时，必须准确认定出卖人在广告中的承诺是否“明确具体”，还要证明“对其订立合同和商品房价格有重大影响”，这对于一位普通的买受人而言，具有相当大的难度，如果认定不准确，买受人须承担迟延接收的违约责任。其次，即使构成要约，很多在合同中的许诺根本不是在交房时可以实现的，比如绿化率、比如建学校等，这时贸然拒绝收房可能会导致自己承担延期受领的责任。最后，根据立法的精神考虑，对于是否收房起关键作用的问题还是房屋主体结构是否符合规定。对于其他的情况，如装饰装修标准等，即使开发商有违约的情况，也

只能根据合同要求开发商承担相应的责任，如“出卖人赔偿双倍的装饰、设备差价”，不能因此拒绝收房，更不能因此作为逾期付款的理由，否则消费者可能从主动的地位变成被动的地位。

三、“防患于未然”：如何主动避免虚假广告纠纷

上面我们谈到的都是在面对虚假广告的时候如何处理的问题，但事实上，最好的方式还是在于杜绝虚假广告的出现，而消费者也避免受到虚假广告的欺骗。笔者认为可以从以下方面多做些工作：

1. 开发商应加强自律，健全内在约束机制

为什么提到主动避免损失的时候，首先提到的是开发商？从表面上看，虚假广告最直接伤害到的是普通的消费者，但消费者就算一时受骗但也可以通过法律的途径事后维护自己的权利，而房地产商却不然，虚假广告的出现受到损失最大的应该是开发商，因为有虚假广告，开发商不仅要对消费者受到的损害进行赔偿，更重要的是最被商人看重的信誉会因此受到极坏的影响，其恶果将在各个方面体现，因此，开发商不要存在任何侥幸心理，虚假广告只是饮鸩止渴，最后只能赔了夫人又折兵。

作为开发商，应增强诚信经营的理念，在发布房地产广告时，应严格遵守《广告法》等相关法律、法规或规章的规定，依法行事，确保广告内容的客观性、真实性、准确性、合法性。对一些不能确定的事项，如周边环境等；对一些力不能及的事项，如承诺免费提供区间班车、减免物业管理费、电梯费、允诺改变房屋使用用途等；开发商应切忌轻易承诺。同时，广告还应有适度的超前考虑，注意广告内容的科学性，以便为广告内容留有弹性适用空间。另外，广告还应对可能

存在的风险进行必要的提示。

此外，作为开发商，应努力提高房地产项目的设计、规划水平，从而减少或避免因设计、规划变动带来的实物与广告内容的不相符。此外，还应加强员工教育与管理，提高销售人员的业务能力和技巧，尽量杜绝虚假承诺的现象发生。

2．购房人如果希望减少或避免以上因房地产广告引起的纠纷，建议从以下几个途径着手：

（1）审核相关文件　消费者要认真审核销售许可证，同时认真了解开发商的资质和以往开发的项目的情况。

（2）实地考察　对于现房，消费者不能满足于广告的描述，必须认真询问并实地进行考察，对于房屋的现状做全面的了解，在此过程中应该注意保全证据，对于房屋现状与广告不符的地方应该要求开发商作出书面的解释，对于一些广告中宣传的将来的配套设施，而现在尚不具备的条件，一定要争取让开发商作出明确具体的书面承诺。在有些具体的案例中，对于现房出售的情况，碰上广告宣传和实际情况不符的事实，如果消费者在购房后以此为理由要求开发商赔偿的话，通常会被推定为消费者购房前应该看过现房，对于广告与现房实际明显不符之处应视为消费者已认可这种不同，因此对于购买现房的消费者而言，在购买现房前认真考察实地情况是非常必要的。

（3）详细分析风险　对于购买期房的客户而言，相对于现房来说具有更大的投资风险，无论是房屋的主体建筑，还是相关的配套设备、设施，抑或是项目的整体规划、周边环境等都有发生变化、变动的可能。因而，作为购房人，应提高对期房买卖风险的认识，以便在作出决策时，能够谨慎从事。同时，购房人也应在作出相关决定前，综合考

察开发企业的经济实力、企业信誉、项目的合法性等诸多因素，以便能提前预知和防范相关风险并通过细化房屋买卖合同条款，明确房地产广告的法律地位与适用问题，对合同履行过程中容易发生争议的相关情况的处理对策作出约定。

（4）注重保留证据　在发生的虚假广告纠纷中，销售人员的口头承诺是一个重要的源头。在没有任何证明材料的情况下，购房人就销售人员的口头承诺要求开发商承担相应的责任是很难获得支持的。因此，购房人最好让销售人员将承诺落实到书面甚至写进合同中，当然现在的销售人员个个说起来头头是道，如果让他把说的落实到书面，则立刻噤若寒蝉，找出各种借口就是不落笔，购房者此时可以另寻他途。根据我国现在相关程序法的规定，录音录像是可以作为证据使用的，因此，购房者可以通过录音录像等手段将销售人员的承诺保存下来以便将来作为证据使用。需要注意的是因为录音制品由于无法表明时间、地点等重要因素，因此证明力有限，在可能的情况下，建议购房者通过摄影的方式保全销售人员的承诺及样板间的设置，这样将有利于对付虚假广告的陷阱。

（5）寻求专业人士的帮助　除了消费者自己多加注意以外，鉴于商品房交易活动的特殊性，在购房时可以请律师陪同，在分辨虚假广告方面，律师具有无可比拟的优势。同时，律师还可以帮助消费者将一些关键的问题和开发商协商订入合同，这就能有效地避免广告内容是要约还是要约邀请的争议，充分保护消费者不受虚假广告的欺骗。

第二章　认购

第一节 引 言

一、断指之痛

“当缘分变成遗憾，当爱变的伤感……”孙楠的《蓝色妖姬》回荡在秋夜街角的咖啡店里，那沉淀着倦色的声音就像自己现在的心境，飘忽不定，将零散的回忆剪做烟缕，在空气中漾出浅浅的波纹。半年来自己维权的背影跌跌撞撞，无数个冰冷的笑容钻入脑海，肆意猖獗。那些残破碎片渐渐拼成了一个完整的事实——如同断指，痛彻心腑……

作为IT精英的贾女士从来没有想到，自己年前的一纸认购书，让她掉进开发商的陷阱里，至今不能自拔……

2003年2月，随着IT产业的复苏，事业蒸蒸日上的贾女士想把公司搬到一个更好的地方，于是选中了某市临湖路上的某商住楼。

“站在落地观景窗极目远眺，远山叠翠，近塔玉立，湖

光涟漪，倒影婆娑……百年帝王行宫金碧辉煌尽收眼底，弥漫着无限的尊贵魅力和极度的自然张力，独特的人文气息，绵长而悠远。潺潺河水载着这浮华贵族气息弥散于楼宇之间，历史与现实，经典与时尚就这样无言的，水乳交融地结合在一起。置身其中，天上人间……”

售楼小姐的描述勾起了贾女士蕴藏在心底的人文情怀，像一抹夕阳挥之不去，贾女士努力使自己回到现实，把焦点集中在了办公的便利条件上。

“距地铁站仅100米，步行不到5分钟；紧贴三环，交通枢纽就在家门口；数十条交通干线伴随左右，可顺畅到达市内任意角落；临街马路将拓展为八车道，驱车出行毫无阻碍。

楼宇灰黑外立面，俊朗、挺拔，折射着后工业时代思想的深邃；超大玻璃墙，采光充分、洒满阳光的工作间；高档会所式商务配套、商务中心、多媒体演示厅、咖啡厅、健身厅；全方位商务服务、机票代理、客户代理、出租车预约……”

黄金地段、方便的交通、新的办公和生活方式……售楼小姐山花灿烂般的微笑和娓娓道来所描绘出的美丽图景，让贾女士心动了。售楼小姐还肯定地说，商住楼主体明年8月交房，住房精装、完善，届时住户不必再花费金钱、时间、精力搞装修了。此时，事业与工作环境的完美结合犹如幻境让贾女士浮想联翩，而售楼小姐坚定而自信地宣称此次投资所能带来的收益回报更犹如一针强心剂，让贾女士下定了购房的决心。

3月2日，贾女士再次来到售楼部，准备签订认购书。在签字之前，平时谨慎的她犹豫了一下，提出要看一下购房合同。售楼小姐从容地解释说，手头没有正式合同，但购房合同采用的是国家建设部统一格式的合同。听说是国家统一的合

同，贾女士放了心，难不成国家还帮着开发商蒙人？于是，贾女士没有多想，很爽快地在认购书上签了字，犹如在商场般干练，并交了五万元定金，订下了一套600平方米、总价值650余万元的期房。

过了几天，贾女士按认购书上的要求，到售楼处签订正式购房合同。一打开合同，贾女士当初购楼的喜悦荡然无存。

开发商提供的《商品房买卖合同》，封面上印着“国家工商行政管理局和国家建设部制定”字样，但里面划满了道道和叉叉，合同条款被改得面目全非：合同第十条“规划、设计变更的约定”、第十六条“关于产权登记的约定”这么重要的内容竟被划了个“×”；第十八条，在双方可以约定的事项里，开发商在楼宇屋面的使用权、外墙使用权、外墙命名权和小区命名权等一至四款的后面，都事先盖上了“属出卖人”的章；在五至六款买卖双方补充约定里，划了两个“×”，也就是说，消费者必须要接受开发商的条款，其余一切免谈……

希望的肥皂泡破灭了。愤怒的贾女士要求开发商出示《建筑工程规划许可证》、《施工许可证》和《商品房预售许可证》的原件，售楼处说没有。她当即提出合同不签了，并要求退钱，却遭到了拒绝。开发商拿出认购书振振有辞：认购书上写得清清楚楚，10日内到甲方（开发商）签订购房合同书，逾期视为乙方（购房者）自动放弃所购的房号和定金。

此后，贾女士自己也记不清与售楼处、开发公司老总交涉过多少次，希望能够就一些问题进行协调，但对方既不肯修改合同，也不肯退定金。也不知浪费了多少时间与精力，事情依然没有得到解决。

在经历了无数次冷嘲热讽碰壁之后，贾女士向市工商局举报中心寻求帮助。该中心负责人介绍，像贾女士这样的房地产

交易纠纷，发案率近年来一直呈上升趋势。此类个案消费者维权难度较大，他们也没有一个妥善解决办法，只能提醒购房者当心认购陷阱。

“当缘分变成遗憾，当爱变的伤感……”自己看好的那套房子不经意之间就已成为久久的遗憾，贾女士掐灭了手中的烟蒂，让烟丝与烦恼随风逝去，壮士扼腕，也许是惟一的解脱……

贾女士的遭遇发人深思，为了防止缘分变成遗憾，也许，仅仅是也许，我们应该了解些什么……

二、什么是认购

在商品房买卖过程当中，购房者与开发商磋商之后，达成意思一致，双方可以直接订立正式的预售或现房合同。但是，在实践中，为了及早将商品房销售出去或者在事实、法律上存在着当时不能克服的预售障碍，比如开发商已办妥立项、规划、报建审批手续，尚未缴清土地出让金，尚未取得《商品房预售许可证》等，往往在与预购人订立合同之前，先采用认购这种方式，即与购房者签订认购书，作为买卖合同签署前买卖双方行使权利、承担义务的书面凭证。

目前我国大陆地区通行的这种认购做法是从香港房地产业借鉴过来的。购房者先与开发商签署认购书，交纳定金，并约定一定的违约责任，这样，在认购书签署之后，正式买卖合同签署之前，给购房者留出了一定的重新考虑该次交易的时间。如果购房者认为交易确实值得继续进行，或顾忌到认购书中所约定的违约责任从而继续交易的，可以与开发商进入正式签署买卖合同的阶段，这也从一定程度上确保了买卖合同日后的切实履行和稳定性。如果购房者经过再次考虑，认为该次交易确实应该终止，则在承担一定违约责任后放弃认购，也就避

免了如果直接签署正式合同后较重的违约责任以及大笔购房款项的来回调动。

三、认购的阶段

按照开发商是否取得《商品房预售许可证》，我们把认购阶段分为预售前的认购阶段和预售后的认购阶段。其中，预售前的认购阶段由于涉及到开发商本身销售行为的合法性，其认购的性质、效力与后一阶段的认购均有不同，尤其加大了购房者的风险。为了购房者进一步了解认购的相关阶段，本书将就此问题分别讨论。

（一）预售前的认购阶段——内部认购

预售前的认购阶段是指在开发商取得《商品房预售许可证》前，购房者与其签订认购协议的阶段。这一阶段的认购即通常所说的“内部认购”，是近年来房地产业悄然升温的一种新的销售手段。

据业内人士讲，内部认购是指开发项目未取得预售许可证的情况下，面向老客户、本单位职工的一种前期认购活动。但在实际操作中，它的“销售”对象往往不像字面上所说的仅限于内部，而是向社会开放。在此期间的认购者，一般能享受一些特殊优惠政策，比如开盘之后的优先认购权、赠与数月的物业费、房价折扣等等。双方一旦达成协议，待项目销售手续齐备，正式开盘以后，认购人就可以按照内部认购期间达成的协议，与开发商签订正式的商品房购买合同了。其中，认购方式一般有两种：一是对认购人和认购房屋采取登记方式，不收定金，双方退房均不承担责任；二是对认购人和认购房屋采取协议方式，收取定金，如果认购方要求退房，已交定金则不予退还。

很显然，内部认购是开发商将楼盘的宣传与销售在法定

预售许可的基础上提前“销售”的一种举动。

按理说，法律规定了商品房预售的条件，未能满足法定条件的预售不能取得预售许可，而在未取得预售许可的条件下预售商品房应属于违法行为。但值得注意的是，认购是先于预售的一个阶段，因此，法律虽然禁止在未取得预售许可的条件下预售商品房，但并未对认购做出禁止性的规定，而开发商进行内部认购就是利用了这一点。

那么，为什么在这个阶段的认购，开发商与购房者都乐此不疲呢？

1. 内部认购产生的背景

内部认购原来的用意是开发商把一些房屋供自己公司的职员优先选购，以慰劳职员的辛苦。基本上内部认购的对象就应该是公司职员以及与开发商业务、管理有关系的相关人士，例如负责楼盘施工的建筑公司、负责策划发售事宜的专业机构。但政府对内部认购一直没有明确的规定，因此内部认购由原来的“慰劳”很快演变成开发商检验市场的试金石和操纵气氛的又一方法。

2. 购房者愿意采用内部认购的原因

（1）购房者想在一个新项目正式公开销售之前，优先从众多房间中挑选最适合自己需求的，比如朝向、楼层、面积、户型等等，惟恐动手晚了，被别人占去。

（2）内部认购的价格较公开销售时要低得多。每平方米便宜一两千元，一套100平方米的房子就能省下一二十万元，对买房者来说还是很有诱惑力的。

（3）给了购房者一定时间来仔细考虑。

（4）在此期间，初步选定的房屋开发商会予以保留。

3. 开发商愿意采用内部认购的原因

开发企业在房地产项目进行到一定阶段时，为了提前回收

资金，加速周转，同时检验商品投放市场的反映，从内部认购中获取客户，从而更清楚地掌握客户的购房意向及市场需求，因此在未办妥房屋上市的合法手续之前，愿以相对低廉的价格，搞内部认购。

内部认购是开发商最紧张的时刻之一，等待买家第一轮评分的心情既兴奋又不安。内部认购本身就是开发商策略性的“特殊产物”，有人称其为检验市场的试金石，操纵市场的手段。

正式发售前的内部认购对整个项目的作用是不可低估的，其目的在于：

（1）提前吸纳购房者资金，回收资金，加速周转，支持项目开发建设，减少贷款利息支出。

（2）开发商对项目的市场前景无法确定，担心投资上出现偏差，因此在项目尚未启动或者刚刚启动但未取得预售许可证的情况下，以认购为由投石问路，来确定市场的需求情况，同时检验商品投放市场的反映，能从内部认购中获取客户，从而掌握客户的购房意向及市场需求。

（3）项目处于期房阶段，没有现房、没有样板房，不能给客户目睹实在的东西，只得通过内部认购、开推介会等营销手段，让社会认识项目、了解项目，是正式销售前的必要工作。

（4）是售楼员在培训中一个亲临现场实习的好机会，可以运用所学的知识、方法、技巧去接待客户，回答客户的提问，从而不断锻炼售楼员，提高其业务水平和业务素质，为以后走向正式销售打下坚实的基础。

（5）内部认购时，以最优惠的价格出售商品房给对项目有信心的客户，令其得到最大收益，除了能在正式销售前早早笼络住一批客户之外，最主要的目的还在于烘托气氛。造成一种似乎不预先认购，等到取得预售许可证后，就难以买到的假

象，以加快销售。只要有足够的人交了定金，开发商就可以宣称开盘之日即售出很多，来给人以一片热销的大好形象。即使这些客户退定，只要气氛起来了，不愁没人买，可为项目起到初步宣传的作用，为项目造势。

（二）预售后的认购阶段

进入了预售阶段，由于有了法律的保护，政府的进一步监督管理，开发商的行为也更加规范，强行规避法律提前预售的行为不再出现，因此，对于购房者来说，此时认购风险会小很多。这一阶段的认购严格来说也分预售阶段的认购和现房阶段的认购两种。但从合法性和认购方式来说，这两个阶段的认购是相同的。从过程上来说也都是购房者先与开发商签署认购书，交纳定金或少部分房款，约定何时签订正式商品房销售合同，并约定一定的违约责任。这样，在认购书签署之后，正式买卖合同签署之前，给购房者留出了一定的重新考虑该次交易的时间。如果购房者认为交易确实值得继续进行，或顾忌到认购书中所约定的违约责任从而继续交易的，可以与开发商签署正式的买卖合同。如果购房者经过再次考虑，认为该次交易确实应该终止，则在承担一定违约责任后放弃认购。

该阶段的认购与内部认购最大的不同就在于购房的风险程度有别，具体内容会在后面的章节介绍。

第二节　维权的法律依据

一、维权的学理基础

当微笑的售楼小姐看到看房人微笑时，双方就进入了一个博弈的过程，因为双方都有自己的“小九九”。为了留住看房人的心，售楼小姐一般会告诉看房人这种户型现在只有为数不多的一两套了，要买趁早。而习惯了多年“供不应求”市场生活的广大消费者，在开发商刻意营造的微妙市场现象上，更是有点找不着北，在三言两语暗藏玄机的交锋中，败下阵来，心态失衡，一方面担心起自己中意的这套户型、朝向、楼层落入他家，另一方面，又想再好好考虑一下而不愿草率的立即签订购房合同。为了不让煮熟的鸭子飞了，于是，认购就成了双方最好的约束。

那么，这种认购性质如何？效力如何？这些是本节所要回答的问题。

（一）订婚与结婚——预约与本约

1. 预约的性质

从法理上讲，预售人与预购人认购的性质属于预约，双方签订正式商品房买卖合同属于本约。在传统的民法理论中，预约属于契约。契约可以分为本约与预约，本约是相对于预约而言的，在预约中约定将来要订立的契约即为本约；预约，则是约定将来订立一定契约的契约。[1]

[1] 史尚宽．债法总论．中国政法大学出版社，2000

在这一点上，预约（即认购书）与本约（即商品房买卖合同）的关系有些类似于订婚与结婚。比如说，订婚是约定何时结婚，其目的就是为了将来结婚。而在订婚阶段，由于还没有结婚，故不产生婚姻的权利义务关系，其效力不过是在恋人之间约定何时结婚，并产生与此约定相关的权利和义务，防止那些“逃跑的新娘”和新郎。而结婚会形成婚姻法律关系，产生婚姻的权利义务关系。

现实生活中，很多购房者认为，在整个交易过程当中，只有最终要签署的本约即《商品房买卖合同》才是有效合同，而预约（即认购书）并不是正式合同，所以在签署认购书时往往并不注意。那么，预约究竟是不是合同，它的性质如何呢？结合现实，我国现行法律对于合同的构成要件作了如下规定：1）合格的主体；2）真实的意思表示；3）内容合法；4）形式合法。对于合同的订立程序规定为：一方向另一特定方发出要约，要约内容要包括特定标的物的较为详细、具体的情况，如规格、数量、价格等，另一特定方如对要约的内容表示同意，即构成对要约的承诺，合同就在双方之间产生约束力。

如果把预约（即认购书）和正式合同作一比较，即可发现预约具备合同的构成要件：1）签署合同或预约的双方当事人都具备相应主体资格；2）合同或预约的内容是双方真实的意思表示（有证据证明确有欺诈、胁迫等情形的除外）；3）有关内容不违反法律及公序良俗；4）采取合法的形式。

因此，预约（即认购书）从性质上讲属于合同，可以归入合同范畴。就其分类而言，预约以将来订立一定合同为目的，属于债权合同。

2. 预约的成立

预约（即认购书）既然属于合同，其成立当然也适用合同法的一般规则。如当事人采用合同书形式订立合同的，自双

方当事人签字或者盖章时合同成立。

此外，就预约的成立，这里尚有另一问题，法律要求商品房预售合同必须登记，是否意味着商品房预售认购若不履行登记手续就不得成立呢？

根据司法解释第六条的规定："当事人以商品房预售合同未按照法律、行政法规规定办理登记备案手续为由，请求确认合同无效的，不予支持。"我们认为商品房预售中，合同登记并非是预售合同成立、生效的要件，而只是使得预售合同具有对抗第三人的效力。所以，商品房预售不应当以登记为其成立、生效的要件。而认购书是为签订预售合同而订立的预约，更不应受登记与否的约束，而应适用合同法的一般规则，自双方当事人在认购书上签字或者盖章时成立。

这里还有一问题，就是预约是为将来订立本约而订立的，那么是否应该包括本约的内容呢？

预约既然以订立一定内容的合同为其内容，这就要求当事人在订立预约时必须已经就将要订立的本约的主要内容达成一致。当然，要求预约中含有本约所有的条款是不现实的，也没有必要，如果要求预约必须含有本约的所有条款，预约的意义也就丧失了。一些并非合同主要内容的条款，可以不包含在预约中，而留待本约述明。在一般情形下，如果当事人有诚意履行预约，订立本约，不会在这些细枝末节的问题上产生纠纷，如果产生纠纷，则往往是一方当事人缺乏诚意或者改变初衷造成的。在这种情形下，应当认定预约成立，并要求双方按预约的约定订立本约，预约中未列入的非主要条款，双方不能达成协议的，可以由法院参酌交易惯例以判决代替当事人的意思。[1]

[1] 符启林. 商品房预售法律制度研究. 中国政法大学出版社，2000

3．预约的效力

预约成立后，它的效力又如何呢?诚如上面所说,很多购房者认为，预约即认购书并不是正式合同，并不具备合同的约束力，因此，预约中所列有关定金罚则自然也就没有约束力。在这种惯性思维的作用下，导致很多购房者不注意认购问题。可是一旦出现纠纷，定金被罚没，又会哭天喊地，自认比窦娥还冤！

通过上文对认购性质的阐析，我们知道，预约（即认购书）既然属于合同，当然具有合同的法律效力，一旦签署，即对双方当事人产生相应约束力。❶购房者在签署认购书时千万不能因其是预约、内容简单而掉以轻心，尤其是不能认为预约不是正式合同，从而置预约中的有关违约责任于不顾。

所以说，如果购房者真感觉比窦娥还冤时，是否也该反省一下自己呢?也许，冤案就是由于购房者自己的轻率造成的。

此外，关于认购书的效力，还有一个至关重要的问题有待回答，即当事人如果不履行预约中签订本约的合同义务，那么，对方当事人能否径直请求违约方履行本约的义务?如果违约方不能履行，那么能否要求赔偿本约的履行利益呢?换言之，如果当事人不履行认购书中约定的到时签定商品房买卖合同的义务，对方当事人能否要求违约方必须签署买卖合同？如违约方实际不能签署买卖合同，对方能否要求赔偿买卖合同订立后向获取的利益呢？

我们认为预约的当事人尽管已经在预约中就本约的主要条款达成一致，但由于本约本身并未成立并生效，当事人不能直接取得本约中的权利和义务，也就是说，如果预约一方当事人违反预约的约定，他方当事人不能直接请求履行本约，更不能

❶ 陈文．如何防范房地产买卖中的风险．法律出版社，2003

请求赔偿本约的履行利益。即预约当事人在他方当事人违反预约义务不订立本约时，只能请求赔偿信赖利益。

那么履行利益、信赖利益又是什么呢？

履行利益，指法律行为有效成立时，当事人因债务人不履行债务而导致的损害，又称为积极利益。该种利益系将当事人现实的利益状态与合同得到履行后当事人的利益状态加以比较，对履行利益加以补偿使当事人的利益状态回复到合同得到履行时这一期待的利益状态。

信赖利益，指当事人相信合同有效成立，而因某种事实的发生，该合同不成立或未生效而导致的损害，又称为消极利益。该种利益的损害系将当事人现实的利益状态与订立合同之前的利益状态加以比较，对信赖利益加以赔偿，就是使当事人利益状态回复到未订立合同时的利益状态。

举例说明：灰姑娘的姐姐与王子订了婚，在结婚之前，王子突然发现水晶鞋的真正主人是灰姑娘。于是王子决定与灰姑娘的姐姐解除婚约。此时，虽然灰姑娘的姐姐与王子有了婚约，但是，由于没有举行结婚大典，婚姻本身并没有生效，灰姑娘的姐姐是不能要求王子将“结婚进行到底”的！并且也不能要求王子赔偿其不能过上上流生活的损失的。只能要求王子赔偿其因为准备结婚而花费的时间和金钱。在这里，灰姑娘的姐姐婚后所能过上的上流生活就是履行利益，因为准备结婚而花费的时间和金钱就是信赖利益。根据上述理论，我们认为如果当事人不履行认购书中约定的到时签订商品房买卖合同的义务，对方当事人可以要求违约方签署买卖合同。

但如果违约方实际不能或不愿签署买卖合同，对方不能强制要求违约方签署买卖合同，也不能要求赔偿买卖合同订立后而获取的利益，而只能要求承担违约责任即履行定金条款。这

种定金就是当事人对信赖利益赔偿额的约定。也就是说，当事人可以以放弃定金或者双倍返还定金作为不能订立商品房买卖合同（即本约）的代价。

（二）谁的眼泪在飞——定金罚则

如果当事人可以以放弃定金或者双倍返还定金作为不能订立商品房买卖合同（即本约）的代价，那么，定金究竟是保护购房者还是开发商呢？那就要看谁更会利用定金罚则保护自己，惩戒对方了。

1. 定金的分类

从学理上解释，定金分五种：一是立约定金，指为保证正式签订合同而交付的定金；二是证约定金，指为证明合同的成立而交付的定金；三是成约定金，指以定金的支付作为合同成立或生效的条件；四是解约定金，指作为保留解除权的定金；五是违约定金，指作为履行合同担保的定金。上述五种定金的功能各不相同，分别起到了立约、证约、成约、解约、违约的证明和担保作用。《中华人民共和国担保法》（以下简称《担保法》）中有关定金规定的性质兼有证约定金和违约定金两种性质。

认购书的定金属于立约定金，是为了保障签订本约而交付的定金。《最高人民法院关于适用〈中华人民共和国担保法〉若干问题的解释》第一百一十五条规定：“当事人约定以交付定金作为订立主合同担保的，给付定金的一方拒绝订立主合同的，无权要求返还定金；收受定金的一方拒绝订立合同的，应当双倍返还定金。”由此可见，立约定金对于合同双方当事人的约束非常严格，一旦未能按认购书中所定期限订立买卖合同，则必然有一方需承担定金罚则的法律责任。

2. 定金与订金的区别

这两者最主要的区别就在于一旦取消认购，如何返还？

即两者中的哪一个适用“定金罚则”的问题。

定金是指合同当事人为了确保合同的履行，依据法律或双方当事人的约定，由一方当事人在履行合同之前，按照合同标的额的一定比例，预先付给对方当事人的金钱。它是一种合同的担保方式。在实践中，认购人与开发商既可以以书面方式订立定金合同，也可以只在认购合同中规定定金条款。该合同或条款具有从属性，其以认购合同的存在为前提，随认购合同的存在而存在，随认购合同的消灭而消灭。关于定金的具体操作，《合同法》、《担保法》及最高人民法院对于《担保法》适用的司法解释均有明确规定。

而“订金”属于预付性质的款项，是在交易尚未完全达成的情况下，买方为表达诚意，使卖方对交易具备一定信心而先期履行部分义务所支付的款项。在交易最终未能完成时，该订金应该退还购房者。

然而，这两者在适用上也不是截然不同的。比如，认购书中常常出现订金、押金等字眼，一般来说不能将其认定为法律意义上的定金，但如果认购书上记明：双方未签订正式的商品房买卖合同，买受人违约，订金、押金不退还，出卖人违约双倍返还订金、押金，那么，此时订金和押金即具有定金的性质，适用定金罚则。

因此消费者应该注意，即使在认购书中冠以“订金”之名，也可能因为合同内容具有定金特性而被认定为定金，从而适用定金罚则。这一点，将在下文关于定金的法律规定中具体阐析。

二、维权的法律规定

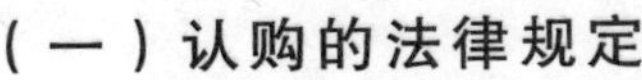

（一）认购的法律规定

1. 司法解释第四条　出卖人通过认购、订购、预订等方

式向买受人收受定金作为订立商品房买卖合同担保的，如果因当事人一方原因未能订立商品房买卖合同，应当按照法律关于定金的规定处理；因不可归责于当事人双方的事由，导致商品房买卖合同未能订立的，出卖人应当将定金返还买受人。

本条是关于商品房买卖认购书和定金担保责任的规定。出卖人与买受人概念的运用，表明认购书是商品房买卖合同双方当事人之间签订的。签订合同的表现形式为预订书、认购书、定购书等，双方当事人之所以不签订商品房买卖合同是因为主、客观上不具备签订商品房买卖合同本约的条件，如购房人想在签订正式合同之前再考虑一下，但预留自己现在看的房产；在事实或法律上存在着当时不能克服的障碍，如开发商已办妥立项、规划、报建审批手续，尚未缴清土地出让金，尚未取得《商品房销售许可证》等，只能以认购书的形式签订商品房买卖合同。如果因当事人一方原因未能订立商品房买卖合同，应当按照法律关于定金的规定处理；因不可归责于当事人双方的事由，导致商品房买卖合同未能订立的，出卖人应当将定金返还买受人。

2. 司法解释第五条　商品房的认购、订购、预订等协议具备《商品房销售管理办法》第十六条规定的商品房买卖合同的主要内容，并且出卖人已经按照约定收受购房款的，该协议应当认定为商品房买卖合同。

本条是关于如何认定名为商品房买卖认购书，实为商品房买卖合同的规定。

商品房买卖认购、订购、预订等协议是指商品房买卖合同双方当事人在签署商品房买卖合同前所签订的文书，是对双方交易房屋有关事宜的初步确认。将商品房买卖认购书认定为商品房买卖合同，即认定名为预约实为本约，应具备两个条件：

一是具备《商品房销售管理办法》第十六条规定的商品房买卖合同的主要内容（本书将在第三章作详细论述）;二是出卖人已按约定收取购房款。"出卖人已按约定收取购房款"的内涵为：一是认购书已实际履行，出卖人已收取了购房款。这里所称"购房款"既应包括全款，也应包括部分购房款。买受人支付房款的方式有三种，一是一次性付清全款；二是分期付款；三是以按揭的方式付清全款。

（二）定金的法律规定

1．《合同法》

第一百一十五条　当事人可以依照《中华人民共和国担保法》约定一方向对方给付定金作为债权的担保。债务人履行债务后，定金应当抵作价款或者收回。给付定金的一方不履行约定的债务的，无权要求返还定金；收受定金的一方不履行约定的债务的，应当双倍返还定金。

本条是关于定金的规定，定金是合同当事人一方预先支付给对方的款项，其目的在于担保合同债权的实现。

"债务人履行债务后，定金应当抵作价款或者收回"是指债务人按照合同的约定完全并且适当地履行了合同规定的义务，定金既可以抵作价款，也可以返还给定金支付人。

"不履行约定的债务"，是指由于收受定金一方当事人的原因而引起的履行不能或者收受定金的一方当事人故意拒绝履行债务。

2．《中华人民共和国担保法》

第八十九条　当事人可以约定一方向对方给付定金作为债权的担保。债务人履行债务后，定金应当抵作价款或者收回。给付定金的一方不履行约定的债务的，无权要求返还定金；收受定金的一方不履行约定的债务的，应当双倍返还定金。

此条将在《最高人民法院关于适用〈中华人民共和国担保法〉若干问题的解释》中具体阐析。

3.《最高人民法院关于适用〈中华人民共和国担保法〉若干问题的解释》

第一百一十五条　当事人约定以交付定金作为订立主合同担保的，给付定金的一方拒绝订立主合同的，无权要求返还定金；收受定金的一方拒绝订立合同的，应当双倍返还定金。

本条是对立约定金如何处理的解释。立约定金也被称为订约定金，其设立是为了担保合同的签订。对于立约定金，司法解释承认该定金合同的效力，认为当事人违反立约定金，应当按照《担保法》第八十九条的规定进行处理。即给付定金的一方不履行约定的债务的，无权要求返还定金；收受定金的一方不履行约定的债务的，应当双倍返还定金。从发生法律效力的角度看，立约定金的特点是，其法律效力的发生与主合同是否发生法律效力没有关系。立约定金的生效是独立的，在主合同之前就成立。凡在预约一类的协议中设立了立约定金，其法律效力自当事人实际交付定金时就存在，在其所担保的立约行为没有发生时，违反承诺的当事人就要受到定金处罚，立约定金就由此发挥担保作用。

第一百一十八条　当事人交付留置金、担保金、保证金、订约金、押金或者定金等，但没有约定定金性质的，当事人主张定金权利的，人民法院不予支持。

区别定金与其他被交付的金钱的关键在于定金的自身特点。当事人在合同中明确约定有定金条款的，当然不存在异议；如果合同约定的其他被交付的金钱没有冠以“定金”的名称，则应当按照合同约定的内容考察是否存在对定金的约定。比如虽然约定中没有出现“定金”字样，但合同内容有

符合定金特性的定金罚则，也应当认定存在定金。这里注意不应以名称为惟一标准，应当允许没有冠以“定金”的定金的内在，在“名与实”的问题上要“名实”并举，不宜僵化理解法律对定金的规定。但是，对于约定中没有冠以“定金”并且合同内容中其他被交付的金钱也没有定金的意思，一律不按照定金对待。司法解释就列举了留置金、担保金、保证金、订约金、押金或者订金等。分辨这些被交付的金钱是否具有定金的性质，关键在于当事人订立的合同内容中是否有对符合定金特性的定金罚则的约定。

第一百二十条　因当事人一方迟延履行或者其他违约行为，致使合同目的不能实现，可以适用定金罚则。但法律另有规定或者当事人另有约定的除外。

当事人一方不完全履行合同的，应当按照未履行部分所占合同约定内容的比例，适用定金罚则。

本条内容可分为两层：一是明确了适用违约定金处罚的条件，一是“但书”，将例外情况作了规定。首先适用违约定金处罚的条件是：当事人一方迟延履行或者有其他违约行为，致使合同目的落空。迟延履行属于违约行为，因此可以说当事人有违约行为是适用定金处罚的条件。但仅有违约行为还不够，还必须有违约行为致使合同目的落空的结果。在适用定金处罚上，违约行为和合同目的落空两个条件缺一不可。所谓合同目的落空指当事人缔结合同的主要目的因违约行为而不能实现。简单归纳来说，违约行为致使合同主要、直接的目的落空时，即构成根本违约时，可以适用定金处罚。

本条但书规定的“法律另有规定或者当事人另有约定的除外”是将其他性质的定金从违约定金中排除出去。

合同部分得到履行，部分没有履行也可能构成合同目的的落空，可以适用定金处罚。但司法实践中也发现，合同已

部分履行时，对当事人实际损失的判断存在一定的难度。考虑到如果全部定金被罚的话，当事人的利益难以平衡，可能造成新的不公，所以，司法解释单独解释认为“当事人一方不完全履行合同的，应当按照未履行部分所占合同约定内容的比例，适用定金罚则。”

第一百二十二条　因不可抗力、意外事件致使主合同不能履行的，不适用定金罚则。因合同关系以外第三人的过错，致使主合同不能履行的，适用定金罚则。受定金处罚的一方当事人，可以依法向第三人追偿。

本条司法解释解决的是，因不可抗力、意外事件而造成合同不能履行的情况下，免予适用违约定金处罚以及第三人原因导致违约如何处理的问题。需要说明的两个问题是：

（1）因不可抗力不能履行合同也包括不能按期履行合同，即包括因不可抗力造成迟延履行的情况。因此，在因不可抗力造成不能履行和迟延履行两种情况下，均可以免除定金处罚。

（2）我国《民法通则》和《合同法》均规定不可抗力是“不能预见、不能避免并不能克服的客观情况”，范围一般限于自然灾害、战争、社会动乱、政府行为等，范围较窄。结合不可抗力的范围，我们认为意外事件的定义应当是“不能预见、不能避免、不能克服但又不属于不可抗力的客观情况”。比如桥梁坍塌、空难等。第三人原因所致的违约既不属于不可抗力，又不属于意外事件，应当单独处理。即因合同关系以外第三人的过错，致使主合同不能履行的，适用定金罚则。[1] 受定金处罚的一方当事人，可以依法向第三人追偿。

[1] 李国光、奚晓明、金剑锋、曹士兵．最高人民法院关于适用《中华人民共和国担保法》若干问题的解释理解与适用．吉林人民出版社，2000

第三节 维权焦点

一、在斗争中成长——选择合理的认购阶段

（一）不同阶段认购的风险

房屋也是一种商品，同任何商品一样，其交易的过程总是充满风险。而与其他商品不同的是，其风险在认购阶段就已经表现出来了。

1. 预售前认购的风险

在我国，商品房预售实行许可证制度。因此，开发商应该在持有《国有土地使用证》、《建设用地规划许可证》、《建设工程规划许可证》、《建筑工程施工许可证》、《商品房预售许可证》这五个证的前提下才允许销售商品房。可是，在实践中，为了及早将商品房销售出去，提早收回投资，很多开发商会在尚未取得《商品房预售许可证》的情况下，即在未取得预售许可前与购房者签订认购书，作为买卖合同签署前买卖双方行使权利、承担义务的书面凭证，待拿到《商品房预售许可证》后，再与购房者签订正式的预售合同。而房屋销售许可证是规范房地产市场行为，保护购房人利益的一道门槛。针对开发商试图规避法律、提前圈钱的行为，购房人购房心切而心存侥幸的做法，是非常冒险的。稍不留神，鸡飞蛋打，悔之晚矣。

所以，在预售阶段的认购，风险尤其巨大。此时，由于没有销售许可证，开发商的资格难以确保，认购人的投资安全就更难以得到保障。其一，如果开发商不具备房地产开发经

营资格，缺乏必要的行政监督和金融监管，难免会出现开发商卷款而逃的坑人结局。其二，如果开发商缺乏完备的手续，得不到银行贷款的支持，也可能出现中途停工，楼盘烂尾的情况；即使是建设完成，也有可能是违法建筑，而不能交付使用，或者拿不到产权证。其三，认购房的真实性、抵押情况均可能存在欺诈。如果开发商如期开发该项目并取得预售许可证，却将已被认购的房屋又预售给其他人，先签订认购书的购房者只能请求双倍返还定金，返还定金顺利则罢，否则，只能以诉讼或仲裁来解决。

张先生在市内某小区内部认购了一套房子，当时该楼盘只是介绍了地理位置、规划效果图、房型，他觉得比较满意，加上诱人的优惠条件，于是签订了认购协议，且在售楼人员的劝说下交了定金，说定等售房许可证办成之后签订购房合同。谁知，不久以后，开发商通知他，该项目的规划未批，房子盖不成了。开发商同意退还定金，并补偿一些利息。事后，张先生说，他虽然在经济上没有什么损失，但是自己倾注心血选中的房子，一下子成了一场破碎的梦，这种失落让他难以承受。而开发商呢，则是提前圈钱不成反而赔进不少利息。另一位认购人李先生却没有上述认购人那么幸运，他在不了解购房知识的情况下，只因为对开发商展示的房型图满意，就与开发商签订了认购协议，交了定金，当时并未在意退房责任。后来，他感觉那一套房子并不理想，于是找到开发商，提出退房。开发商拿出协议，告诉他定金不予返还。

钱一到手，再想要回就难了，开发商会用各种办法劝阻认购人退房，让认购人左右为难，同时心里更加没底。在临江路一家开发商那里认购房子的朱先生就遇到了这种麻烦。因为开发商允诺两个月后房屋销售许可证办下来即签订购房合同，但时过近4个月，催问数次，开发商总是说证还未办下来。朱

先生有些害怕，自己的几万元定金会不会收不回来。他想到了退房，但是开发商百般相劝，让他再等。一等再等之后，朱先生不得已只好走上了诉讼的道路，浪费大量时间和精力。

2. 预售后认购的风险

在这一阶段，由于有了法律的保护，政府的进一步监督管理，开发商的行为也更加规范。故对比前一阶段，风险较小，主要集中在以下两点：

（1）购房者因为其他原因，取消购房计划，其定金全部被开发商扣留。

（2）开发商在签订认购书后，却将认购的房屋又预售给他人。

（二）选择认购阶段应该注意的几个要点

了解了上述风险，并不等于就能够避开这种风险。许多购房者会说，“我也不想签认购书，但没办法，走街串巷，看了无数楼盘，好不容易挑中了一套朝向、楼层、面积、户型等自己都满意的，万一动手晚了，被别人占去，岂不遗憾。”

不错，当看到了自己寻寻觅觅梦寐以求多年的好房子时，那种迫切想拥有的心情，任何人都能理解。连蜗牛都有自己小小的窝，更别说想要有个家的购房者了。只是为了防止风险而不认购，一旦选中的房子被别人买走，恐怕扼腕莫及！

所以说，如果购房者选择了内部认购，又签订了定金条款，就要想到如何把风险降到最小，或是想到出了问题后的解决办法！因此，以下几点是购房者应该注意的。

（1）首先应该注意，开发商取得了《国有土地使用证》、《建设用地规划许可证》、《建设工程规划许可证》、《建筑工程施工许可证》、《商品房预售许可证》中的哪几证。

（2）司法解释虽未规定应在哪一阶段双方可以签订认购书，但如果连前四证都没有，则应该高度警惕。尤其是开发项目尚未立项，开发商就向社会公众销售房屋，此时的认购书不是针对特定项目签订的，所以这一阶段最好不要去认购，任凭开发商吹得天花乱坠舌灿莲花，也要有风吹浪打，我自岿然不动的决心。否则，购房者的定金可能就肉包子打狗——一去不回头了。

（3）如果只是没有《商品房预售许可证》，可以考虑是否选择此时介入认购。虽然也存在开发商在取得四证的情况下无法取得《商品房预售许可证》的情况，但因为在一般情况下能够取得上述四证，则取得《商品房预售许可证》就是水到渠成之事，所以风险相对较小。

所以此时，购房者应通过各种渠道全面了解楼盘的情况，了解开发商能否取得《商品房预售许可证》。另外还应特别注意，开发商是否明示其没有《商品房预售许可证》，如果开发商明示了，那么应把“开发商何时取得《商品房预售许可证》写进认购书里”，作为日后不能订立商品房买卖合同时，适用定金罚则，要求开发商双倍返还定金的理由。

（4）如果没有《商品房预售许可证》，购房者又在认购后马上签署了商品房买卖合同，并支付了房款，此时应该看开发商能否在诉讼中取得上述《商品房预售许可证》。根据最高院司法解释第二条的规定：“出卖人未取得商品房预售许可证明，与买受人订立的商品房预售合同，应当认定无效，但是在起诉前取得商品房预售许可证明的，可以认定有效。”如果开发商能取得《商品房预售许可证》，则按正常程序购房；如果开发商不能取得，则可根据司法解释第九条的规定：“出卖人订立商品房买卖合同时，具有下列情形之一，导致合同无效或者被撤销、解除的，买受人可以请求返还已付购房款

及利息、赔偿损失，并可以请求出卖人承担不超过已付购房款一倍的赔偿责任：

（一）故意隐瞒没有取得商品房预售许可证明的事实或者提供虚假商品房预售许可证明；

（二）故意隐瞒所售房屋已经抵押的事实；

（三）故意隐瞒所售房屋已经出卖给第三人或者为拆迁补偿安置房屋的事实。”向开发商主张不超过已付购房款一倍的赔偿责任。

（5）开发商取得了《商品房预售许可证》，购房者也签订了认购书，开发商却将已被认购的房屋又预售给其他人，此时，购房者可根据司法解释第四条的规定，要求开发商双倍返还定金。

（6）还有一个特例，就是如果认购书具备了《商品房销售管理办法》第十六条规定的商品房买卖合同的主要内容，并且购房者也已经向开发商支付了房款的，依据司法解释第五条的规定，该认购书会被认定为商品房买卖合同。此时开发商又将购房者认购的房屋在未告知购房者的情况下抵押或出卖给第三人时，则可根据司法解释第八条的规定：“具有下列情形之一，导致商品房买卖合同目的不能实现的，无法取得房屋的买受人可以请求解除合同、返还已付购房款及利息、赔偿损失，并可以请求出卖人承担不超过已付购房款一倍的赔偿责任：

（一）商品房买卖合同订立后，出卖人未告知买受人又将该房屋抵押给第三人；

（二）商品房买卖合同订立后，出卖人又将该房屋出卖给第三人。”，向开发商主张不超过已付购房款一倍的赔偿责任。

二、不是我不小心——如何避免定金罚则

认购中有着非常核心的内容——对于定金的约定。

开发商拟定的认购书对于定金一般均作如下约定："乙方（购房者）须于签署本认购书后×日内与甲方（开发商）签署《商品房买卖合同》。如乙方在上述期限内不签订《商品房买卖合同》，甲方有权扣除乙方已交定金，并另行处置该房屋。"

很是有一批购房者看到这儿时会说，"凭什么啊！定金在未签订买卖合同时应该予以返还！这条款与法律冲突，无效！写也白写！"随后，援引建设部《商品房销售管理办法》第22条规定"不符合商品房销售条件的，房地产开发企业不得销售商品房，不得向买受人收取任何预订款性质费用。

符合商品房销售条件的，房地产开发企业在订立商品房买卖合同之前向买受人收取预订款性质费用的，订立商品房买卖合同时，所收费用应当抵作房价款；当事人未能订立商品房买卖合同的，房地产开发企业应当向买受人返还所收费用；当事人之间另有约定的，从其约定。"作为上述论断的依据。

购房者上面所说的看似有道理，但却混淆了认购行为和销售行为的概念。诚然，根据上述条文，在没有取得商品房预售许可的前提下预售商品房是违法的，但是认购行为显然不能等同于预售行为，认购其实是预售的前一个阶段，预售的对象是商品房本身，而认购书约束的却仅仅是双方签订销售合同的行为。因此，《商品房销售管理办法》第22条不能作为认定认购协议无效的依据。常言说的好"买的不如卖的精"，购房者现在应该知道开发商在取得预售许可证之前为什么只签认购书而不是预售合同了吧。

那么如果不能根据《商品房销售管理办法》第22条认定认购书无效，购房者为此交的钱该怎么办呢？这就需要认真研究认购书上到底说的是"订金"还是"定金"了。

正如前文法理所述，“订金”属于预付性质的款项，是在交易尚未完全达成的情况下，买方为表达诚意，使卖方对交易具备一定信心而先期履行部分义务所支付的款项。在交易最终未能完成时，该订金应该退还购房者。但是正如上面反复强调的，即使在认购书中冠以“订金”之名，也可能因为合同内容具有定金特性而被认定为定金，从而适用定金罚则。

而“定金”则属于担保方式的一种。开发商在认购书中采用的定金在法律上称为“立约定金”，依据最高人民法院《关于适用〈中华人民共和国担保法〉若干问题的解释》第一百一十五条的规定，立约定金对于合同双方当事人的约束非常严格，一旦未能按认购书中所定期限订立买卖合同，则必然有一方需承担定金罚则。

因此，只要购房者在认购书上签了字，其中约定的定金就实实在在地约束着认购书双方。

一般来说，认购书中一旦约定了立约定金，从法律效力上说，其对于买卖双方都是具有同等约束力的，但实际上却并不尽然。

仔细分析认购书中的定金条款内容就可以得出这样的结论：购房者承担定金罚则的可能性要比开发商大得多。因为《商品房买卖合同》条款中的空白内容（包括可能会有的补充协议）通常都是由开发商拟定完毕后交给购房者，双方在此基础上进行合同的谈判。有些开发商在签署认购书阶段根本就不向认购方出示买卖合同文本，或者出示只有空白条款的买卖合同文本，致使认购方根本无从得知开发商是如何规定有关条款的。而在认购阶段，购房者仅就房屋的大致情况有所了解，买卖双方并未就合同条款进行任何实质性磋商。而一旦进入正式合同的谈判阶段，购房者有可能会发现合同条款的内容与自己最初的设想差距甚远。在这种情况下要求购房者承诺一定与

开发商签署买卖合同，显然是不公平的。如果购房者坚持要按照自己的意愿修改合同条款，在开发商无法接受的情况下，极有可能会使合同无法签署。这种情况下，开发商就有可能会援引认购书中的定金条款，认为是因为购房者的原因而未能在约定的时间内签订《商品房买卖合同》，从而扣除购房者定金。因此，购房者在进行有关买卖合同的谈判过程当中，必然要顾及定金罚则，因为一旦双方达不成一致，无法签署买卖合同，则开发商依据认购书中的约定，可以顺理成章地扣除购房者定金，如果为了保全定金而做过多妥协，购房者权利将很可能无法得到有效保障。当然，开发商为了尽量促成交易，也会考虑购房者的要求，但如果开发商确实不愿做出让步，而购房者未经仔细考虑即对认购书有关定金的条款签字认可，则将使自己陷入非常被动的境地。

那么怎样才能避开这定金陷阱呢？·

考虑到购房者实际上承担定金罚则责任的可能性会较大，购房者应尽量避免与开发商在认购书中约定定金条款，而代之以“订金”，并明确约定，如因双方对于买卖合同条款有分歧而无法签订买卖合同的，订金应全额返还，或与开发商在认购书中约定，若购房者因某种原因而无法签署买卖合同的，订金该如何返还或是否要扣除部分作为手续费等。笔者认为最好与开发商签订一个无条件解除内部认购书的条款，比如“从订立认购书至销售许可证办下来之后七天内可以无条件解除认购协议。”从而把认购所带来的风险降到最低。

上面所述适用于购房者将要签订认购书的情况 ，但如果购房者已经签订了带有定金罚则的认购书，此时应通过对司法解释的条文理解来保障自己的权益。

司法解释第四条“出卖人通过认购、订购、预订等方式向买受人收受定金作为订立商品房买卖合同担保的，如果因

当事人一方原因未能订立商品房买卖合同，应当按照法律关于定金的规定处理；因不可归责于当事人双方的事由，导致商品房买卖合同来能订立的，出卖人应当将定金返还买受人。”

在该条文里，对“因当事人一方原因未能订立商品房买卖合同”说得较为模糊，那么当事人不能就商品房买卖合同协商一致，是否可以推论为一方当事人原因而未能订立主合同呢?是否均应适用立约定金罚则规定呢?

一些专家学者认为“若当事人协商的主合同条款中无约定，则当事人协商不成的，不能认为是任何一方当事人违反预约合同的约定拒绝订立主合同，因而不能适用定金罚则”。[1]

结合具体案例说明：2001年9月4日，肖某与H公司订立一份《商品房认购书》并约定：肖某向H公司预定商品房一套，总房价为人民币112万元；签订认购书时支付定金2万元；签订预售合同时支付房价款的20%；2001年11月4日前支付房款的80%；肖某愿意以定金的方式向H公司约定上述房屋，定金须在签订认购书时立即支付，同时，肖某应于2001年9月12日以前到H公司售楼处与H公司签订《内销商品房出售合同》，否则作违约论：H公司有权取消本协议书，没收肖某已交付的定金并另行以任何方式出售上述房屋，而无需另行通知肖某。同日，肖某给付H公司定金人民币2万元。

2001年9月11日，肖某带着首批购房款及有关资料依约前往H公司售楼处与H公司签订出售合同。在签订该合同时，肖某发现合同文本中增加了11条补充条款（系以迟延付款及交房责任等方面为主要内容的权利义务约定）。双方经反复协商后

[1] 杨焕发、周歧山、潘智勇。当事人就主合同的订立不能协商一致是否适用定金罚则，人民法院报，2002年11月25日

仍未达成一致。肖某遂请求返还定金未果，于是诉至法院，请求判令H公司双倍返还购房定金人民币4万元。

一审法院判决被告H公司双倍返还原告肖某购房款定金4万元。

被告H公司不服，提起上诉。二审法院经审理认为，上诉人H公司与被上诉人签订认购书时未出示有关《内销商品房出售合同》的补充条款，后被上诉人按约于2001年9月11日前去上诉人处与上诉人签订《内销商品房出售合同》时，不能接受上诉人此时方出示的补充条款，双方因此而未签订《内销商品房出售合同》，故双方对认购书约定买卖房屋的意思表示未达成一致，因此，双方对于最终未能签订《内销商品房出售合同》均不存在违约，上诉人应将依据认购书收取被上诉人的定金人民币2万元返还被上诉人。二审认为，上诉人应对双方未能签订《内销商品房出售合同》承担责任并向被上诉人双倍返还定金不当。据此，二审判决撤销一审判决，改判上诉人H公司原额返还被上诉人肖某人民币2万元。❶

此案例终审法院判决与本条第二层意思“因不可归责于当事人双方的事由，导致商品房买卖合同未能签订的，出卖人应当将定金返还买受人”的规定是一致的。该条司法解释两层意思对指导审判实务中处理商品房认购合同纠纷案件有很强的现实针对性。

三、莫让缘分变成遗憾——如何拟定认购书

综上所述，我们不难发现由于认购本身在事实和法律上的不确定性导致认购风险的增加，以至在签署、履行认购书阶段

❶ 杨焕发、周岐山、潘智勇.当事人就主合同的订立不能协商一致是否适用定金罚则.人民法院报,2002年11月25日

容易产生纠纷，这也是很多购房者称之为认购“陷阱”的原因。虽然我们并不能简单地认同“陷阱”一说，因为法律对交易双方都是公平的，双方都有权利运用法律规定来最大限度地维护自己的利益，降低自身的风险，但是，我们也确实认为，购房者有必要从以下几个步骤来维护自身的合法权益：

（1）要有强烈的法律意识。对于认购者来说，选好所购房屋的位置、压低价格固然重要，但我们也应看到在尚不规范的房地产市场中，“陷阱”无处不在。因此，学习了解有关法律、法规，向专业人士（特别是专业律师）咨询、了解有关购房方面的法律规定、知识是十分必要的。惟有此，才有可能较好地维护自己的合法权益。

（2）与开发商签署认购书之前，一定不要只注意到有关房屋及小区本身的情况，而应该同时要求开发商提供正式的、供签约之用的《商品房买卖合同》及补充协议文本（见本书第三章），防止不良开发商施展偷梁换柱偷天换日大法。

（3）要仔细了解认购书本身的内容。认购书通常包括：1）双方当事人的基本情况；2）房屋基本情况（含房屋位置、面积等基本情况）；3）价款计算；4）签署契约的时限规定。对比《商品房买卖合同》文本，我们不难发现由于存在事实和法律上的障碍，影响商品房销售价格的一些因素尚不确定，故在认购书中存在大量的缺失条款和不确定条款，对一些内容不可能作出约定。

而对这些没有出现在认购书中的内容，一定要格外留意，并就这些内容与开发商进行咨询、沟通。

（4）要认真签约，明确约定认购书内容条款，保留好证据。在购房过程中，不要轻信开发商（售楼人员）的花言巧语。在签署合同时一定要认真审查每一个条款，把相关问题问清楚；购房者希望得到的一切承诺以及双方业已形成的协议

内容，务必以书面形式记录下来，以免日后空口无凭。一旦发现问题，应保存好各种证据，必要时对相关事实可以通过办理公证的方式保留证据，以证明侵权事实的存在。

当购房者关心的有关问题，包括合同条款问题得到开发商大致肯定的答复之后，再与开发商签署认购书。

当然这个答复，可不是售楼小姐嘴上说说就可以了，而是要把这些内容最好落实在书面上。一旦变成白纸黑字，可就“跑得了和尚跑不了庙了！”

当然，认购书毕竟不是销售合同，也不可能把认购条款写得过多，所以，建议把最最关心的内容写进认购书中，比如绿化率问题、房屋结构、朝向、会所等配套实施，并约定“如因开发商对上述条款变更而未能订立商品房买卖合同的，开发商应当双倍返还定金。”

（5）考虑到购房者实际上承担定金罚则法律责任的可能性会较大，购房者应尽量避免与开发商在认购书中约定定金条款。而在内部认购这个特殊阶段，笔者认为最好把“开发商何时取得《商品房预售许可证》及相关罚则写进认购书里。或者也可以与开发商签订一个无条件解除内部认购书的条款，比如“从订立认购书至销售许可证办下来之后七天内可以无条件解除认购协议。”从而把认购所带来的风险降到最低。

（6）要学会依靠专业人士、拿起法律武器维护自己的权利。应尽量借助专业的法律人士来协助签署、完善认购书及下一步的买卖合同，使认购书成为维护买卖双方合法权益的法律文件。

房屋买卖不同于一般消费，涉及工程、质量、合同、物业管理等多个领域，有关法律法规比较复杂。购房人即使经多方考察，一般也很难通过个人的努力搞清问题的症结所在。因

此，如果发生了对自己不利的事情，或者预料到风险可能到来临时，为有效地维护自己的正当权益，就应及时和该领域专业人士、法律界人士、中介机构、维权组织取得联系，以求得帮助。

毕竟业余的玩不过专业的，花点律师费、咨询费等费用总比将来出了问题再打官司省心省力省钱!

纵观房屋买卖的全过程，认购有其积极意义，它给了购房者一定的时间来仔细考虑本次买卖的各有关环节、合同条款等，而且在此期间，初步选定的房屋开发商会予以保留。同时，认购作为签署买卖合同的前置步骤，其内容直接关系到双方能否顺利签约，以及有关定金如何处理。因此，购房者在认购前，应将正式合同认真阅读，通盘考虑签约的可能性。由于认购书签署后即对双方具有约束力，因此购房者应对认购书的内容谨慎对待。如有可能，应尽量借助于专业的法律人士来协助签署、完善认购书以及下一阶段的商品房买卖合同。这样，认购书将成为维护购房者合法权益的法律文件，而不至于引发大量纠纷，导致交易活动的失败，给购房者造成损失。

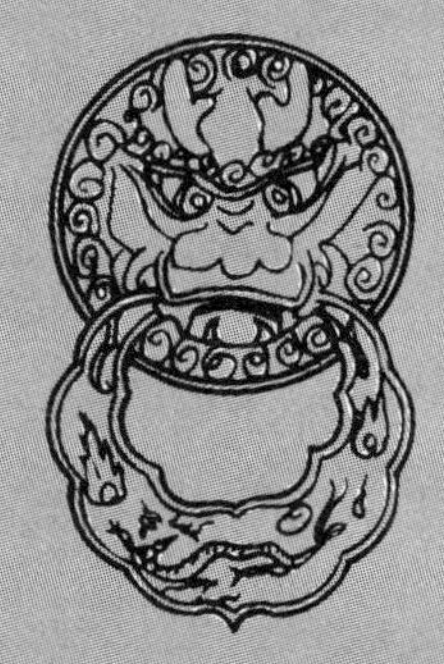

第三章　合同

第一节　引　言

危言耸听地讲，只有薄薄几页纸的商品房买卖合同在某种程度上决定了消费者和开发商的命运。对于绝大多数消费者来说，在经历了城里城外四处游走的货比三家和家庭内部无休止的讨论、决定、反悔、再决定、再反悔的痛苦的选房历程之后，从笑逐颜开的售楼小姐那里接过开发商制作好的商品房买卖合同文本并签字画押的一霎那，可以看作是一桩心愿的了结和一段煎熬的结束。这意味着，购房人将从此背负上最高可至二十年的债务和在交房之前必然的对未来美好生活的憧憬、怀疑，满足或者绝望。可以说，在签字的这一霎那，消费者同开发商博弈的大致结果就已经基本确立，而当未来真的发生什么纠纷的时候，或许消费者会发现，其他一切看似对自己有利的法律、法规、司法解释或许都会因为这一纸合同的存在，而变得对自己毫无意义。于是，在市场经济的今天，那些珍惜自己宝贵的权利与财产的消费者们，将不得不带着疑惑甚至惶恐来面对这薄薄的几张纸，去研究那些艰涩的、充满专业术语的条款，以防止已经被媒体妖魔化了的开发商真的如旁人所说，在合同中设下某个深不可测的陷阱，把自己套牢。于是，如何签订一份公平合理的商品房买卖合同，便成为消费者购房的重中之重。

一、合同之重

那位可以说是如明星般妇孺皆知的房地产商潘石屹在2003年的夏天做了笔大买卖。一家著名律师事务所一拍脑袋

就买了潘石屹4层共计6000平方米的房子作办公室，一次性地给了老潘一亿多块钱的支票。正被人民银行的房贷新政弄得怨天尤人的潘石屹一高兴，便搞了个很排场的签约仪式让大家也跟着乐呵乐呵。而一贯秀逗的他自然不会放过一次在世人面前展示自己幽默感的机会，于是便在会场弄了个大牌子出来，写着"潘石屹有地一亩三分……卖予某某律师事务所……立此契约……"这样的一个文诌诌的"假合同"让人觉得仿佛一下子回到了解放前。而这合同，在解放前南京国民政府颁布的《民法》中，还真的就叫契约。这个契约的"约"字，又能形象地道出合同的本质，那就是合同不过是大家约定的共同遵守的一些事情。举个例子，妈妈对儿子说，你去给我买瓶酱油，我就给你一块钱零花，儿子听了说，好啊。这个时候，一个合同就成立了。可以说，在我们的日常生活中，我们无时无刻都在和旁人签订并履行着合同，每一个承诺，都意味着一个合同的订立。而从这个意义上讲，合同可以说是与人类的历史同样古老的东西，只不过在不同的时代，它被不同的人用不同的形式记录下来罢了。商品房买卖合同，也不过就是这无数个合同中的一种，只是其中大家约定的内容更重要和复杂一些了。

如前文所述，同许多人想象的不一样的，合同的形式并不是关键因素，口头达成的合同和书面签字盖章的合同的效力并无二致，而很多约定事宜重大的合同之所以要以书面形式签署，则是为了立此存照，在发生纠纷的时候有个证明当时大家约定了什么的证据。口头合同虽然效力与书面合同别无二致，但是在实践中口头合同往往因为没有证据能够证明它的存在而丧失了意义。很多消费者往往在同开发商发生纠纷的时候，提出开发商的甲乙丙曾经许诺过ABC，以此为理由要求开发商履行承诺，而开发商往往矢口否认。这个时候，

没有文字的凭证，就很难算数。而且，就算是文字的凭证，往往也得是带有开发商公章的才具有最强的证明力，售楼小姐以自己的名义写下的许诺，虽然要远比红口白牙有用，但是打官司的时候，也很难能帮上什么忙。因此，在很多时候，国家为了减少纠纷的发生，而要求某些交易的当事人签订书面的合同，比方说商品房买卖合同，按照《中华人民共和国城市房地产管理法》的规定，就要采用书面形式签订了。即便如此，合同的签订仍然是一项很私人化的可以说是自由的东西。在法律上这叫做“意思自治”，更通俗的说法便是“契约自由”。这个契约自由，便是西方资产阶级革命斗争了几百年所取得的正果，也是市场经济能够存在的先决条件。而一个社会是不是真正的契约自由，便要看它对合同的态度了。在一个真正的市场经济的条件下，合同的条款，只要不违背法律法规的规定，便具有和法律法规一样的效力，并且在同一个事项上，如果合同和法律法规都做了规定，依然要以合同的约定为准。一句话，对于消费者和开发商来讲，只要在商品房买卖合同上签了字，就被视为承认了合同条款的约定，而这合同对于他们来说便成为自己的法律，不能轻易反悔了。所以，从一方面来讲，白纸黑字写得明明白白的商品房买卖合同是消费者维权的重要武器；而从另一方面来讲，这合同却也有可能成为不良开发商套在消费者头上的枷锁，让消费者进退不得，干着急没有办法。合同之重，即在于此。

契约自由固然体现了“我的地盘我做主”的美妙感觉，但是从负面来看契约自由却往往会成为处于强势的一方欺凌弱者的武器和借口。比方说具有专业、资金优势，同消费者所掌握的信息高度不对称的开发商，就可藉此借口用不公平的条款甚至是合同的陷阱来“压迫”消费者。所以，法律才

会有一些原则和一些条款来防止这样滥用契约自由的事情的发生。《合同法》对此作了较为笼统的规定：

第五十二条　有下列情形之一的，合同无效：

（一）一方以欺诈、胁迫的手段订立合同，损害国家利益；

（二）恶意串通，损害国家、集体或者第三人利益；

（三）以合法形式掩盖非法目的；

（四）损害社会公共利益；

（五）违反法律、行政法规的强制性规定。

第五十三条　合同中的下列免责条款无效：

（一）造成对方人身伤害的；

（二）因故意或者重大过失造成对方财产损失的。

第五十四条　下列合同，当事人一方有权请求人民法院或者仲裁机构变更或者撤销：

（一）因重大误解订立的；

（二）在订立合同时显失公平的。

一方以欺诈、胁迫的手段或者乘人之危，使对方在违背真实意思的情况下订立的合同，受损害方有权请求人民法院或者仲裁机构变更或者撤销。

当事人请求变更的，人民法院或者仲裁机构不得撤销。

此外，有关合同的有效与否，尚有民法上的行为能力等因素能够起到决定的作用，但是由于这纯粹为形式的规定，也从无开发商在这样的问题上导致消费者维权，因此本书略过不表。

这三条的规定，其背后的用意就在于限制契约自由的滥用，保证合同能够合乎公平与诚信这样的人类的基本价值观和法律的基本原则。

这里有两个一般人常常搞混的概念，即合同的无效和可撤销。简单说来，无效的商品房买卖合同就好像它从来没有

存在过一样，合同法第五十二条和第五十三条规定的便是无效，典型的例子便是合同违法。而可撤销的商品房买卖合同则给了当事人一个选择权，即可以撤销这个合同（这时候合同也就跟从没有存在过一样了），或者不撤销这个合同而让它继续有效，甚至可以改变合同的条款即变更。第五十四条规定的是合同可撤销的情形。这些条文听起来颇为振奋人心，但是却十分的笼统，什么情况下算是欺诈，什么叫显失公平，并没有精确的界定。于是这便成为很多媒体经常攻击的靶子，说什么中国法律模糊啊、不完善啊。殊不知，这正是法律的精妙之所在，笼统有笼统的好处，正因为笼统，便有了回旋的余地，便有了“与时俱进”的可能，虽然一方面有可能让不良开发商钻些空子，但是另一方面也给了消费者维权的空间。

之所以区分出无效和可撤销，是因为这两类情形的危害不尽相同，前者可能是损害社会公益，即使对订立合同的双方甚至是被欺诈的一方有利，依然也要让它从来没有“存在过”；后者则仅仅是可能对合同某一方不利，于社会公益无害，但是法律相信人的判断力，知道什么是有利或者不利，于是便赋予在合同中受损害的一方拥有一个撤销与否的选择权。

对于消费者来说，商品房买卖合同是否有效这是最基本的条件，如果合同根本就是无效的，消费者就面临一个非常棘手的问题，即自己为了买房而付出的一切都付诸东流，而且还要面临一系列复杂的追讨自己已付房款的问题。所以，在签订商品房买卖合同时，维护自己权利的第一步就是要了解其所签订的合同是否可能是无效的或者是可能含有可以被撤销的因素，这其中应重点考虑的因素，我们将在后面逐条分析商品房买卖合同范本的时候提到。

总的来说，舞台是搭起来了，能唱出什么样的戏，就全看戏里的角——消费者和开发商们——如何去演了。

二、示范合同

正因为商品房买卖合同在房地产交易中具有重中之重的地位，也正因为有一些不良开发商制造合同陷阱欺诈消费者，因此，便有了政府起草的合同示范文本。

以北京市为例，北京市和内地其他许多城市通用的合同示范文本，并非是在市场中自生自发出的成熟产品，而是由政府为混乱的市场形势所迫，组织制定，并要求开发商采用的。

北京市关于使用房屋买卖合同有关问题的通知（附合同范本）

京国土房管市一字[2000]第582号

各区县房地局、各房地产开发企业：为贯彻建设部和国家工商行政管理局印发的《商品房买卖合同示范文本》，现将使用房屋买卖合同的有关问题通知如下：

一、《商品房买卖合同》由市国土资源和房屋管理局（以下简称市国土房管局）统一监制，并于今年12月1日起在全市使用。已取得商品房和经济适用住房预售许可证的项目，开发企业均可在市国土房管局领取合同文本。内销商品房、外销商品房和经济适用住房买卖合同编号分别标注N、W、J以示区别。

二、市国土房管局从即日起不再印制《北京市内销商品房预售契约》、《北京市外销商品房预售契约》和《北京市经济适用住房预售合同》（以下简称三种契约文本）。开发企业尚未使用的三种契约文本，在征得买房人同意的前提下可使

用到12月31日。自明年1月1日起，一律停止使用。

三、本通知发布之日前买卖双方已签订的（含已经办理预售预购登记的）三种契约文本不再换签新的买卖合同。

四、市国土房管局统一监制的《商品房买卖合同》只限于取得内销、外销和经济适用住房预售许可证的项目使用。现房和存量房屋买卖的合同仍由买卖双方按照合同法等法律的规定自行制定。

五、对《商品房买卖合同》中的未尽事宜，买卖双方可签订补充协议。

特此通知。

二零零零年十一月三十日

这则通知可以说是用行政命令的方式，要求开发商采用政府制定的合同范本。虽然这种做法从形式上看，不太符合民法所强调的契约自由理念，但是在目前市场情况下开发商总是处于事实上的优势地位，购房者个体难有完全平等的就合同条款自由协商的能力。所以，这种做法确实还是很必要的。正因为有了这个政府制定的“示范合同”，开发商想在商品房买卖的关键条款上比方说土地使用用途是什么、预售许可证是否存在、设计变更、交付时间与方式等方面不作规定或者作不公平的规定都成了很困难的事情，重要的问题政府也都替购房者想到了，购房者因此就省去了很多迷惑和麻烦。相反，现在如果有哪家开发商没有采用新的合同示范文本，那购房都倒是要弄清楚来龙去脉，仔细地瞧瞧了。

第二节　合同范本条款评述

前面讲到，现在的商品房交易中主要采用的是由政府起草的商品房买卖合同示范文本，除了极少数的例外，这个示范文本将是消费者在购买商品房签约时所看到的那个合同的文本，我们不妨对照这个示范文本，逐条地研究一下，搞清楚每一条的涵义和对消费者的影响，无疑会有助于更好地维护自己的权利。

新版商品房购买合同示范文本

1．本合同文本为示范文本，也可作为签约使用文本。签约之前，买受人应当仔细阅读本合同内容，对合同条款及专业用词理解不一致的，可向当地房地产开发主管部门咨询。

2．本合同所称商品房是指由房地产开发企业开发建设并出售的房屋。

3．为体现合同双方的自愿原则，本合同文本中相关条款后都有空白行，供双方自行约定或补充约定。双方当事人可以对文本条款的内容进行修改、增补或删减。合同签订生效后，未被修改的文本印刷文字视为双方同意内容。

4．本合同文本中涉及到的选择、填写内容以手写项为优先。

5．对合同文本【】中选择内容、空格部位填写及其他需要删除或添加的内容，双方应当协商确定。【】中选择内容，以划√方式选定；对于实际情况未发生或买卖双方不作约定时，应在空格部位打×，以示删除。

6. 在签订合同前，出卖人应当向买受人出示应当由出卖人提供的有关证书、证明文件。

7. 本合同条款由中华人民共和国建设部和国家工商行政管理局负责解释。

商品房买卖合同（合同编号：　　）

合同双方当事人：

出卖人：＿＿＿＿＿＿＿＿＿＿

注册地址：＿＿＿＿＿＿＿＿＿＿

营业执照注册号：＿＿＿＿＿＿＿＿＿＿

企业资质证书号：＿＿＿＿＿＿＿＿＿＿

法定代表人：＿＿＿＿＿＿ 联系电话：＿＿＿＿＿

邮政编码：＿＿＿＿＿＿＿＿＿＿

委托代理人：＿＿＿＿＿＿ 地址：＿＿＿＿＿

邮政编码：＿＿＿＿＿＿ 联系电话：＿＿＿＿＿

委托代理机构：＿＿＿＿＿＿＿＿＿＿

注册地址：＿＿＿＿＿＿＿＿＿＿

营业执照注册号：＿＿＿＿＿＿＿＿＿＿

法定代表人：＿＿＿＿＿＿ 联系电话：＿＿＿＿＿

邮政编码：＿＿＿＿＿＿＿＿＿＿

买受人：＿＿＿＿＿＿＿＿＿＿

【本人】【法定代表人】姓名：＿＿＿＿ 国籍：＿＿＿＿

【身份证】【护照】【营业执照注册号】【　　】＿＿＿＿

地址：＿＿＿＿＿＿＿＿＿＿

邮政编码：＿＿＿＿＿＿ 联系电话：＿＿＿＿＿

【委托代理人】【　】姓名：＿＿＿＿ 国籍：＿＿＿＿

地址：＿＿＿＿＿＿＿＿＿＿

邮政编码：________________电话：________________

【评 述】

合同首要的问题就是当事人，对于消费者来说，自然是处于买受人的地位。但是需要注意的是，当与自己谈判的是开发商委托的房地产经纪公司时，应当要求他们出示开发商的授权委托书，“验明正身”，以避免出一些意想不到的麻烦，按照《合同法》第四十八条的规定：“行为人没有代理权、超越代理权或者代理权终止后以被代理人名义订立的合同，未经被代理人追认，对被代理人不发生效力，由行为人承担责任”。如果发生了极端的情况比方说经纪公司在代理权终止或代理权尚未发生的时候就越俎代庖，是有可能造成商品房买卖合同不生效的。这个时候，消费者就需要依据《合同法》第四十九条举证证明，虽然经纪公司是在没有代理权、超越代理权或者代理权终止后以开发商名义订立的合同，但是消费者有理由相信经纪公司有代理权，来主张该代理行为有效，这就非常麻烦了。

经纪公司的代理权的问题固然有可能发生，但是几率非常小，更严重和普遍的问题是开发商是否持有商品房预售许可证，这直接关系到了合同的效力，因此在合同的正文中，专条作了规定。

消费者自己在委托亲朋好友或者律师代自己签署商品房买卖合同的时候，应当开具一份完整有效的授权委托书，这样才能保证合同在主体上不会存在瑕疵。如果消费者希望以自己的未成年子女的名义购买房屋，那么作为这个未成年子女的监护人，父母在签约的时候属于法定代理人，也应当在合同的当事人一栏中签字确认合同的有效性。否则，合同就将处于效力待定的状态，出卖人是有权利撤销这一合同的。

一句话，追求手续上的完备与小心谨慎，永远是消费者应当穿上的第一层盔甲。

根据《合同法》、《中华人民共和国城市房地产管理法》及其他有关法律、法规之规定，买受人和出卖人在平等、自愿、协商一致的基础上就买卖商品房达成如下协议：

第一条 项目建设依据

出卖人以______方式取得位于______、编号为______的地块的土地使用权。【土地使用权出让合同号】【土地使用权划拨批准文件号】【划拨土地使用权转让批准文件号】为______。

该地块土地面积为______，规划用途为______，土地使用年限自______年______月______日至______年______月______日。

出卖人经批准，在上述地块上建设商品房，【现定名】【暂定名】______。建设工程规划许可证号为______，施工许可证号为______。

第二条 商品房销售依据

买受人购买的商品房为【现房】【预售商品房】。预售商品房批准机关为______，商品房预售许可证号为______。

【评 述】

第一条和第二条是对开发商可以作为出卖方的资格的确定，这些空格也主要是由开发商来填的。而这两条所填的内容真实有效与否，直接决定了合同的效力和买卖是否能够成

功。土地使用权获得方式、用途和使用期限当然是重中之重，只有开发商取得了土地使用权证，这交易才能放心，因此在交易的时候，除了预售许可证外，像土地使用权证、开工证等证明是一定要让开发商出示的，否则很难保证交易安全。

对于预售的商品房，依据《城市房地产管理法》的规定，除了应当已交付全部土地使用权出让金，取得土地使用权证书；持有建设工程规划许可证；按提供预售的商品房计算，投入开发建设的资金达到工程建设总投资的百分之二十五以上，并已经确定施工进度和竣工交付日期外，还应当向县级以上人民政府房产管理部门办理预售登记，取得商品房预售许可证明。现售固然不需要预售许可证，也不需要预售登记，但应当具备《商品房销售管理办法》第七条规定的七个条件："（一）现售商品房的房地产开发企业应当具有企业法人营业执照和房地产开发企业资质证书；（二）取得土地使用权证书或者使用土地的批准文件；（三）持有建设工程规划许可证和施工许可证；（四）已通过竣工验收；（五）拆迁安置已经落实；（六）供水、供电、供热、燃气、通讯等配套基础设施具备交付使用条件，其他配套基础设施和公共设施具备交付使用条件或者已确定施工进度和交付日期；（七）物业管理方案已经落实"。

按照最高院司法解释第二条之规定："出卖人未取得商品房预售许可证明，与买受人订立的商品房预售合同，应当认定无效，但是在起诉前取得商品房预售许可证明的，可以认定有效"。对于那些希望利用开发商没有取得预售许可证这个借口而进行诉讼趁机要求退房的消费者，最高法院的司法解释无疑就是一个限制，消费者就不能优哉游哉的等到对方有了许可证后再诉讼，那时候想退房就晚了。

对于消费者来说，需要注意的是，土地使用权的年限和

规划用途。

在土地使用权年限上，用作住宅的土地使用权众所周知是70年，而由于开发商从拿到土地使用权到把房子交付给消费者一般都需要几年的周期，所以往往消费者能够享受到的土地使用权就不一定能到70年。其依据是《城市房地产管理法》的第四十二条："以出让方式取得土地使用权的，转让房地产后，其土地使用权的使用年限为原土地使用权出让合同约定的使用年限减去原土地使用者已经使用年限后的剩余年限"。许多年前因为资金链断掉而停顿的一些项目在最近又因为种种原因被推向市场，那么消费者买到房子的时候，可用的土地使用权就不足70年了。而按照现在还有效的国务院的行政法规，当国有土地使用权到期之后，使用权及其上附着物，比方说咱们消费者买的商品房，就会无偿属于国家所有，这对于消费者来讲并不是什么好消息，买方不就是为了一辈子的安稳么。当然70年还很遥远，以后的政策或许会发生变化，但是这都是未知数，所以，相同条件下，还是考虑土地使用权时间长的项目吧。

至于土地的使用权用途，也是一个关系到消费者切身利益的规定。一般来说，开发商所取得的土地使用权用途无非是住宅或者商业，而按照《城市房地产管理法》的第四十三条的规定："以出让方式取得土地使用权的，转让房地产后，受让人改变原土地使用权出让合同约定的土地用途的，必须取得原出让方和市、县人民政府城市规划行政主管部门的同意，签订土地使用权出让合同变更协议或者重新签订土地使用权出让合同，相应调整土地使用权出让金"。也就是说，政府和开发商签订的土地使用权出让合同的效力是及于消费者的，消费者买了房之后，原来开发商当作住宅来卖的，消费者就必须当作住宅来用。如果不经过上面所引用的法条的程

序，就是改变了土地使用权的用途，违反了《城市房地产管理法》的规定。法律之所以如此规定，是因为不同性质的土地使用方式，开发商所缴纳的土地出让金和获得的土地使用权年限是不一样的，如果消费者可以随时改变房产的用途，比方说把住宅当作写字楼办公用，那么就是规避了土地使用权的规定，所以才要在法律中明确的规定。对于消费者来说，买房一般都是自住的，但是如果改了主意打算在里面办公或者从事其他的商业活动，便在实质上违反了法律。比较有趣的是，现在的房地产开发商都在把住宅当作写字楼来卖，从法律上这不无瑕疵，但是《城市房地产管理法》也没有规定相应的法律责任，也没有哪个执法机关制止或处罚这种行为，买房者就更没有人管了。所以这似乎不是个问题，但是一旦政府加强了管制，因为《城市房地产管理法》早已规定得明明白白，到时候恐怕就要有麻烦了。

第三条　买受人所购商品房的基本情况

买受人购买的商品房（以下简称该商品房，其房屋平面图见本合同附件一，房号以附件一上表示为准）为本合同第一条规定的项目中的：第__________【幢】【座】__________【单元】【层】__________号房。

该商品房的用途为________，属________结构，层高为________，建筑层数地上____层，地下____层。

该商品房阳台是【封闭式】【非封闭式】。

该商品房【合同约定】【产权登记】建筑面积共______平方米，其中，套内建筑面积______平方米，公共部位与公用房屋分摊建筑面积______平方米（有关公共部位与公用房屋分摊建筑面积构成说明见附件二）。

【评 述】

在第三条开发商并不会布什么"陷阱"给消费者，只是消费者应当注意的是本条第三款的阳台如果为封闭式，那么按照面积计算的规则将等同于室内的面积计算房款；而如果没有封闭，那么按照面积的计算规则将按照普通建筑面积的一半计算房款。而本条第四款有关公共部位与公用房屋分摊建筑面积的构成说明对于消费者很重要，如果其语焉不详，那么对于消费者来说公共部位和公用房屋的分摊自然就不能让人放心，最稳妥的办法就是让开发商将分摊的部位用图标出，买个明白。

第四条 计价方式与价款

出卖人与买受人约定按下述第________种方式计算该商品房价款：

1．按建筑面积计算，该商品房单价为（________币）每平方米________元，总金额（________币）________千________百________拾________万________千________百________拾________元整。

2．按套内建筑面积计算，该商品房单价为________币）每平方米________元，总金额（________币）________千________百________拾________万________千________百________拾________元整。

3．按套（单元）计算，该商品房总价款为（________币）________千________百________拾________万________千________百________拾________元整。

4．____
____。

第五条 面积确认及面积差异处理

根据当事人选择的计价方式，本条规定以【建筑面积】【套内建筑面积】（本条款中均简称面积）为依据进行面积确认及面积差异处理。

当事人选择按套计价的，不适用本条约定。

合同约定面积与产权登记面积有差异的，以产权登记面积为准。

商品房交付后，产权登记面积与合同约定面积发生差异，双方同意按第______种方式进行处理：

1．双方自行约定：______________________________。

2．双方同意按以下原则处理：

（1）面积误差比绝对值在3％以内（含3％）的，据实结算房价款；

（2）面积误差比绝对值超出3％时，买受人有权退房。买受人退房的，出卖人在买受人提出退房之日起30天内将买受人已付款退还给买受人，并按______利率付给利息。

买受人不退房的，产权登记面积大于合同约定面积时，面积误差比在3％以内（含3％）部分的房价款由买受人补足；超出3％部分的房价款由出卖人承担，产权归买受人。产权登记面积小于合同约定面积时，面积误差比绝对值在3％以内（含3％）部分的房价款由出卖人返还买受人；绝对值超出3％部分的房价款由出卖人双倍返还买受人。

面积误差比＝(产权登记面积－合同约定面积)÷合同约定面积×100％

因设计变更造成面积差异，双方不解除合同的，应当签署补充协议。

【评述】

这两条规定的是合同面积与实测面积不一致的时候的解决办法。由于建筑行业的特殊性，使得用人手搭建起的房子不可能像汽车等工业产品那样可以精细到毫米，所以误差在所难免，有可能会出现测绘面积比实际面积大或者小的局面。示范文本提供的方案相对而言倒是比较公平，当面积的误差过大的时候，作为出卖人的开发商确实有义务承担相应的责任，而消费者也是毫无疑问有权利退房的。在这方面的纠纷并不多，问题就出在这样的情况，有时候房子的套内面积测绘出来少了，公摊面积增加了，而总面积因此增加，消费者因此还要给开发商补钱，这让很多消费者感到吃亏以至于怀疑开发商的诚信，认为是不良开发商钻空子的地方。因此从有商品房买卖开始，这样的纠纷就没有断过。

由于这种消费者对开发商长期的关于面积上不信任和由此而引发的纠纷，人们总觉得按建筑面积计价是个不小的问题，很多人都大声疾呼说要按照套内建筑面积、使用面积或者干脆按套来卖。其实对于开发商来说，所谓面积的欺诈实质上不过是“增加”了房子的价格。比方说消费者按照1万块钱一平方米，买了100平方米的房子，后来实际上开发商盖出来的是99平米，而测绘结果却因为种种原因还是100平方米，这“缩水”的面积对于消费者来说等于是把一套本值99万的房子卖了100万。如果消费者不再转让这房子，那么消费者的损失便是没有享受到100平方米的房子的宽敞，如果转让出去，由于房产证是按照测绘的面积登记面积的，转让倒是不会出什么问题，也不会有什么损失。但是对于消费者，总是件闹心的事情。所以人们才提出按套内建筑面积（避免在公摊上让业主吃亏）或按套卖（干脆回避面积问题），这固然都是解决问题的思路，但却不是根本。事实上，所谓的

面积缩水问题，只要市场上有了真正中立并且有较高信誉的测量行业，就不成其为问题了。

对于消费者来说，解决面积问题的办法首先是选择规模较大、信用较好的开发商，这样的开发商一般来说面积上可能出问题的原因多是由于管理或工作错误而不是故意欺诈。而当真正面对骗子的时候，消费者需要明白，实际上消费者面对的是不良的开发商和与开发商狼狈为奸的测绘机构。当真的发现房屋实际面积明显与测绘面积不一致的时候，消费者必须团结一致来面对开发商或者测绘机构，通过与开发商谈判来要求对面积的再次测量。本书将在第六章产权中讨论这一问题，故在此暂不细言。

第六条 付款方式及期限（略）

第七条 买受人逾期付款的违约责任

买受人如未按本合同规定的时间付款，按下列第______种方式处理：

1．按逾期时间，分别处理（不作累加）

（1）逾期在_____日之内，自本合同规定的应付款期限之第二天起至实际全额支付应付款之日止，买受人按日向出卖人支付逾期应付款万分之__________的违约金，合同继续履行；

（2）逾期超过_____日后，出卖人有权解除合同。出卖人解除合同的，买受人按累计应付款的________%向出卖人支付违约金。买受人愿意继续履行合同的，经出卖人同意，合同继续履行，自本合同规定的应付款期限之第二天起至实际全额支付应付款之日止，买受人按日向出卖人支付逾期应付款万分之________（该比率应不小于第（1）项中的比率）的违

约金。

本条中的逾期应付款指依照本合同第六条规定的到期应付款与该期实际已付款的差额；采取分期付款的，按相应的分期应付款与该期的实际已付款的差额确定。

2. ____。

【评 述】

按时足额付款是消费者的责任，其中需要注意的是在按揭购房的时候，往往由于开发商的原因导致贷款银行迟迟不能把贷款打到开发商的账户上，这个时候，虽然从表面上是消费者逾期付款，但是由于逾期付款是由于开发商造成的，依据《合同法》第六十条第二款的规定："当事人应当遵循诚实信用原则，根据合同的性质、目的和交易习惯履行通知、协助、保密等义务"。这个时候开发商等于没有履行协助消费者按时付款的义务，消费者自然应当要求开发商"自食其果"而不必承担任何责任。

第八条 交付期限

出卖人应当在______年______月______日前，依照国家和地方人民政府的有关规定，将具备下列第________种条件，并符合本合同约定的商品房交付买受人使用：

1. 该商品房经验收合格。
2. 该商品房经综合验收合格。
3. 该商品房经分期综合验收合格。
4. ________________________________

但如遇下列特殊原因，除双方协商同意解除合同或变更合同外，出卖人可据实予以延期：________________。

1. 遭遇不可抗力，且出卖人在发生之日起____日内告知

买受人的；

2. ________________________________

3. ________________________________

第九条　出卖人逾期交房的违约责任

除本合同第八条规定的特殊情况外，出卖人如未按本合同规定的期限将该商品房交付买受人使用，按下列第____种方式处理：

1. 按逾期时间，分别处理（不作累加）

（1）逾期不超过______日，自本合同第八条规定的最后交付期限的第二天起至实际交付之日止，出卖人按日向买受人支付已交付房价款万分之______的违约金，合同继续履行；

（2）逾期超过______日后，买受人有权解除合同。买受人解除合同的，出卖人应当自买受人解除合同通知到达之日起______天内退还全部已付款，并按买受人累计已付款的______%向买受人支付违约金。买受人要求继续履行合同的，合同继续履行，自本合同第八条规定的最后交付期限的第二天起至实际交付之日止，出卖人按日向买受人支付已交付房价款万分之______（该比率应不小于第（1）项中的比率）的违约金。________________________________
____。

【评述】

第八条和第九条是有关商品房的交付和逾期交付的违约处理问题。

逾期交付是经常发生的开发商的违约行为。

需要强调的是，违约事实上不是一个带有道德判断的中

性词，它仅仅代表一个人没有能够履行自己的承诺，而不能反映其背后的原因。一个狡诈的骗子经常可以完全不违反任何合同而欺诈消费者，但是一个诚信的开发商也经常会因为自身的能力、特殊情况而发生违约行为。如果将两者混为一谈，将违约全部等同于欺诈，将房地产开发商一概都当作骗子，便等同于用偏执的激情驱散了理性，带着泛道德化的有色眼镜去维护权利，这个时候，维权往往不会取得良好的效果。

当然，对于消费者来说，开发商违约便是自己的损失，尤其是那些租房的消费者，开发商逾期交付一天，便是一天的损失，所以，消费者在签约的时候，应当尽量争取逾期交付的违约金至少可以支付自己的房租，而这一点，当开发商真的想卖房的时候，是可以通过谈判争取到的。

其实逾期交付最复杂的问题，是搞不清楚什么情况下算逾期交付或者说开发商给消费者的房子是不是具备了交付条件的房子。如果不具备，那就不能算按时交付。在现房的交付中当然不存在什么问题，真正的纠纷都发生在期房的交付之中，究竟什么才是商品房交付的条件，这是一个争议非常大的问题。前面讲过“合同之重”，其重中之重就在此处，一旦合同约定了一种交付的标准，那么消费者就必须服从了。这个标准的约定，确实是个大问题。

北京市的商品房买卖合同，通常都会采用这样的标准即竣工后取得四方竣工验收备案表，这四方指的是开发、设计、施工和监理四方，这四方在验收后在一个确认竣工的表格中盖上公章，确认可以交付，即算是竣工验收通过。之后的备案就是交有关质量检测部门备案。质检部门当然会跟随这四方验收，但是已经不像在以前那样亲自验收了。这种竣工验收验的是建筑物的结构质量，也就是影响建筑物安全的质

量。虽然设计和监理部门都实际上是开发商聘用的，但是在结构质量上，这些部门并不会马虎，因为一旦出了质量问题，那可就是人命关天的事情，有关责任人是要蹲监狱的。而开发商作为业主，也会异常关心结构质量，对施工单位严格要求，因为某些开发商固然会在一些问题上欺诈消费者，但是也断断不会拿这种人命关天的事情开玩笑。惟一有不良动机的是负责具体施工的单位，可能包工头们为了降低成本而偷工减料然后一跑了之。总而言之，四方竣工验收备案制度，因为关系重大，对于结构质量还是靠得住的。

但是问题在于消费者并不会满足于仅仅是结构安全，因为消费者买的是舒适的家，而不仅仅是一个安全的栖身之所。尤其是精装修的房子，四方竣工验收备案是根本不涉及的，如果装修出了质量问题，是否具备交付条件呢？

当合同约定交付条件为取得四方竣工验收备案表，开发商和消费者签字盖章的时候，那开发商取得了竣工验收备案表就真的足够了，真的就算按期交房了，开发商固然会因为消费者的投诉而对房子修修补补，但是这时候房子已经是交付了的房子了，开发商是在保修，而不是“使房子具备交付条件”。

在现实中，基本不会有任何的可能通过谈判修改取得四方竣工验收备案表这样一个开发商提出的交房条件，谈判破裂的结果通常就是开发商拒绝销售。因此，在这个时候，最稳妥的办法便是在补充协议中对一些关键性的、直接影响消费者生活的问题作出明确的约定，开发商做不到就不能算交房，将这个作为与取得四方竣工验收备案表具有同等效力的补充约定。

当然，消费者在维权的过程中也需要理解房屋这种产品手工搭建的现实性，对于一些细节问题不必多和开发商纠

缠，而是将主要精力放在诸如社区的绿化、道路、配套设施等重要问题上，这样表面上是退一步，但事实上是一种迂回和抓主要矛盾的维权策略，虽然有些无奈，但是在现实的环境中，却是明智的。退一步海阔天空，反而可能赢得战略全局的胜利。

第十条　规划、设计变更的约定

经规划部门批准的规划变更、设计单位同意的设计变更导致下列影响到买受人所购商品房质量或使用功能的，出卖人应当在有关部门批准同意之日起10日内，书面通知买受人：

（1）该商品房结构形式、户型、空间尺寸

____

____。

买受人有权在通知到达之日起15日内做出是否退房的书面答复。买受人在通知到达之日起15日内未作书面答复的，视同接受变更。出卖人未在规定时限内通知买受人的，买受人有权退房。

买受人退房的，出卖人须在买受人提出退房要求之日起______天内将买受人已付款退还给买受人，并按__________________利率付给利息。买受人不退房的，应当与出卖人另行签订补充协议。

【评述】

消费者经常会因为开发商发出的规划、设计变更通知而惊诧不已，而这一条款实际上也是对消费者颇为不公平的条款。这个条款的实质意思是说，规划设计变更被有关部门批准后，实际上开发商已经不用再征得消费者的同意再决定是

否变更，而是给消费者发出一份最后通牒，消费者如果不接受，那就退房走人，如果不退房，那就算作同意规划设计变更，签补充协议；如果那个时候补充协议签不下来怎么办，这个合同范本可没有说。举个例子，开发商原本合同中所附的户型图是一个完整的阳台，可是到了快交付的时候，开发商一纸通知，说现在阳台里多了一个空调机位，等于阳台小了那么一块；或者，更严重的，原来规划里面是一个小区三个楼，现在面积不变，一个小区多出了一个楼。本来，从法律上说，便是单方提出变更合同，按照《合同法》第七十七条的规定，合同只有双方当事人同意，变更才能生效。而合同范本这一条的规定，却成了只要规划部门同意、设计部门同意，开发商就可以变更合同，而消费者只有退房或不退房这两种选择。这一条可以说是政府主导制定范本合同在规避《合同法》，片面保护开发商的霸王条款了。消费者居然没有在不退房的情况下拒绝变更的权利。固然商品房设计施工周期长，难免会有变化，但是也不能迁就开发商，开发商完全有义务在一切都准备好，不会发生影响商品房使用的规划、设计变更的情况下再开始销售。把开发商的准备不足强加到消费者身上，对消费者至为不公。所以，消费者应当在补充协议中把不退房，但是又不同意设计、规划变更的情形约定清楚，如果开发商坚决不同意，而这个房子又确实有吸引人的地方，也应当和开发商约定清楚，在发生开发商单方面的规划、设计变更的时候，消费者如果不退房，开发商应当就消费者的实际损失承担违约责任。对于消费者的难点在于，开发商的规划和设计变更带给消费者的损失差别很大，可能是直接的使房屋价格大幅贬损，也可能是仅有微不足道的损失，这时候，还需要更为周全的考虑和更为细致的约定了。这是一个具体问题具体分析的事情，需要消费者的智慧和远见。

还有一个细节值得注意，就是这个变更通知到达之日起15日内消费者如果没有回复，便视为接受变更。开发商通常会在自己拟定的补充协议中约定一个通知到达的判断标准，比方说投入消费者家的邮筒内即算作到达，如果这15天消费者因故不在家或者没有打开邮筒，那么甚至连要求违约金的权利都丧失了。因此消费者应当在补充协议中对于这个通知的送达作特别的约定，要求此种单方变更合同的通知，必须取得消费者或其代理人的签字确认方可算作到达，这样至少也部分地维护了消费者的权利。

第十一条　共有建筑分摊部位变更的约定

出卖人预售商品房后，变更共有建筑分摊部位的，应当在变更之日起______日内，书面通知买受人。

买受人有权在通知到达之日起15日内做出是否退房的书面答复。买受人在通知到达之日起15日内未作书面答复的，视同接受共有建筑分摊部位变更以及由此引起的房价款的变更。出卖人未在上述约定期限内通知买受人的，买受人有权退房。

买受人退房的，出卖人须在买受人提出退房要求之日起______天内将买受人已付款退还给买受人，并按______利率付给利息。买受人不退房的，应当与出卖人另行签订补充协议。

【评 述】

公摊面积一向被视为开发商的"灰色地带"，一些不良的开发商在公摊面积上进行暗箱操作，让买房人在入住的时候建筑面积误差在约定范围内，减少套内面积，使公摊面积变大。同时，按照建筑面积来计算价格，买房后如果对房屋

面积有疑问，测量的专业性和公共面积分摊的计算使得核实成本巨大，购房人相应的知情权也无法得到保障。共有建筑分摊部位的变更一般都会涉及公摊面积的变更，根据这条的规定，购房者一定要对该种变更的通知及时作出反映，否则将有被法律视为默认的风险。不过，北京市的购房者现在不用担心这个方面的问题了，根据2003年12月1日开始执行的《北京市城市房地产转让管理办法》一方面规定了预售商品住宅的，应当按照套内建筑面积计价，而另一方面，在第三十五条中也规定了："共有建筑面积的分摊情况经公示并与第一个预购人签订预售合同后，房地产开发企业不得更改。"购房者可以注意自己所在地是否有与此相类似的规定。

第十二条　交接

商品房达到交付使用条件后，出卖人应当书面通知买受人办理交付手续。双方进行验收交接时，出卖人应当出示本合同第八条规定的证明文件，并签署房屋交接单。所购商品房为住宅的，出卖人还需提供《住宅质量保证书》和《住宅使用说明书》。出卖人不出示证明文件或出示证明文件不齐全，买受人有权拒绝交接，由此产生的延期交房责任由出卖人承担。

由于买受人原因，未能按期交付的，双方同意按以下方式处理：____。

【评 述】

商品房交接的时候，也一定是消费者和开发商矛盾总爆发的时候，因为当消费者看到了一个自己不满意的房子的时候，自然不会愿意收房，而这一条其实是受前面说过的那个交付条件约束的，在实践中这个"第八条规定的证明文件"

就是四方竣工验收备案表或者现房条件下的产权证。从这条约定可以看出，消费者拒绝接受房屋的理由只能是证明文件不全而不是别的质量瑕疵，因此还是需要在补充协议中将消费者关心的关键条件增加进去。与此同时，该条还规定了消费者的收房义务，这就意味着，如果在补充协议中没有约定除了这示范文本第八条和第十二条规定的交房条件外的其他条件，那么消费者拒绝收房可能也会承担一定的责任，比方说有可能开发商在收房通知送达消费者后，即使合同没有约定，也会免除房屋灭失的风险责任。所以，当合同对消费者不利的时候，如果没有任何明显的好处，消费者还是不要以选择拒绝收房这种方式来维护权利。

第十三条　出卖人保证销售的商品房没有产权纠纷和债权债务纠纷。因出卖人原因，造成该商品房不能办理产权登记或发生债权债务纠纷的，由出卖人承担全部责任。

____。

第十四条　出卖人关于装饰、设备标准承诺的违约责任。出卖人交付使用的商品房的装饰、设备标准应符合双方约定（附件三）的标准。达不到约定标准的，买受人有权要求出卖人按照下述第________种方式处理：

1．出卖人赔偿双倍的装饰、设备差价。

2．____。

【评述】

这两条并无什么大问题，但是第十四条这个装饰、设备

的标准却是个麻烦事情。很多时候开发商规定的都很模糊，比方说什么中档、中高档、进口高档、国产高档，让消费者一头雾水，消费者维护权利的最好办法是与开发商约定其品牌与档次在什么价位。有的开发商因为管理问题，可能在已经开始卖的时候还确定不了马桶用什么、浴缸用什么，这时候消费者即使让步，也应当坚持与开发商约定同样板房的装饰设备标准相当，并在附件三中写明样板房的装饰、设备标准。

第十五条　出卖人关于基础设施、公共配套建筑正常运行的承诺。（自填）

第十六条　关于产权登记的约定

出卖人应当在商品房交付使用后________日内，将办理权属登记需由出卖人提供的资料报产权登记机关备案。如因出卖人的责任，买受人不能在规定期限内取得房地产权属证书的，双方同意按下列第________项处理：

1．买受人退房，出卖人在买受人提出退房要求之日起________日内将买受人已付房价款退还给买受人，并按已付房价款的________%赔偿买受人损失。

2．买受人不退房，出卖人按已付房价款的________%向买受人支付违约金。

3．____。

【评 述】

产权登记是一个大问题，最高院司法解释第十八条还专门作了明确的规定："由于出卖人的原因，买受人在下列期

限届满未能取得房屋权属证书的，除当事人有特殊约定外，出卖人应当承担违约责任：

（一）商品房买卖合同约定的办理房屋所有权登记的期限；

（二）商品房买卖合同的标的物为尚未建成房屋的，自房屋交付使用之日起90日；

（三）商品房买卖合同的标的物为已竣工房屋的，自合同订立之日起90日。

合同没有约定违约金或者损失数额难以确定的，可以按照已付购房款总额，参照中国人民银行规定的金融机构计收逾期贷款利息的标准计算”。

买卖合同第十六条约定的这个期限，按照最高院的司法解释就是90天，但在实际办理产权的过程中，这个时间是远远不够的，最高院的司法解释与实际操作有脱节，详见本书第六章。

第十七条　保修责任

买受人购买的商品房为商品住宅的，《住宅质量保证书》作为本合同的附件。出卖人自商品住宅交付使用之日起，按照《住宅质量保证书》承诺的内容承担相应的保修责任。

买受人购买的商品房为非商品住宅的，双方应当以合同附件的形式详细约定保修范围、保修期限和保修责任等内容。

在商品房保修范围和保修期限内发生质量问题，出卖人应当履行保修义务。因不可抗力或者非出卖人原因造成的损坏，出卖人不承担责任，但可协助维修，维修费用由购买人承担。______________________________________

______________________________________。

【评 述】

本条购房人需要注意的是，《住宅质量保证书》是商品房买卖合同的附件。因此，购房人有权在签约的时候即要求开发商出示住宅质量保证书，并有权同开发商协商住宅质量保证书的内容。如果开发商拒绝出示住宅质量保证书，从长远看，还是拒绝购房为好。否则，在签约的时候开发商不出示《住宅质量保证书》，到交房的时候购房人才看到这个文本，知道自己有哪些保修的权利，如果不同意或者不满意，那么就已经晚了，因为这一条已经约定《住宅质量保证书》是合同的附件，等于说，你购房人虽然没有看过，但是你已经事先在签约的时候同意了这个文本了。

第十八条　双方可以就下列事项约定：

1．该商品房所在楼宇的屋面使用权＿＿＿＿＿＿＿＿＿＿＿＿＿＿＿＿＿；

2．该商品房所在楼宇的外墙面使用权＿＿＿＿＿＿＿＿＿＿＿＿＿＿＿＿＿；

3．该商品房所在楼宇的命名权＿＿＿＿＿＿＿＿＿＿＿＿＿＿＿＿＿；

4．该商品房所在小区的命名权＿＿＿＿＿＿＿＿＿＿＿＿＿＿＿＿＿。

【评 述】

本条第一、二项的有关外墙和屋面的使用权的约定比较有趣。究竟是所有权还是使用权是个问题。如果说这两个部分计入公共面积，那么所有权理应属于购房人，那么剩下的就是开发商如果使用这两个部分，就要向购房人掏钱，而如

果没有纳入公共面积，那么所有权属于开发商，购房人如果使用，也得征得开发商同意。这条不说所有权，而只说使用权，购房人要小心，就是有可能开发商会在分摊的部分里将这些部分计入公共面积而让您掏钱，另一方面又在此处约定使用权属于开发商，从而让开发商占业主便宜。

小区和楼宇的命名权也是购房人应当关注的，如果交给了开发商，很可能会造成开发商为了销售需要而改名，比方说本来叫一个名字，过了几天发现卖得不好，就重新包装一下，换个名字再卖，对于购房人来说，并不是很方便。

第十九条（略）

第二十条 本合同在履行过程中发生的争议，由双方当事人协商解决；协商不成的，按下述第______种方式解决：

1．提交________________仲裁委员会仲裁。

2．依法向人民法院起诉。

【评 述】

本条是纠纷解决条款，需要向消费者指出的是，仲裁的费用一般比法院高，但仲裁员的水准一般来说可能要比法官更强些，因此选择时需要根据自己的实际状况和开发商的诚信情况考虑清楚。

第二十一条 本合同未尽事宜，可由双方约定后签订补充协议。

第二十二条至二十五条及附件部分略。

总的说来，这份商品房买卖合同范本一方面有一些对消费者有利的地方，但是在另一方面也确实存在许多不公平，因此确实有与开发商协商签订补充协议的必要。

第三节 霸王条款与“204条”

一、霸王条款

对于消费者来说，最可气的自然是所谓商品房买卖合同中的“霸王条款”了，这传说中的“霸王条款”，就是要约中那些让消费者看了就生气、过分保护自己的利益、不讲道理且不公正却一定要对方接受的条款。

按理说，在一个市场经济发展完善、竞争充分的社会，“霸王条款”是不大可能存在的。市场经济意味着充分的选择，哪个商家敢推出什么“霸王条款”，那自然消费者会用脚投票做出选择。真正的“霸王条款”都是与垄断相伴随的，对付因垄断产生的“霸王条款”，除非政府干预，否则是没有什么办法的。而对于那些竞争行业中的某些不知天高地厚的企业推出的“霸王条款”，消费者因为有别的选择，也就不能说“霸王”了。

房地产这个竞争颇为激烈的行业中能有“霸王条款”，确实是一件很有趣的现象，很多消费者都抱怨在买房的时候，自己对开发商起草的合同——法律上的要约——的某一条稍微有所不满，开发商的代表都摇着头说“一个字也不能改，一条补充协议也不签”，显得很霸道。而真心喜欢这房子的人，便有点无可奈何，签，则对自己不利，不签，就买不到。这个问题从法律的层面看，似乎没有什么好办法，如果这条款非常的不公正，消费者固然在签订“城下之盟”后可以依据《合同法》第五十四条主张该条款显失公平而撤销，但是

实际上在诉讼中要证明要约显失公正，却是很困难的事情。一般提起维权，人们都会强调消费者通过诉讼的手段与不良开发商斗争，但是事实上，在中国内地，诉讼都不是一种经济的做法，耗时耗力并且诉讼结果并没有一个准确的预期，维权如果仅仅以诉讼为手段，很可能不能取得良好的效果。总之，依法维权并不等于诉讼维权。

在商品房交易中，所谓的“霸王条款”大致有两种情况。首先，在商品房买卖合同，也就是那个政府公布的示范文本中，“霸王条款”出现的几率并不大，通常就是在那些做填空题的地方做做文章，最常见的就是在期房销售的时候规定一个极低的延期交付违约金，而这违约金根本不足以涵盖消费者的损失。更多的“霸王条款”则出现在补充协议中。补充协议是对商品房买卖合同的未尽事宜的补充，一般都与商品房买卖合同有着同等甚或优先的效力，而补充协议并没有什么政府范本，开发商在这其中制定“霸王条款”是很有可能的。

一百个读者眼中有一百个哈姆雷特，一百个开发商就有一百种商品房买卖合同及补充协议，对于这些在补充协议中出现的“霸王条款”，我国消费者协会做了一个大致的总结，包括九种典型的表现形式：

陷阱一：认购定金难归还

成都一开发商规定：“认购方选择一次性付款的，应在签订上述买卖合同的同时付清全部房款，认购定金自动转为房款，逾期者所缴认购定金不退还。”

★点评：经营者应为消费者留一个合理的“犹豫期”，以便消费者研究有关资料，而决定是否购房。“犹豫期”内要求退定金的，不适用定金罚则。

陷阱二：单方扩大解约权

天津某商品房认购协议书规定：“若乙方违反协议书中

约定之任何条款，甲方有权解除本协议书，并有权将本协议书所指商品房另行出售，乙方不得提出任何异议，乙方所付定金不予返还。”

★点评：任何组织无权“没收”公民合法财产。当事一方主张解除合同的，应当通知对方。该条款非法增加了经营者的权利，属违法、无效条款。

陷阱三：减免责任巧设计

天津市两家企业在其制定的商品房补充合同中规定：“房屋采用空心砖建造，而这种砖容易产生裂缝。房屋交付使用时，梁、板、墙体等如出现裂缝，乙方不得以此为由提出诉讼和索赔。”

★点评：该格式条款把应由建筑商对开发商承担的风险转嫁到消费者身上，同时非法剥夺消费者的诉讼权、索赔权，为无效条款。

陷阱四：模糊标的好圈钱

厦门某房地产公司在预售房屋时，并未讲明所售房屋是精装修房，而其制订的《商品房买卖补充协议》中却加入了不明确的有关精装修房的条款。

★点评：签订合同前，开发商有义务告知消费者有关售出房屋真实、全面的情况。该开发商实质是想套取消费者的装修款。

陷阱五：面积误差设陷阱

厦门某房地产公司制定规定：“面积误差时，买受人不退房。面积误差部分双方按每平方米房价款据实结算房价款。”

★点评：面积出现误差时，选择退房、要求赔偿等是消费者的主要权利。上述条款是最为典型的显失公平条款。

陷阱六：违约责任不对等

吉林省某消费者投诉某规定：“甲方若延期交房，则每

迟交一个月，按乙方已付房款3%计算罚金，付给乙方作赔偿。乙方若未按期限向甲方缴清房款，视为违约，甲方有权从乙方已交购房款中，扣罚10%的金额作违约金，同时不予办理进户手续。”

★点评：上述格式条款加重消费者责任，减轻经营者责任，违反了法律的公平原则。消费者可依法申请人民法院或仲裁机构予以撤销或变更。

陷阱七：一房二卖搞欺诈

天津某购房协议书规定：“双方签订协议后，任何一方不得违约，若甲方将乙方购房另转卖给他人，甲方应付给乙方已付房款3%作为对乙方的经济赔偿。”

★点评：一房二卖是典型的欺诈行为，经营者应当承担双倍赔偿责任。该条款免除了经营者责任，剥夺了消费者的主要权利，属违法、无效条款。

陷阱八：虚假宣传不负责

厦门某房地产公司规定：“出卖人在买受人签订合同前的广告、宣传资料中的所有图片、资料数据、说明等，仅供买受人参考，不作为出卖人的承诺依据。”

★点评：该条款排除了开发商所做商业广告和宣传资料成为要约的任何可能性，为进行虚假宣传提供了方便。

陷阱九：购房签约先交钱

广州市某房产公司规定：“在乙方交清首期房款以及本条第5款所列的有关综合费用时，甲方应与乙方签署《商品房买卖合同》”。

★点评：在签认购书时，购房者已交付了定金，提供了立约担保。该条款实际上颠倒了签约与付款的顺序，侵犯了消费者的公平交易权，属不公平、不合理的条款[1]。

[1] 中消协：购房合同九大陷阱 跷板条款落笔三思. http://house.focus.cn/newshtml/53506.html

中消协提示的上述霸王条款对消费者更加清楚的了解《商品房买卖合同》及补充协议是有帮助的，但并不意味着司法机关会因此认定所有上述条款无效。事实上，购房者还必须知道，虽然有些霸王条款因为违法或者显失公平可能被认定为无效，但是，在更多的时候，合同作为双方当事人意思自治的产物，即使存在权利义务不平衡的情况，法院仍然会根据合同约定进行处理。

针对开发商提出的“霸王条款”，对于购房者来说一个根本的原则应当是：买到适合自己居住或投资的房子，而不是买一肚子气受，也不是做极端的“维权专业户”。于是现实的办法恐怕是首先冷静地“分析一下形势”，根据具体的情况来选择同开发商妥协、拂袖而去，还是采取别的什么策略。这从实质上说，就是一个和开发商博弈的问题。换个角度来讲，就是得明白自己有多少同开发商讨价还价的能力，自己在开发商心中有多重的分量。首先是讨价还价能力，这往往更多地取决于开发商的情况。如果消费者心仪的项目不是很好卖，那么开发商的代表即便嘴上说合同条款一条都不能改，消费者依然还是有办法把合同改到让自己满意。真正的关键是在项目热卖的情形之下，开发商不愁没有人买，这个时候开发商就会霸道不少，而合同中的“霸王条款”就更难对付了，也就需要权衡利弊，那些“霸王条款”对自己的权益影响究竟有多大，同这栋房子本身给消费者带来的价值折抵后，是不是对于消费者来说还是划算。这是一个风险衡量的具体问题具体分析的事情，有时候可能需要在一些非原则的问题上做出一些让步而换得大的回报。

增强自己讨价还价能力当然是最好的办法。很多消费者选择的集体谈判、集体签约就是一个好办法。开发商面对的不再是对他的销售额只有几十万元影响的单个的消费者，而

是对他的销售额有着上千万元影响的消费者群体。开发商心里也明白一次团购谈下来了，可能一个月的销售任务就完成了，宣传推广费用等销售成本一下子也就降下来了。从这个意义上讲，认真的开发商也是乐意面对团购的。而集体同开发商谈判，一方面可以最大限度地避免开发商的霸王条款，另一方面还有可能获得意想不到的额外的折扣或优惠。这就是集体的力量，一个意见一致的集体对于开发商的分量太重了，开发商有胆量失去一个客户，但是绝对不愿意失去一群客户。集体购房的最大困难在于如何组织起来和组织起来之后如何保持对外的一致性。可以说，这个时候消费者的对手已经不能说是开发商了，而是身边的消费者自己。就目前情况而言，消费者们组织起团购的成本最低的方法就是通过互联网论坛，以在线讨论的形式组织团购，甚至把论坛变为与开发商谈判的平台。而随着进程的不断变化，消费者们在签约后更可以通过论坛互通信息，监督开发商的施工，在交房的时候集体维权，甚至到了装修阶段都可以集体采购、集体监督物业公司，集体FB（业主们拖家带口的在餐馆“腐败”聚餐）……互联网带给世界的除了办公成本的降低外，恐怕就是这种民主成本的大大降低了。能够利用好网络空间，对

于抵制“霸王条款”、争取合法权益、维系业主感情将是大有好处的。

二、“204条”

合同既然是买卖双方意思表示一致的产物，购房者当然不应该只是被动的接受开发商提出的各种条款，相反，除了可以拒绝开发商提出的不合理的霸王条款之外，购房者还可以要求在补充协议中加入自己关心的内容，至于哪些内容值得购房者们在补充协议中加以考虑本应是本部分的一个重要内容，但是一位名叫秦兵的热心律师就为此花了很大功夫拟定了一份长达204条，有数十页的补充协议范本，放在了他的个人主页http://www.qinbing.com上免费让消费者们下载。这份补充协议极其细致的列举了购房者应该享有的各项权利，因此笔者认为并没有多少重复劳动的必要，相反，却有些别的话不得不说。

确实，秦律师行此义举之后，很多人对这个补充协议拍手称快，媒体也热情洋溢地报道了一番。但是，热心归热心，实践中，秦律师的这个补充协议从某种程度上说很难和开发商谈判成功，一个极重要的原因就是它规定得过于详细，而对开发商的责任规定的过于重大。坚定地抱着这个补充协议的消费者，就仿佛缩成了团的刺猬一般，固然不再担心被伤害，却也让旁人敬而远之，以至于买不到房子。

究其原因，还是一个对交易的理解问题。真正能够成功的交易，一定是双赢的交易，即交易双方都应该感到有利可图，并且交易双方应当有起码的互相信任，否则交易是不可能顺利达成的。秦律师的“204条”确实是站在消费者的角度来写的，但它忽略的却是现实中哪怕是高水平的诚信的开发商的实际能力和开发商基本的追求合理利润的需要，所以

也就很难有开发商愿意接受这个补充协议。而这也就意味着消费者可能买不到房子。作为理性的消费者，维护权利的第一条就是要维护自己有房住的权利，这是前提，也就是说消费者也需要抱着达成一桩买卖的这个底线来和开发商谈补充协议。

可以说，秦兵律师的“204条”几乎把购房时可能遇到的问题都想到了，对于消费者来说确实具有重要的参考价值。因此，笔者对消费者的建议是，从秦律师的“204条”中挑选出自己最关心的、对于自己影响最大的条款同开发商重点谈，其他的条款，谈不成则可以适当放弃。

与消费者们一样，开发商也会提出自己的补充协议，以维护自己的利益，这些补充协议的内容包罗万象，因此消费者们确实需要仔细地看看有什么对自己不利的地方，并且据此同开发商谈判。尤其是当购房合同签署之后，消费者还可能会面对开发商提出的签署补充协议的请求，这时候这个补充协议文本不过是开发商提出的要约，消费者完全有权利拒绝，并且如果开发商在消费者拒绝签署补充协议的时候拒绝履行合同，那么消费者完全有权利主张开发商违约。

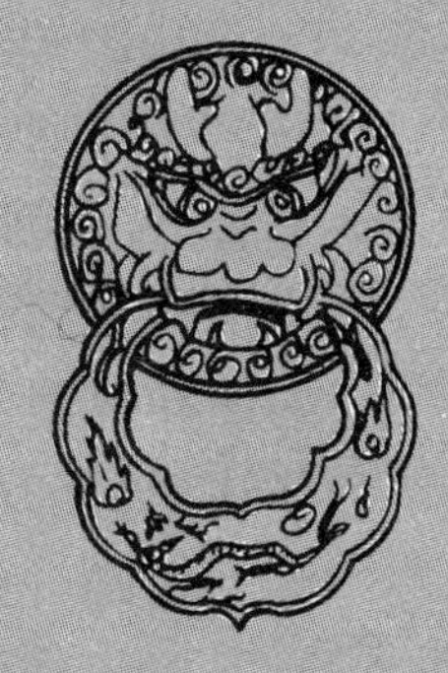

第四章　规划设计

第一节 规　划

一、引言

2001年，支先生满心欢喜的购买了××苑一套住宅。作为一名设计师，支先生当然对环境要求比较苛刻，对生活质量更是看重，因此当他看到窗前那一片如茵草地和挺秀的银杏时,他觉得已找到了自己生命的海滩。为此，他放弃了北方人最看重的南向户型，而选择了朝北的住宅，因为只有从这个方向，才能在手握一杯清茶时凝望那湖心映射的漫天繁星……

的确，蜗居在这世外桃源该是多么温情浪漫的生活呵！

但入住两年后，支先生却无比震惊地突然发现：小区规划变更了！——开发商将在自己的楼前竖立起两栋24层塔楼！从此在窗前悠然品茶观景的日子将成为午夜梦回的伤愁与默然……

震惊之余，支先生与其他业主去找开发商理论，但开发商的理由却是如此之冠冕堂皇：规划变更乃得到市规委之批准，开发商依此行事，故拒不承担任何责任也。“政府同意的，我也没办法！”就像《大话西游》里至尊宝依在城墙根里，故作激动愤慨状地敷衍着款款深情的紫霞仙子，一脸无辜无奈又无情的神色。

事实上，开发商擅自变更规划却不通知业主的现象已在近几年的房地产投诉中愈演愈烈。这里不能不提到××小区那座闻名遐尔的“会飞的湖”。同样是2001年，就在其前期业主热烈期盼该小区的中心湖早日完成之时，才发现开发商

的规划已悄然改变，原定的湖被两栋楼取而代之。而让人哭笑不得的是每户业主都能拿出早期××小区的宣传册以证明湖的存在。

但我们支先生和某小区业主们的购房遭遇只是房地产规划变更导致纠纷的一个小小缩影。现实中，开发商随意更改规划、侵犯业主利益的情况屡见不鲜：买房时楼前一片花团锦簇，入住时却成了物业用房；销售人员介绍楼前的住宅楼是12层，入住时却突然发现它长高了8层，挡了自家阳光……这样的“闹心事”似乎俯拾皆是，人们已不知是该麻木还是该据理力争。

而业主与开发商的“口水战”、“大字报战”也此起彼伏，有的甚至刀戈相见，暴力冲突接连不断。

一时间，“规划变更”成了房地产界的热门词汇。

但要了解何谓“规划变更”，先要知道什么是“规划”。

规划有多种，单在房地产领域的规划就包括用地规划、建筑规划、历史文化保护规划、绿化环境规划、交通规划、市政设施规划及公共设施配套。而本节意欲探讨的是与消费者密切相关的居住区规划，这也是消费者购房时最关注的环节之一。

居住区规划是指在城市总体规划的基础上，根据计划任务和城市现状条件，进行城市中生活居住用地综合性设计工作，它是城市详细规划的主要内容之一，同时也是实现城市总体规划的重要步骤。它涉及使用、卫生、经济、安全、施工及美观等。要求设计师综合解决它们之间的矛盾，为居民创造一个实用、经济、美观的生活居住用地条件。

居住区规划主要包括的内容有：（1）选择和确定居住区位置、用地范围；（2）确定人口和用地规模；（3）按照确定的居住水平标准，选择住宅类型、层数、组合体户室比及长

度；（4）确定公共建筑项目、规模、数量、用地面积和位置；（5）确定各级道路系统、走向和宽度；（6）对绿地、室外活动场地等进行统一布置；（7）拟定各项经济指标；（8）拟定详细的工程规划方案。

居住区规划的报批按照《中华人民共和国城市规划法》的规定由规划行政管理部门审查，也就是说规划报批必须经得国家机关点头同意。

二、维权的法律依据

（一）维权的学理基础——行政许可

根据现代民族国家的宪政理念，国家的形成是由于民众在追求自己幸福的过程中发现有一些公共事务依靠独力无法完成，但这部分事务与个人幸福又唇齿相依，所以情愿共同交出一部分自由赋予国家机关以行政权管理公共事务。

因此现代政府的职能更多体现为维护和促进社会整体利益（包括公共利益与个体利益两方面）的增长。政府不应以牺牲个体利益为代价换取公共利益的暂时增长，也不能为单纯满足个体利益的膨胀而忽视公共利益。

也正是出于这种原因现代行政的价值目标就是要兼顾公共利益与个体利益，并通过鼓励个体利益适度的追求而增进公共利益，这就要求政府必须用法律来规范社会个体的利益获取方式与规模，并使合理、适度的个体利益追求与公共利益互相促进，于是行政许可制度应运而生。

可以说行政许可是现代公共管理制度在商品经济条件下把强力控制和灵活运用结合起来的惟一手段。现代政府正是通过灵活运用行政许可来调节竞争，规制社会并实现宏观调控的目标，推进社会整体利益之增长。作为行政机关管理国家行政事务的重要手段，行政许可在我国普遍存在。

行政许可是指国家行政机关根据相对人的申请，依法颁布特定证照等方式，准许相对人行使某种权利，获得从事某种活动资格的具体行政行为。[1] 它有以下三个特点：1）是一种行政行为；2）需要以当事人申请为条件；3）内容是准许申请人从事某种活动。[2] 它包括普通许可、特别许可、核准和登记等内容。不同的许可方式，由国家不同的法律专门作出规定。

由于行政许可是一个将抽象法条适用到具体事实的过程，因此，尽管法律详细规定了许可中的一切条件和标准，但由于现实生活中的每一问题都具有独特性和相异性，法律不可能对任何问题都作出明文规定，立法完善的理想状态仅是目标。所以，在执法者运用行政审批权时必须拥有一定限度的自由裁量权以决定具体情况下的行政许可。而法律的意义即在于通过平衡法律规则和自由裁量权之间的关系，控制自由裁量权在合法合理的范围内，同时发挥“个体化正义”和“创造性行政”的意义，以防止其泛滥。

在房地产领域，同样适用以上原理。由于土地资源的稀缺性，国家必须保证土地利用的一举两得，即经济效益和社会效益都达到最大化。因此，国家才彻底地将土地利用纳入行政许可的范畴。但由于中国地理资源的丰富、各地经济水平的差异以及城市规划的方向不同，地方政府在运用自由裁量权进行土地和建设工程的审批时也体现出了各自的特色。

但不可否认的是，由于自由裁量权的灵活性，也给某些“硕鼠”以中饱私囊的机会。如何约束行政权就成了市场经济条件下法学家们无法回避的问题。

根据法理学的基本原理，约束行政权力的行使不外三种思路：1）源头控制，即从行政权限的赋予上严格控制；2）过

---

[1] 王连昌. 行政法学. 北京：中国政法大学出版社，1999

[2] 姚锐敏. 依法行政的理论与实践. 北京：法律出版社，2000

程控制，即对行政权的行使步骤处处防范；3）结果控制，即对权力不当行使的后果苛以较严格的责任。

但理论与实践的距离正好比马克思口中那“惊险的一跃”，到底如何从制度构建的角度最大限度避免权力“寻租”，使自由裁量权“去其糟粕，取其精华”，更好的为人民造福，一直是各国法学家壮志未酬的古老课题。

（二）维权的法律规定

目前，有关规划方面的法律有《中华人民共和国城市规划法》（以下简称《城市规划法》）、《中华人民共和国土地管理法》，条例则有国务院颁发的《中华人民共和国土地管理法实施条例》，部门规章有建设部颁发的《城市居住区规划设计规范（2002新版）》、《商品房销售管理办法》，同时地方人大及人民政府也颁布了相当数量的法规、规章，如北京市人民政府就颁发了《北京市城市规划条例》等。

此外，由于小区规划审批涉及政府行为，因此消费者可能用到的法律还有《中华人民共和国行政诉讼法》（以下简称《行政诉讼法》）以及颇值得一提的《中华人民共和国行政许可法》（以下简称《行政许可法》）。《行政许可法》颁布不久，并将于2004年7月1日正式实施，这部法律本着还利于民、拒绝腐败的初衷力求做到对行政许可行为的全程监控，坚决遏制长久以来行政许可过多过滥，设定权不明，随意性大；环节多，周期长，手续杂，办事难；重许可，轻监管或不监管；甚至利用行政许可滥收费用中饱私囊。由此，我国已通过一系列法律、法规明确了行政许可首先要依法许可，其次若违法许可必须承担法定责任。

（三）维权的合同约定

由建设部下发的《商品房买卖合同》示范文本第十条赫然规定着“规划、设计变更的约定”（条文内容请见第三章）。

这条约定的积极意义在于以示范文本的形式将开发商与消费者之间关于规划、设计变更的权利义务固定下来，即所谓民间俗语“有总比没有强”。但也正是由于这条规定的不完善使得对消费者的救济如同一座铺了99米的桥梁，只差那短短的1米却无法到达彼岸的净土。

此条规定的不足之处有二：

一是将规划、设计变更有效的条件只规定为规划部门批准或/和设计单位同意，完全漠视了作为合同当事人一方的购房人所应享有的洽谈商讨的权利和应受到的尊重，示范合同只赋予了购房人“退”或“不退”两种选择，却没有要求开发商进行违约赔偿，极不合理。关于此点已在本书第三章中详细评说，这里不再赘述。

二是示范合同所规定的规划、设计变更范围极为狭窄，只包括“该商品房结构形式、户型、空间尺寸、朝向”，而绝大多数开发商都会将后面的六行空白“一笔划过”，使得消费者只能在格式条款的范围内指摘开发商的不是，由此赋予了开发商极纵容的权利，得以随意变更房屋以外、小区以内的规划事项，譬如落琼溅玉的阶梯喷泉忽变为蚊蝇乱舞的垃圾处理场，绿翠欲滴的中央草坪却成了臭气熏天的公共厕所！

三、维权焦点

（一）成也萧何，败也萧何——“两证”概说

根据《城市规划法》的规定，规划审批有两种：建设用地规划许可和建设工程规划许可。开发商梦寐以求的则是与此对应的建设用地规划许可证和建设工程规划许可证。此“两证”之所以重要，是因为它们构成了消费者维权最重要的依据——开发商到底是否变更了规划，皆以其为准。

1. 建设用地规划许可证

《建设用地规划许可证》通俗的理解就是国家要知道开发商拿这块土地做什么，而国家又是否允许其这样使用。

按照《城市规划法》的规定，城市规划区内的建设工程的选址和布局必须符合城市规划。设计任务书报请批准时，必须附有城市规划行政主管部门的选址意见书。在城市规划区内进行建设需要申请用地的，必须持国家批准建设项目的有关文件，向城市规划行政主管部门申请定点，由城市规划行政主管部门核定其用地位置和界限，提供规划设计条件，核发建设用地规划许可证。建设单位或者个人在取得建设用地规划许可证后，方可向县级以上地方人民政府土地管理部门申请用地，经县级以上人民政府审查批准后，由土地管理部门划拨土地。

此外，在城市规划区内，未取得建设用地规划许可证而取得建设用地批准文件、占用土地的，批准文件无效，占用的土地由县级以上人民政府责令退回。

2. 建设工程规划许可证

对《建设工程规划许可证》可做这样的简易理解，即国家许可开发商使用这块土地后，还要对其后土地上盖什么样的房子进行监督，以杜绝开发商在取得土地使用权后挪做它用，从而最大限度的保证“地尽其用”，避免资源浪费。

同样是依据《城市规划法》的规定，在城市规划区内新建、扩建和改建建筑物、构筑物、道路、管线和其他工程设施，必须持有关批准文件向城市规划行政主管部门提出申请，由城市规划行政主管部门根据城市规划提出的规划设计要求，核发建设工程规划许可证件。建设单位或者个人在取得建设工程规划许可证件和其他有关批准文件后，方可申请办理开工手续。

在城市规划区内进行临时建设，必须在批准的使用期限内拆除。临时建设和临时用地的具体规划管理办法由省、自治区、直辖市人民政府制定。禁止在批准临时使用的土地上建设永久性建筑物、构筑物和其他设施。

任何单位和个人不得占用道路、广场、绿地、高压供电走廊和压占地下管线进行建设。

在城市规划区内，未取得建设工程规划许可证件或者违反建设工程规划许可证件的规定进行建设，严重影响城市规划的，由县级以上地方人民政府城市规划行政主管部门责令停止建设，限期拆除或者没收违法建筑物、构筑物或者其他设施；影响城市规划，尚可采取改正措施的，由县级以上地方人民政府城市规划行政主管部门责令限期改正，并处罚款。

此外，城市规划区内的建设工程，建设单位应当在竣工验收后六个月内向城市规划行政主管部门报送有关竣工资料。

消费者由以上介绍不难看出，无论是建设用地规划许可证，还是建设工程规划许可证，再或是竣工验收，城市规划行政主管部门对一座楼盘的命运都有着生杀予夺的大权，也因此规划行政主管部门的一纸许可就不仅关涉到土地资源的利用效率、商品房的生死轮回、房地产市场的规范秩序，还牵扯了无数百姓虽然平凡却绝对应被珍视的生活。

（二）掀起你的盖头来——规划内容

有关小区规划最权威的技术规范莫过于建设部颁发的《城市居住区规划设计规范（2002新版）》（以下简称《规划设计规范》），而本书就将结合这部规范重点解析那些与您日常生活密切相关的鹅卵石小路、灿烂阳光或者雨中的丁香……

1. 绿化

《规划设计规范》对小区绿化做了相当细致的规定：

（1）一切可绿化的用地均应绿化，并宜发展垂直绿化。

（2）居住区内绿地，应包括公共绿地、宅旁绿地、配套公建所属绿地和道路绿地（即道路红线内的绿地）等，不应包括屋顶、晒台的人工绿地。

（3）居住区内的公共绿地，应根据居住区不同的规划组织结构类型，设置相应的满足规定日照要求、适合于安排游憩活动设施的、供居民共享的中心公共绿地，包括居住区公园（居住区级）、小游园（小区级）和组团绿地（组团级），以及儿童游戏场和其他块状、带状公共绿地等，并应符合以下规定：

1）中心公共绿地的设置可视具体条件选用：

（A）居住区公园（包括花木草坪、花坛水面、凉亭雕塑、小卖茶座、老幼设施、停车场地和铺装地面等），要求园内布局应有明确的功能划分；

（B）小游园（包括花木草坪、花坛水面、雕塑、儿童设施和铺装地面等），要求园内布局应有一定的功能划分；

（C）组园绿地（包括花木草坪、桌椅、简易儿童设施等），要求灵活布局。

2）绿地至少应有一个边与相应级别的道路相邻；

3）绿化面积（含水面）不宜小于70%；

4）便于居民休憩、散步和交往之用，宜采用开敞式，以绿篱或其他通透式院墙栏杆作分隔。

（4）居住区内公共绿地的总指标，应根据居住人口规模分别达到：组团不少于0.5m²/人，小区（含组团）不少于1m²/人，居住区（含小区与组团）不少于1.5m²/人，并应根据居住区规划组织结构类型统一安排、灵活使用。旧区改造可酌情降

低，但不得低于相应指标的50%。

（5）绿地面积应按下列规定确定：

1）宅旁（宅间）绿地面积计算的起止界应符合如下规定：绿地边界对宅间路、组团路和小区路算到路边，当小区路设有人行便道时算到便道边，沿居住区路、城市道路则算到红线；距房屋墙脚1.5m；对其他围墙、院墙算到墙脚；

2）道路绿地面积计算，以道路红线内规划的绿地面积为准进行计算；

3）院落式组团绿地面积计算起止界应符合如下规定：绿地边界距宅间路、组团路和小区路路边1m；当小区路有人行便道时，算到人行便道边；临城市道路、居住区级道路时算到道路红线；距房屋墙脚1.5m；

4）开敞型院落组团绿地，至少有一个面面向小区路，或向建筑控制线宽度不小于10m的组团级主路敞开，并向其开设绿地的主要出入口；

5）其他块状、带状公共绿地面积计算的起止界同院落式组团绿地。沿居住区（级）道路、城市道路的公共绿地算到红线。

而按国家有关规定，对小区绿化环境的选择也相应的包括以下四点标准：

1）小区要封闭管理。保证小区绿化环境是为所在小区居民服务的，增进居民的领域感，保证小区环境的安全与安静。

2）要有足够的绿化面积。绿地率的指标应严格依照《规划设计规范》的规定执行；同时绿地还要有充足的日照时间，成片的绿地应满足不少于1/3的面积在标准的日照覆盖范围之内，满足居民区活动的要求。

3）绿地应接近居民住宅，以便观赏使用。

4）绿地空间应包含一定数量的活动场地（如儿童游戏场），并布置坐椅、铺装地石等设施，以满足居民休息、散步、运动、健身的需要。

（6）除了以上纯技术规范外，以下还将为购房人甄别两个易混淆的说法，以助购房人在面对开发商的花言巧语时"清者自清"。

1）绿地率

绿地率与绿化覆盖率（简称绿化率）都是衡量居住区绿化状况的经济技术指标。但绿地率不等同于绿化率——绿地率描述的是居住区用地范围内各类绿地的总和与居住区用地的比率（%）。

所谓"居住区用地范围内各类绿地"应按《规划设计规范》的内容界定。其中，即使是级别最低的零散的块状、带状公共绿地也要求宽度不小于8米，面积不小于400平方米，并要增设部分休闲娱乐设施。

此外，还有几种情况也不能计入绿地率的绿化面积，如地下车库、化粪池上面地绿化面积。这些设施的地表覆土一般达不到3米的深度，在上面种植大型乔木，成活率较低。

因此相比绿化率，绿地率的计算更为严格，而规划部门也只认可绿地率，还请购房人买房时一定要仔细询问。

2）绿化率

绿化率的基本计算公式在形式上和绿地率的计算公式是一样的，但两者的具体技术指标不同。在小区规划设计中，计算绿化覆盖率所指的绿地，简单地说，就是有块草皮便可以计入，所以绿化覆盖率有时能做到60%以上。在开发商销售楼盘时，自然也喜欢引用绿化率的概念。

2. 楼间距

《规划设计规范》的突破性规定之一就是在楼间距部分将业主的采光权以强制性规范的形式确定下来。

《规划设计规范》规定："住宅间距，应以满足日照要求为基础，综合考虑采光、通风、消防、防震、管线埋设、避免视线干扰等要求确定。"

其中，住宅日照标准应不宜低于大寒日日照1小时的标准，旧区改造可酌情降低。一般情况下条式住宅（即通常所说的"板楼"）、多层之间不宜小于6m；高层与各种层数住宅之间不宜小于13m；而高层塔式住宅（即"塔楼"）、多层和中高层点式住宅与侧面有窗的各种层数住宅之间应考虑视线干扰因素，适当加大间距。

3. 楼高与容积率

《规划设计规范》对楼高也做了规定："住宅层数应符合下列规定:（1）根据城市规划要求和综合经济效益，确定经济的住宅层数与合理的层数结构；（2）无电梯住宅不应超过六层。在地形起伏较大的地区，当住宅分层入口时，可按进入住宅后的单程上或下的层数计算。"

而在评定住宅品质时，建筑密度和建筑容积率是首当其冲被考察的技术参数，它们的高低将直接的影响到居住的生活质量。到底什么是建筑密度、建筑容积率呢？

容积率是指项目规划建设用地范围内全部建筑面积与规划建设用地面积之比。附属建筑物也计算在内，但应注明不计算面积的附属建筑物除外，地下室、半地下室的面积不计入。例如，在1万平方米的土地上，有4000平方米的建筑总面积，其容积率即为0.4。

容积率的概念在《规划设计规范》中有两个，一是指住宅面积净密度，以住宅总面积与住宅用地的比值表示。如

北京地区住宅面积净密度最大值为多层住宅1.70，高层3.50；二是指建筑面积毛密度，是用总建筑面积与居住区用地的比值表示。

对于两种容积率概念上的差异，一般购房者并不知晓。有的开发商在宣传时以“低容积率”来表示“人口密度低、绿地率高”，而不说明其容积率的概念。实际上，住宅面积净密度只是居住区中住宅所占比例，不包括服务设施，因此即便比例较低，也与“绿地率”没有必然联系。

购房者关注的“容积率”是指建筑面积毛密度，它包括了服务设施面积的密度。容积虑是衡量一个社区舒适与否的重要标准，将直接决定园区内人均享有的公共区域面积的大小、绿化面积大小、住户数量与人口密度、生活健康指数和生活品质。相对来讲，容积率越低，建筑密度低，相同地块上的建筑面积越少，舒适度越高；容积率越高，则意味着建筑面积越大，单位土地成本越低，房屋成本越低，同时也意味着人均占有绿地面积减小，居住环境质量下降。

以下将详细介绍各类住宅的最优容积率：

(1) 低层住宅 一般是指1~3层的住宅，其主要形式有独立式住宅（如别墅）、联体式住宅或排屋（townhouse）。

此类住宅的特点是：个性化特征明显，有豪华舒适的居住空间和氛围；住户间相对独立，干扰少，私密性较好；与自然环境最具亲合性，通常设有私家花园、泳池和屋顶平台花园；但占地面积大，土地利用率低，物业管理成本较高。

低层住宅适合于环境及自然景观比较好的地段，如依山傍水的地方，适合于营造比较高尚的社区，容积率宜控制在0.7以内。

（2）多层住宅　通常是指4~6层的住宅，其主要借助公共楼梯解决垂直交通问题，是一种被广为采用的住宅形式。

此类住宅的特点是：用地比低层住宅节省；平面较紧凑，容易布置，公摊面积小；建造成本及物业管理费用较低；但需要爬楼梯而舒适性较差，外立面单调，公用部分不足。此类住宅的容积率宜控制在1.5以下。

（3）小高层住宅　国家规定7~9层（含9层）为中高层住宅。但在深圳及南方地区，习惯于将9~11层的集合住宅称为小高层住宅。此类住宅从高度上说具有多层住宅同样的氛围，而又是较低的高层住宅。

这种住宅是在考虑了建筑防火规范和城市土地使用效率与经济性的同时，由于设置了电梯，舒适性较好，并兼顾了多层与高层的特征，有单元式、联排式、点式等多种类型，在欧洲的传统街区和北京、上海、深圳等地较多采用。

此类住宅的容积率宜控制在1.7~2.4。

（4）高层住宅　国家规定10层及以上住宅为高层住宅，但在深圳等南方地区，习惯于将12层以上、22层以下的住宅称为中高层住宅，将22层至33层（100米限高）以下的住宅称为高层住宅。它是作为城市用地紧张的一种高密度居住手段，在反映城市建设经济原则的同时，也满足了居住在城市中心区“职住相近”的居住便利性和城市生活丰富性的需求。

此类住宅土地利用率高，有较大的室外公共空间和设施，眺望性好，建在城区能有效地防止城市中心人口的空心化，但存在建造成本及物业管理费用高、公摊面积较多、得房率低、外观缺乏宜人的尺度感等弊病。

此类住宅的容积率宜控制在4以下，最高不宜超过6。

（5）超高层住宅　是指总高度超过100米以上的住宅，

如深圳的万科俊园（46层）。

此类住宅是土地利用率最高的一种住宅形式。但由于建造成本和人们居住习惯等负面因素的制约，在国内并不多见。在国外，由于其消防和安全等问题，超高层住宅已被称为“威胁环境的城市恐龙”。

4. 配套

作为现代小区，生活设施的齐全、便利已成为必备要件之一。

配套设施是指与住宅规模或与人口规模相对应配套建设的公共服务设施、道路与公共绿地的总称。小区配套应包括：教育、医疗卫生、文化体育、商业服务、金融邮电、市政公用、行政管理八类设施，其配建水平，必须与居住人口规模相对应。并应与住宅同步规划、同步建设和同时投入使用。

《规划设计规范》还为了防范开发商偷梁换柱，对各种配套的建筑规模作了详细规定：

（1）按照社区规模要相应配置教育、医疗卫生（含医院）、文体 、商业服务、金融邮电（含银行、邮电局）、市政公用（含自行车存车处）、行政管理等设施，购房人应当根据自己的生活需求关注小区配套及周边的生活设施。如家中有孩子的，就一定要注意教育配套的开立时间和教育品质；家中有高龄老人的，则要留意医疗配套的水平和规模。

当然，地处流动人口较多的居住区，应根据不同性质的流动人口数量，增设有关项目及增加相应面积。

（2）居住区配套公建各项目的规划布局，应符合下列规定：

1）根据不同项目的使用性质和居住区的规划组织结构类型，应采用相对集中与适当分散相结合的方式合理布

局。并应利于发挥设施效益，方便经营管理、使用和减少干扰；

2）商业服务与金融邮电、文体等有关项目宜集中布置，形成居住区各级公共活动中心。在使用方便、综合经营、互不干扰的前提下，可采用综合楼或组合体；

3）基层服务设施的设置应方便居民，满足服务半径的要求。

此外，还要注意以下两个问题：

（1）“人防”——人民防空的简称，是国防的组成部分之一，它是由于国家根据国防需要，动员和组织群众采取防护措施，防范和减轻空袭危害的目的而设置的。《规划设计规范》规定凡国家确定的一、二类人防重点城市均应按国家人防部门的有关规定配建防空地下室，并应遵循平战结合的原则，与城市地下空间规划相结合，统筹安排。将居住区使用部分的面积，按其使用性质纳入配套公建。因此“人防”的关键在于非战时利用，第八章物业中将为您详述。

（2）车位——随着家庭轿车消费量的增长，《规划设计规范》也作出了回应，即对小区车位进行强制性规定。

《规划设计规范》规定：居住区内公共活动中心、集贸市场和人流较多的公共建筑，必须相应配建公共停车场（库），并应符合下列规定：公共中心配置车位的，自行车车位7.5个/$100m^2$建筑面积，机动车车位0.3个/$100m^2$建筑面积；商业中心配置车位的，自行车车位7.5个/$100m^2$营业面积，机动车车位0.3个/$100m^2$营业面积。配建停车场（库）应就近设置，并宜采用地下或多层车库。

当然，房屋档次不同、城市不同，还有差别。以北京市为例，按《北京市“九五”住宅建设标准》建设的普通住宅

（含经济适用房），在三环路以外的（包括旧区改造和零星加建的住宅），按每千户 500 个车位标准设置；在三环路以内的按每千户 300 个车位标准设置；中高档商品住宅按每户 1 个车位标准设置，高档公寓和别墅则按每户 1~3 个车位标准设置。

因此其他较大城市的购房人还要详细参看各自城市的车位配备标准。

5. 道路交通

道路如同血管，连接着小区的四面八方。《规划设计规范》对小区道路给予了高度重视，并强制性规定了必须增设残疾人设施，由此构成了《规划设计规范》的亮点之三。

（1）居住区的道路规划，应选择经济、便捷的道路系统和道路断面形式，同时还要遵循下列原列：

1）使居住区内外联系通畅、安全，避免往返迂回，并适于消防车、救护车、商店货车和垃圾车等的通行。

2）小区内避免过境车辆的穿行。当公共交通线路引入居住区级道路时，应减少交通噪声对居民的干扰。

3）满足居住区的日照通风和地下工程管线的埋设要求。

4）城市旧城区改造，其道路系统应充分考虑原有道路特点，保留和利用有历史文化价值的街道。

5）考虑居民小汽车的通行。

6）便于寻访、识别和街道命名。

（2）居住区内道路可分为：居住区道路、小区路、组团路和宅间小路四级。其道路宽度，应符合下列规定：

1）居住区道路：红线宽度不宜小于 20m。

2）小区路：路面宽 5~8m，建筑控制线之间的宽度，采

暖区不宜小于14m；非采暖区不宜小于10m。

3）组团路：路面宽3~5m；建筑控制线之间的宽度，采暖区不宜小于10m；非采暖区不宜小于8m。

4）宅间小路：路面宽不宜小于2.5m。

（3）居住区内道路设置，应符合下列规定：

1）小区内主要道路至少应有两个出入口；居住区内主要道路至少应有两个方向与外围道路相连；机动车道对外出入口数应控制，其出入口间距不应小于150m。

沿街建筑物长度超过160m时，应设不小于4m×4m消防车通道。人行出口间距不宜超过80m，当建筑物长度超过80m时，应在底层加设人行通道。

2）进入组团的道路，既应方便居民出行和利于消防车、救护车的通行，又应维护院落的完整性和利于治安保卫。

3）在居住区内公共活动中心，应设置为残疾人通行的无障碍通道。通行轮椅车的坡道宽度不应小于2.5m，纵坡不应大于2.5%。

6. 消防

人们常说“水火无情”，据统计，仅2000年全国发生的火灾（不含森林、草原等火灾）共有18.86万起，造成3021人死亡，4404人受伤，直接财产损失15.2亿元。因此，小区规划中的消防部分可谓“重中之重”，来不得半点大意。

《规划设计规范》、《消防规范》及《建筑灭火器配置设计规范》规定：

（1）住宅间距，应以满足日照要求为基础，综合考虑消防……等要求确定。

（2）道路规划要适于消防车……等的通行。

（3）沿街建筑物长度超过160m时，必须设置不小于4m

×4m的消防车通道。

（4）进入小区的道路，应利于消防车……的通行。

（5）小区所有建设都必须保证留足消防通道；没有消防通道的，结合旧区改建，逐步予以打通、拓宽；被挤占的要清理。

7. 其他

（1）三个概念

1）居住组团：一般称组团，指一般被小区道路分隔，并与居住人口规模（1000~3000人）相对应，配建有居民所需的基层公共服务设施的居住生活聚居地。

2）居住区用地：住宅用地、公建用地、道路用地和公共绿地等四项用地的总称。

3）住宅用地：住宅建筑基底占地及其四周合理间距内的用地（含宅间绿地和宅间小路等）的总称。

（2）规划总用地范围应按下列规定确定：

1）当规划总用地周界为城市道路、居住区（级）道路、小区路或自然分界线时，用地范围划至道路中心线或自然分界线。

2）当规划总用地与其他用地相邻，用地范围划至双方用地的交界处。

四、有关规划的法律责任

本章通过前面的介绍，已对消费者关心的几项小区规划做了基本介绍。但如果法律只规定了“谁应或不应做什么”，而未规定“谁若未按法律做，怎么办？”的话，法律不过是那个卖火柴女孩儿的平安夜之梦……

有关规划的法律责任比较复杂，本章不妨先让业主们“看图识字”一番。

- 规划变更的法律责任
  - 小区内变更
    - 开发商合法变更—规划行政主管部门合法审批：无任何法律责任
    - 开发商非法变更—规划行政主管部门非法审批 *
      - 规划行政主管部门行政许可违法责任
      - 开发商违约责任
    - 开发商根本未取得规划许可 *
  - 小区外变更
    - 对方开发商合法规划或变更—规划行政主管部门合法审批：无任何法律责任
    - 对方开发商非法规划或变更—规划行政主管部门非法审批 *
      - 规划行政主管部门行政许可违法责任
      - 对方开发商侵权责任
    - 已方开发商与对方开发商非法规划或变更—规划行政主管部门非法审批 *
      - 规划行政主管部门行政许可违法责任
      - 通谋无效（回复原状或赔偿）
    - 对方开发商根本未取得规划许可 *

由上图不难看出——七种规划变更的情况中，只有在标着 * 的五种情况下追究相关责任方的法律责任才有实际意义，因为另两种情况下的变更一般是国家或政府行为，如因城市总体规划的变动导致毗邻小区的一片农田却成了传染病医院，这种情形下业主们除了领取少得可怜的补偿金外，只好在记忆中缅怀那风中麦浪的颜色了。

以下本章就将重点讨论标志 * 的五种情况：

（一）我已出离愤怒

开发商对小区违法规划或变更且规划主管部门违法审批的类型是业主们最常碰到的，也是最常见诸于报端的，譬如2002年5月23日的《南方周末》就刊载了这样一篇报道：

"……5月16日8时30分，望京A5区业主状告北京市规划委员会一案，在北京西城法院一审开庭。26位业主代表308名原告参加了庭审。

2001年年初的一个清晨，望京A5区南侧1万多平方米的空地，突然被铁板团团围起。此后，挖土机的巨铲搅乱了人们平静的生活。大片草地被推平，取而代之的是深深的大坑。大坑距离A5区426号住宅楼最近处只有7米。人们得知，一幢33层的联体公寓楼将在此处拔地而起，楼名为A5区429号。业主称，如果此公寓建成入住，不但426楼的采光、通风成了大问题，而且A5区的容积率将超过7，相当于北京商务中心区的住宅容积率。

被称为望京"中产阶级的维权"从此开始。2002年3月8日，业主将批准兴建429楼的北京市规划委员会告到北京市西城区法院。

在接受本报记者采访时，望京A5区业主代表唐北川直陈"429楼为非法工地"的两点理由。其一，6年前他们买

房时，A5 区的原开发商北京城市开发集团（以下简称城开）明确承诺：现429 项目的位置为6 层办公楼、停车场及绿地；其二，按照业主们掌握的A5B 区土地使用证，429 楼项目（共11026 平方米）中3000 平方米的土地使用权应归A5B 区所有，而北京市规划委员会的规划许可证中，又把这3000 平米的地批给429 楼的开发商——北京华松公司。一块土地两次批用，道理何在?…… ”[1]

此案件之所以被《南方周末》如此关注并大幅报道，即在于它给购房人维权提供了一个重要启示——行政诉讼告规委！

但首先要明确此时的购房人享有何种权利?规委须承担何种法律责任?业主方能告它个理直气壮、清清楚楚。

笔者认为只有在小区开发商进行违法规划或变更且规委违法审批时，购房人才能毫不含糊地将规委送上被告席。

在这种情况下，买受人首先享有向做出规划许可的行政主管部门及其上级部门申诉、质辩、陈述、提起复议的权利。而规委和开发商都要承担法律责任，只是责任性质不同。

（1）规划行政许可部门的责任。对规委而言，行政许可必须依据相关法律的规定实施依法行政许可，且根据我国行政法的规定，规划机构应当通知作为“行政相对人”的消费者，并且还应当给消费者以辩驳、质证和司法救济的机会，否则这种行政行为应当被认作无效。

此外，根据《行政许可法》第六十九条“有下列情形之一的，作出行政许可决定的行政机关或者其上级行政机关，根据利害关系人的请求或者依据职权，可以撤销行政许可：

（一）行政机关工作人员滥用职权、玩忽职守作出准予行政许可决定的；

[1] http://www.southcn.com/weekend/top/200205230050.htm

（二）超越法定职权作出准予行政许可决定的；

（三）违反法定程序作出准予行政许可决定的；

（四）对不具备申请资格或者不符合法定条件的申请人准予行政许可的；

（五）依法可以撤销行政许可的其他情形。

被许可人以欺骗、贿赂等不正当手段取得行政许可的，应当予以撤销。

依照前两款的规定撤销行政许可，可能对公共利益造成重大损害的，不予撤销。”购房人完全有权利申请相关部门承担撤销的法律责任，并且可根据该法第七十六条“行政机关违法实施行政许可，给当事人的合法权益造成损害的，应当依照国家赔偿法的规定给予赔偿”的规定，适度要求规划行政主管部门给予赔偿。

（2）对开发商而言，他们逃不过的则是按照合同约定承担违约责任，因为开发商的违法变更之所以成为“合法”，只是因为规委一纸审批的“魔法”就点石成金，但当规划行政许可部门的违法审批被撤销时，这种变更就彻底丧失了存在的合法依据，自然要将其打回原形！只要此时这种规划尚未产生实际结果，购房人就可要求开发商再变更回原来的规划，但如果已经产生实际结果，如开发商违法变更规划而修建的楼座已办理了入住，则只能要求开发商承担违约责任赔偿损失了。

为了从源头防止开发商们“生米煮成熟饭”的行径，一些地方法规已经制定了严格的控制手段，如上海和北京等。在北京市的《北京市城市房地产转让管理办法》中就规定：“房地产开发企业应当按照规划行政主管部门核发的建设工程规划许可证的规定建设商品房，不得擅自变更。

房地产开发企业确需变更规划许可证规定内容的，应当

书面征得受影响的预购人同意，并取得规划行政主管部门的批准。因规划变更给预购人的权益造成损失的，房地产开发企业应当给予相应的补偿。”

这条强制性规定将预购人的同意作为规划变更的首要条件，且赋予了预购人求偿权，可谓充分体现了“顾客就是上帝”，没有上帝的首肯，开发商绝对不能擅自变更。

但也正是由于这种严苛的规定，使得开发商极有可能采用一些非正常手段骗取规委许可，如假冒购房人的名义签名同意变更，在这种情况下只能提醒购房人时时关注开发商的宣传资料和施工现场，如有异样，马上进行调查。若事情属实，可向规委声明开发商这种行为无效，并进而追究开发商的法律责任，如违约责任和侵犯购房人姓名权的责任。

（二）真实的谎言

现实中还有小区开发商在根本未取得规划许可时就大兴土木，对待如此之胆大妄为、无视国法的行为，小区居民一定要及时将事实调查个水落石出，然后马上向城市规划行政管理部门、建筑行政管理部门、国土资源管理部门及城管举报，要求强行拆除违章建筑并对开发商苛以较重的行政处罚，如果上列部门不管不问、敷衍拖沓，购房人还可要求法律严惩相关部门承担行政不作为的责任，如要求其在一定期限内作出行政决定等。

当然购房人同时还不能放过开发商的违约行为，一定要追究其违约责任。违章建筑尚未建成的，强行拆除；已建成的，购房人又能否以规划变更影响到日常生活而要求退房？笔者认为，根据我国《合同法》规定，若开发商的违约行为致使合同目的不能实现时，购房人可解除合同；但若购房人

选择不退房时，开发商应如何赔偿?首先应按照双方在《商品房买卖合同》及补充协议中的约定支付违约金，若无违约金约定的，可比照行业惯例或类似情况的标准进行赔偿，此时在标准认定上存在一定的模糊性，购房人一般都很难与开发商达成具体数额的一致，因此建议购房人在协商已无望的情况下，直接起诉。

（三）红杏出墙?绝对不行!

在各地购房人声讨开发商的浪潮中，我们还发现有一些案例属于毗邻小区的开发商非法规划或变更且规划行政主管部门违法审批，最终影响到本小区业主正常生活的行为。这种情形就好比邻家院里的红杏再娇艳明媚、楚楚动人，但树枝越过院墙时不小心扎了您的眼睛，也绝不可以。

下面这起案例就是如此：住在济南省××局宿舍的123户居民以住宅楼南面正在兴建两幢小高层住宅而影响宿舍楼采光为由将规划部门告上法庭，这两栋楼全长192米，其中一座10层，高29.2米，另一座11层，高32米，与上述居民所住的宿舍楼间距只有38.4米。在侵害尚未发生的情况下，居民们以预期侵害可能发生为由，状告规划部门，要求撤销这两幢楼的规划许可证。

虽然被告济南××区管委会规划局认为，他们是按《济南市城市规划管理办法》、参照国家标准进行的审核，考虑了地势高低、跨度等问题，认为两幢小高层与原告宿舍楼之间的距离完全符合规定，作为第三人参加诉讼的毗邻小区开发商也认为他们的设计方案符合规定。但法院审理认为，被告规划审批的小高层与原告宿舍楼的间距，达不到国家关于日照间距的相关规定。据此，法院一审判决撤销被告对这两座小高层的规划。

因此，当出现毗邻小区的开发商非法规划或变更且规

划行政主管部门违法审批的情况，购房人完全可以追究规划行政许可部门的违法行政许可责任，要求其撤销先前做出的违法审批，同时要求对方开发商承担侵权责任，即在现实允许的情况下要求对方恢复原状，如拆除或恢复原规划；若无法回复原状，则赔偿损失。

（四）通谋？通谋！

恶意串通实际就是通谋，它既可能是当事人通谋后以真实意思表示为之，也可能是当事人通谋后的虚伪表示，其在民法理论中属无效行为，我国《合同法》也做了相应规定：

“有下列情形之一的，合同无效：

（1）一方以欺诈、胁迫的手段订立合同，损害国家利益；

（2）恶意串通，损害国家、集体或者第三人利益；

（3）以合法形式掩盖非法目的；

（4）损害社会公共利益；

（5）违反法律、行政法规的强制性规定”。

现实中小区开发商与其他开发商非法规划或变更且规划行政主管部门违法审批的情况也屡见不鲜，譬如小区开发商对小区内已取得规划许可的公共绿地却擅自转卖给毗邻小区的开发商，而规委审查不严，给对方开发商发放了错误的规划许可证，对方开发商又忙不迭地施工，企图造成既成事实。

此时购房人该如何保护自己呢？

首先，要冷静的调查事实，在掌握基本证据后请求规划行政主管部门撤销规划许可，若解决不了问题，再提起行政诉讼，然后方能追究小区开发商的违约责任。

（五）邻家有楼初长成

业主们还可能遇到这样一种荒谬却仍在现实中存在的情

况，就是对方开发商未取得任何规划许可却大张旗鼓地在你家旁边盖起了房子，令人哭笑不得。

这种情况下，购房人也要及时注意它们的动向，及时将事实调查个水落石出，并马上向相关部门举报，一旦毗邻小区的楼有可能侵害您及家人的正当权益，您还要勇敢地站出来要求开发商承担法律责任，告他个丢盔卸甲、一败涂地！关于责任承担的具体方式，请参看前四部分的论述。

五、维权方式——行政诉讼

行政诉讼是法院应公民、法人或其他组织的请求，通过法定程序审查具体行政行为的合法性，从而解决一定范围内行政争议的活动，即通俗的“民告官”。

下图即为我国行政诉讼的流程，购房人可得以对一审和二审程序看个一目了然。

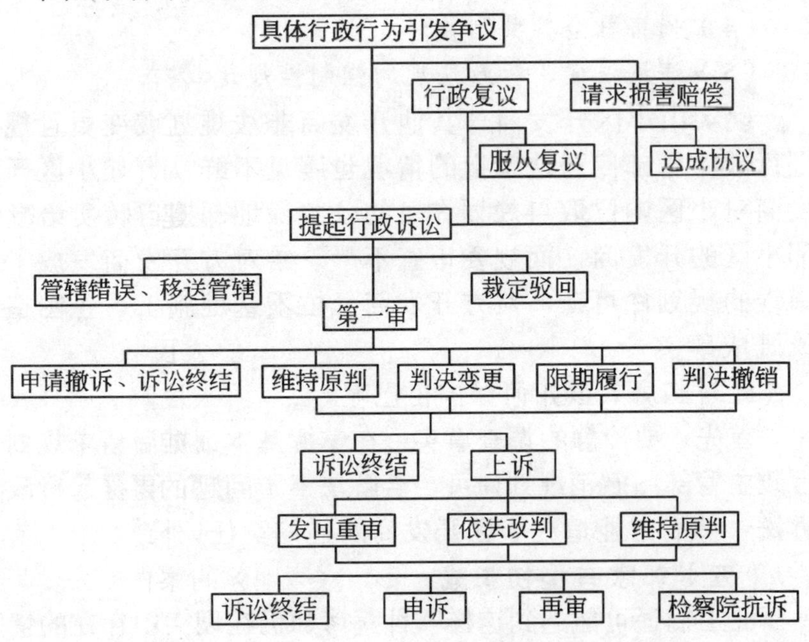

具体说来，我国的行政诉讼有这样几个特点：

（1）行政诉讼的原、被告恒定。因为行政诉讼提起的目的就是“民”不服“官”的管，所以原告只能恒定为行政相对人，即具体行政行为的承受人，而被告恒定为行政机关，即作出行政处罚决定或其他行政处理决定的行政机关，或是作出行政复议决定的行政机关。

（2）行政诉讼的对象是行政机关作出的具体行政行为，包括行政处罚决定、行政复议决定和其他行政处理决定。而不能是抽象行政行为，即所谓的“行政立法”。

（3）行政诉讼体现的是司法权对行政权的监督，因此其他机关、组织出面解决行政纠纷的活动不属于行政诉讼，只能由人民法院进行。

以下本文将结合《行政诉讼法》及相关司法解释的规定就行政诉讼的一审程序提醒购房人切记注意以下几点：

1. 诉讼标的

向法院提起行政诉讼时应注意规划行政主管部门的行为是否属于具有国家行政职权的机关和组织及其工作人员所作出的侵犯购房人人身权、财产权的具体行政行为，譬如对已确定的某开发商发放的建设用地规划许可证或建设工程规划许可证。

2. 管辖

大部分案件都应向不动产所在地的基层人民法院提起，只有对国务院各部门或省、自治区、直辖市人民政府所作出的规划许可行为以及个别重大、复杂的案件（如：被告为县级以上人民政府，且基层人民法院不适宜审理的案件；社会影响重大的共同诉讼、集团诉讼案件；重大涉外或者涉及香港特别行政区、澳门特别行政区、台湾地区的案件等）才向中级人民法院提起。

3. 是否存在复议前置

我国并未规定购房人若对居住区规划的行政许可行为不服应先提起行政复议，所以购房人可直接向人民法院起诉。

4. 原告

在法律上被允许提起行政诉讼的只能是与具体行政行为有法律上利害关系的购房人。包括被诉的具体行政行为涉及其相邻权、要求主管行政机关依法追究加害人法律责任等。

5. 共同诉讼

由于一个小区往往居民甚多，而规划变更牵扯的绝非两家的利益，动辄就是整个小区居民提起诉讼，因此建议购房人不如联合起来直接委托职业律师进行操作，省时省力且省心，相关介绍请参阅第八章物业之共同诉讼。

6.被告

当事人不服经上级行政机关批准的具体行政行为，向人民法院提起诉讼的，应当以在两许可证文书上署名的机关为被告。

7.证据

购房人对下列事项承担举证责任：（1）证明起诉符合法定条件，但被告认为原告起诉超过起诉期限的除外；（2）在起诉被告不作为的案件中，证明其提出申请的事实；（3）在一并提起的行政赔偿诉讼中，证明因受被诉行为侵害而造成损失的事实；（4）其他应当由原告承担举证责任的事项。

在诉讼中，购房人要注意下列证据无效：（1）被告及其诉讼代理人在作出具体行政行为后自行收集的证据；（2）被告严重违反法定程序收集的其他证据。

8.诉讼时效

行政机关作出具体行政行为时，未告知公民、法人或者其他组织诉权或者起诉期限的，起诉期限从公民、法人或者其他组织知道或者应当知道诉权或者起诉期限之日起计算，但从知道或者应当知道具体行政行为内容之日起最长不得超过 2 年。

公民、法人或者其他组织不知道行政机关作出的具体行政行为内容的，其起诉期限从知道或者应当知道该具体行政行为内容之日起计算。对涉及不动产的具体行政行为从作出之日起超过 20 年、其他具体行政行为从作出之日起超过 5 年提起诉讼的，人民法院不予受理。

由于不属于起诉人自身的原因超过起诉期限的，被耽误的时间不计算在起诉期间内。因人身自由受到限制而不能提起诉讼的，被限制人身自由的时间不计算在起诉期间内。

9. 可能的诉讼结果

（1）违法或无效：

1）当规划行政主管部门不履行法定职责，但判决责令其履行法定职责已无实际意义；

2）当审批行为违法，但不具有可撤销内容；

3）当审批行为依法不成立或无效。

（2）审批行为违法，但撤销该具体行政行为将会给国家利益或者公共利益造成重大损失的，法院会确认被诉具体行政行为违法，并责令规划行政主管部门采取相应的补救措施；造成损害的，依法判决承担赔偿责任。

（3）若判决撤销违法的审批行为，将给国家利益、公共利益或他人合法权益造成损失，则法院在判决撤销的同时，还将：

1）判决被告重新作出具体行政行为，且若被告不及时重新作出审批，将会给购房人利益造成损失的，可限定重新作出审批行为的期限；

2）责令规划行政主管部门采取相应的补救措施；

3）向被告和有关机关提出司法建议；

4）发现违法犯罪行为的，建议有关机关依法处理。

10. 其他

规划行政主管部门在一审期间改变其已作出审批行为的，应书面告知法院。购房人对改变后的行为不服提起诉讼的，法院应审理改变后的审批行为。规划行政主管部门改变原审批行为，原告不撤诉，人民法院经审查认为原审批行为违法的，应作出确认其违法的判决；认为原审批行为合法的，应判决驳回原告的诉讼请求。原告起诉被告不作为，在诉讼中被告作出审批行为，原告不撤诉的，参照上述规定处理。

第二节 设 计

一、 引言

商品房是我国目前个人消费中最重要的物品，同规划一样，房屋的设计也是消费者比较关注的重要问题，尤其是集团消费已经成为过去，消费者要自己支付相当数额的购房款，因此对房屋更加关注，既要求实用，又要求时尚、舒适，这一切与房屋的设计都密不可分。而在我国房地产市场目前发生的开发商与购房人之间的纠纷中，设计不符合规范、设计变更未按约定执行也是矛盾的焦点之一。

先看以下两个案例：

案例一：设计不符合规范 开发商被判补偿

陈女士于2001年11月购买了某房地产公司开发的某小区商品房一套，总价76.8万元，双方签订的商品房买卖合同中附有房屋的平面图。2002年6月陈女士入住验房时发现该套房屋的阳台安装的是落地玻璃，没有任何防护装置，虽然落地玻璃采光、视线都很好，但陈女士觉得房屋在9层，没有防护栏不安全，要求开发商加装防护栏，开发商不同意，并称能够保证安全，陈女士认为阳台没有防护栏不安全也不符合国家住宅的设计规范中关于中高层住宅阳台应安装1.1米的防护栏的规定，因此要求安装阳台护栏或者给予补偿。在多次与开发商交涉没有结果后，陈女士将开发商告上了法庭。

审理中，开发商辩称双方没有在合同中约定要为阳台安

装防护栏，而住宅设计规范只是规定中高层住宅阳台护栏应采用的规格，并没有直接规定中高层住宅阳台必须安装防护栏，因此不同意安装和补偿。

法院审理认为，住宅设计规范既然规定中高层住宅阳台安装的防护栏不应低于1.1米，首先就肯定要安装防护栏，而且不得低于1.1米，开发商没有为阳台安装防护栏就违反了国家标准，开发商应当承担责任，为阳台加装护栏，或者由陈女士自行安装，开发商承担费用。

最后法院判决开发商为阳台加装护栏，或者由陈女士自行安装，开发商承担费用。

案例二：开发商单方变更设计　购房人退房获赔双倍定金

2001年3月林女士和某开发商签订了《商品房预售契约》，用分期付款的方式购买了一套复式公寓。到了交房的日子，林女士把《商品房预售契约》上所附的图纸拿来一对照，原来复式房屋二层卫生间的位置变了，从原来的西面变到了东面。结果是原来上楼之后可以直接进入到房间中去，而现在一上楼就面对着卫生间，要进入房间就要从卫生间门口拐进去，这种感觉让她觉得别扭。开发商的工作人员解释到：之所以把卫生间从西面换到了东面，是因为一楼的卫生间就在东面相同的位置，这样变换位置可以使上下水管道顺畅。如果不变更则会发生一楼的卫生间在东面而二楼的卫生间在西面，两个卫生间的上下水管道错位的情况，而连接东西卫生间的上下水管道也会影响房屋的美观。

双方各执一词，谁也说服不了谁。林女士提出退房。在与开发商协商不成的情况下，林女士向人民法院提起了诉讼，要求开发商双倍返还定金4万元、退还购房款并支付利息。同时提出开发商变更设计是对她的欺诈，在诉讼请求中

要求开发商赔偿其精神损失费 1 万元。法院经过审理认为：双方订立的《商品房预售契约》是双方当事人的真实意思表示，不违反法律规定，该契约自双方当事人签字盖章时成立并生效。在契约中双方明确约定开发商如果变更设计方案应当以书面方式通知购房者，如果购房者不同意可以解除契约。现虽然开发商称其变更设计方案是出于为购房者考虑，而且开发商变更之后的设计方案经过了规划部门的批准，但其没有在变更前以书面方式通知林女士，现林女士对设计变更提出异议，在无法履行原契约约定的设计方案的情况下，林女士要求解除契约应当予以支持。因该契约的解除系由于开发商违约，故开发商应当按照契约约定的违约条款承担违约责任。

根据双方在契约中的约定，法院判决解除林女士与开发商签订的《商品房预售契约》，同时判令开发商双倍返还林女士定金 4 万元、退还林女士已经交纳的购房款，并按照银行的固定资产贷款利率支付利息。法院同时驳回了林女士要求开发商赔偿其精神损失费 1 万元的诉讼请求。因为双方在订立契约时已经考虑到了设计变更问题，现在开发商变更设计并不是对林女士的欺诈，而是对契约的违约。

从上述两个案例中我们可以看出设计不符合规范、设计变更未按约定执行，开发商应承担相应的违约责任。而要向开发商主张权利，我们首先要了解与房屋有关的设计都包括哪些内容，如何检验开发商交付的房屋是否符合设计规范，如有设计变更开发商应履行哪些义务等问题。

与房屋有关的设计主要包括两种：一是规划设计，二是建筑设计，从一个小区来讲，规划设计考虑的是大的方面，包括小区配套、绿化等，而建筑设计关注的是建筑物本身，包括户型、使用功能等，与购房者利益联系最紧密的就是建筑设计，这也是本节介绍的主要内容。

二、维权的法律依据

城市住宅建设量大面广，关系到广大城市居民的切身利益，同时，住宅建设要求投入大量资金、土地和建材等资源，因此国家对住宅建设非常重视，制定了一系列方针政策和法规，制定了城市住宅建设标准，特别是安全卫生、环境保护、节能、节地、节水、节材等方针政策和法规，住宅设计时必须严格遵守。

（一）法律规定

从法律法规的层面来看，关于住宅建筑设计的规定并不太多，主要有：

(1). 对设计的基本规定：我国《城市房地产管理法》第二十六条第一款规定："房地产开发项目的设计、施工，必须符合国家的有关标准和规范。"

(2). 对设计责任承担的规定：我国《城市房地产开发经营管理条例》第十六条规定："房地产开发企业开发建设的房地产项目，应当符合有关法律、法规的规定和建筑工程质量、安全标准、建筑工程勘察、设计、施工的技术规范以及合同的约定。房地产开发企业应当对其开发建设的房地产开发项目的质量承担责任。勘察、设计、施工、监理等单位应当依照有关法律、法规的规定或者合同的约定，承担相应的责任。"

（二）有关规范

除了上述的法律规定以外，关于住宅建筑设计最重要的就是《住宅设计规范》，该规范对住宅设计做出了以下原则的规定：

(1)　住宅设计必须执行国家的方针政策和法规，遵守安全卫生、环境保护、节约用地、节约能源、节约用材、节约

用水等有关规定。

（2） 住宅设计应符合城市规划和居住区规划的要求，使建筑与周围环境相协调，创造方便、舒适、优美的生活空间。

（3） 住宅设计应推行标准化、多样化，积极采用新技术、新材料、新产品，促进住宅产业现代化。

（4） 住宅设计应在满足近期使用要求的同时，兼顾今后改造的可能。

（5） 住宅设计应以人为核心，除满足一般居住使用要求外，根据需要尚应满足老年人、残疾人的特殊使用要求。

（6） 住宅设计除应符合本规范外，尚应符合国家现行的有关强制性标准的规定。

由于住宅设计涉及建筑、结构、防火、热工、节能、隔声、采光、照明、给排水、暖通空调、电气等各种专业，各专业已有规范规定的内容，除必要的重申外，本规范不再重复，因此设计时除执行本规范外，尚应符合国家现行的有关强制性标准的规定，主要有：

《建筑设计防火规范》；

《高层民用建筑设计防火规范》；

《城市居住区规划设计规范》；

《民用建筑设计通则》；

《民用建筑隔声设计规范》；

《民用建筑照明设计规范》；

《民用建筑热工设计规范》；

《民用建筑节能设计标准（采暖居住建筑部分）》；

《建筑给排水设计规范》；

《采暖通风和空气调节设计规范》；

《城镇燃气设计规范》；

《方便残疾人使用的城市道路和建筑物设计规范》等。

三、维权焦点

（一）应重点关注的设计规范

《住宅设计规范》和相关一系列规范的内容十分庞杂，涉及方方面面，因此本文只重点介绍直接影响到房屋的使用等与购房人关系最密切的几个方面：

1.卧室、起居室（厅）

（1）卧室之间不应穿越，卧室应有直接采光，自然通风，其使用面积不应小于下列规定：

1）双人卧室为10m²；

2）单人卧室为6m²；

3）兼起居的卧室为12m²。

（2）起居室（厅）应有直接采光、自然通风，其使用面积不应小于12m²。

（3）起居室（厅）内的门洞布置应综合考虑使用功能要求，减少直接开向起居室（厅）的门的数量。起居室（厅）内布置家具的墙面直线长度应大于3m。

（4）无直接采光的厅，其使用面积不应大于10m²。

2. 厨房

（1）厨房的使用面积不应小于下列规定：

1）一类和二类住宅为4m²；

2）三类和四类住宅为5m²。

其中，普通住宅套型的划分可参见下表：

套型	居住空间数（个）	使用面积(m²)	套型	居住空间数（个）	使用面积(m²)
一类	2	34	三类	3	56
二类	3	45	四类	4	68

（2）厨房应有直接采光、自然通风，并宜布置在套内近入口处。

（3）厨房应设置洗涤池、案台、炉灶及排油烟机等设施或预留位置，按炊事操作流程排列，操作面净长不应小于2.10m。

（4）单排布置设备的厨房净宽不应小于1.50m；双排布置设备的厨房其两排设备的净距不应小于0.90m。

3. 卫生间

（1）每套住宅应设卫生间，第四类住宅宜设二个或二个以上卫生间。每套住宅至少应配置三件卫生洁具，不同洁具组合的卫生间使用面积不应小于下列规定：

1）设便器、洗浴器（浴缸或喷淋）、洗面器三件卫生洁具的为$3m^2$；

2）设便器、洗浴器两件卫生洁具的为$2.50m^2$；

3）设便器、洗面器两件卫生洁具的为$2m^2$；

4）单设便器的为$1.10m^2$。

（2）无前室的卫生间的门不应直接开向起居室（厅）或厨房。

（3）卫生间不应直接布置在下层住房的卧室、起居室（厅）和厨房的上层，可布置在本套内的卧室、起居室（厅）和厨房上层；并均应有防水、隔声和便于检修的措施。

4. 层高和室内净高

（1）普通住宅层高不宜高于2.80m。

（2）卧室、起居室（厅）的室内净高不应低于2.40m，局部净高不应低于2.10m，且其面积不应大于室内使用面积的1/3。

（3）用坡屋顶内空间作卧室、起居室（厅）时，其1/2面积的室内净高不应低于2.10m。

（4）厨房、卫生间的室内净高不应低于2.20m。

（5）厨房、卫生间内排水横管下表面与楼面、地面净距不得低于1.90m，且不得影响门、窗扇开启。

5. 阳台

（1）每套住宅应设阳台或平台。

（2）阳台栏杆设计应防止儿童攀登，栏杆的垂直杆间净距不应大于0.11m；放置花盆处必须采取防坠落措施。

（3）低层、多层住宅的阳台栏杆净高不应低于1.05m，中高层、高层住宅的阳台栏杆净高不应低于1.10m。中高层、高层及寒冷地区住宅的阳台宜采用实体栏板。

（4）阳台应设置晾、晒衣物的设施；顶层阳台应设雨罩。各套住宅之间毗连的阳台应设分户隔板。

（5）阳台、雨罩均应做有组织排水；雨罩应做防水，阳台宜做防水。

6. 垃圾收集设施

按照设计规范的要求，住宅不宜设置垃圾管道，尤其是在“SARS”期间，我国许多地方都把住宅的垃圾管道封闭了。住宅设计中应注意尽量不再设置垃圾管道，如果确实需要设置的：

（1）垃圾管道不得紧邻卧室、起居室（厅）布置；

（2）垃圾管道的有效断面不得小于下列规定：

1）多层住宅为0.40m × 0.40m；

2）中高层住宅为0.50m × 0.50m；

3）高层住宅为0.60m × 0.60m；

（3）垃圾斗和垃圾斗门应耐腐蚀，关闭严密；

（4）垃圾管道顶部应通出屋面，底部应设封闭的垃圾间。

不设置垃圾管道的也应有垃圾处理设施，多层住宅不设垃圾管道时，应根据垃圾收集方式设置相应设施。中高层及

高层住宅不设置垃圾管道时，每层应设置封闭的垃圾收集空间。

7. 地漏

地漏本来是很细小的东西，但在现实中却不可忽视，很多住宅甚至是高档住宅都出现地漏设置少、地漏反味的现象，因此《住宅设计规范》6.1.7 条规定："布置洗浴器和布置洗衣机的部位应设置地漏，其水封深度不应小于50mm。布置洗衣机的部位宜采用能防止溢流和干涸的专用地漏"。

8. 冬季供暖

《住宅设计规范》规定设置集中采暖系统的普通住宅的室内采暖计算温度，不应低于表6.2.2（见下表）的规定。

用　　房	温度(℃)
卧室、起居室（厅）和卫生间	18
厨房	15
设采暖楼梯间和走廊	14

（二）不符合设计规范的处理

如果购房人发现开发商交付的房屋不符合国家的设计标准和设计规范的，如何处理呢？

《中华人民共和国标准化法》第二十条规定："生产、销售、进口不符合强制性标准的产品的，由法律、行政法规规定的行政主管部门依法处理，法律、行政法规未作规定的，由工商行政管理部门没收产品和违法所得，并处罚款；造成严重后果构成犯罪的，对直接责任人员依法追究刑事责任"。该规定是对违反国家规范应承担的行政责任和刑事责任，而民事责任如何承担，《城市房地产管理法》、《城市房地产开

发经营管理条例》等法律法规，都没有规定违反设计规范应承担的责任。我们认为，既然购房者与开发商之间是买卖合同关系，就可以从《合同法》的角度寻求解决办法。

现行《合同法》中关于标的物质量的相关规定如下：

第六十一条：合同生效后，当事人就质量、价款或者报酬、履行地点等内容没有约定或者约定不明确的，可以协议补充；不能达成补充协议的，按照合同有关条款或者交易习惯确定。

第六十二条：当事人就有关合同内容约定不明确，依照本法第六十一条的规定仍不能确定的，适用下列规定：

（一）质量要求不明确的，按照国家标准、行业标准履行；没有国家标准、行业标准的，按照通常标准或者符合合同目的的特定标准履行。

第一百一十一条：质量不符合约定的，应当按照当事人的约定承担违约责任。对违约责任没有约定或者约定不明确，依照本法第六十一条的规定仍不能确定的，受损害方根据标的的性质以及损失的大小，可以合理选择要求对方承担修理、更换、重作、退货、减少价款或者报酬等违约责任。

显然，商品房买卖合同中，购房者与开发商不可能就房屋的质量涉及的每个方面都进行约定，在合同没有就房屋质量予以详细约定时，国家标准就是对房屋质量的基本要求，房屋不符合国家标准的，开发商应当按照《合同法》的规定承担修理、更换、退房、补偿等违约责任。

因此，开发商交付的房屋违反设计规范时虽然没有直接的处理依据，但仍然可以按照《合同法》的规定结合实际情况处理。笔者认为主要考虑两个因素，一是违反设计规范造成的后果，是给购房者居住带来不便还是不适合居住；二是能不能采取有效的补救措施消除或降低其影响。如果开发商

违反设计规范造成的后果可以通过采取补救措施予以处理，开发商应当采取补救措施，或者由购房人自行处理，开发商支付合理的费用，就像本文开头引述的案例一样。如果开发商违反设计规范造成的后果是房屋已经不适合居住，又无法采取有效补救措施的，购房者应当有权解除购房合同。例如，设计规范规定房屋的净高不低于2.4米，如果开发商交付的房屋净高略低于2.4米，是2.35米，后果不是特别明显，开发商应给予购房者一定的补偿；而如果房屋净高低于2.4米，为2.15米，后果特别明显，购房者应当有权解除购房合同。

（三）设计变更处理程序

“设计变更”即出卖人变更了建筑设计。当买受人与出卖人签订了《商品房买卖合同》后，出卖人所做的设计变更就涉及双方所签订的购房合同的标的物的变更。从《商品房买卖合同》的表述来看，并不是绝对禁止设计变更，只有“设计变更”达到一定程度，才能适用《商品房买卖合同》第十条的约定或者按照《商品房销售管理办法》第二十四条的规定处理。

商品房销售后变更规划、设计，导致变更后的商品房户型、结构形式、朝向、有关尺寸出现变化的，在这种情况下，开发商首先应该及时通知购房者，让购房者了解到合同标的物已经出现变化。如果这种变化不符合购房者当初决定购房时的意图，实质上就是对购房者权益的一种侵害，购房者应当有权解除购房合同。而设计变更后产生的上述变化可能有利于购房者或者没有不利于购房者，这时购房者应当有一个选择的权利。因此，《商品房买卖合同》第十条约定，因规划、设计变更达到一定程度，购房者一是有及时得到通知的知情权，二是有决定是否解除合同的选择权，并有权要求开发商承担相应责任。

需要说明的：一是规划、设计的变更必须经过主管部门的批准；二是并不是所有的变更都要通知购房人，只有发生因规划、设计变更导致商品房的结构形式、户型、空间尺寸、朝向变化，以及出现合同当事人约定的其他影响商品房质量或者使用功能情形的，房地产开发企业才有义务通知购房者；三是只有因规划、设计变更，引起所购房屋发生上述变化，影响使用的，购房者才有权选择退房；四是买受人必须在通知到达之日起15日内做出是否退房的书面答复，未做书面答复的，视同接受规划、设计变更。

除了《商品房销售管理办法》的规定和《商品房买卖合同》的约定以外，我国各地也有一些地方性的规定，不同地方的购房者需要注意了解当地的相关规定。

综上所述，购房者在签订合同时，应该尽可能将某些对自己很重要的设计纳入合同条款并详尽的列出“设计变更”影响的条款，从而使自己得到更多的保护。

第五章　交付

第一节　引　言

房屋交付，也就是人们常说的“入住”。购房人在支付了不菲的购房费用后，苦苦等待了几个月甚至一年以上的时间，终于见到了自己期待已久的家园，本应是一件值得高兴的事，然而，我们不得不面对这样一个现实：几乎所有的房地产项目在业主入住时都出现了这样那样的问题。我们可以先看以下几个案例：

案例一：开发商延期交房　法院判决按约赔偿

2001年底至2002年初，王先生等43名消费者分别与某房地产公司签订了商品房买卖合同，购买该公司开发的房屋。按照合同约定，该公司应在2002年11月30日交付房屋时出示《竣工验收备案表》。而当王先生等43人按照约定去办理入住手续时，却发现该公司并没有取得这个文件，房屋不具备交付使用的条件，致使无法按期入住。

双方多次就此事协商未果之后，王先生等43人将该公司诉上法庭，要求该公司立即交付房屋，并按照合同约定给付违约金。该公司在法庭上辩解说，其按照合同约定的日期，已在43名业主办理入住手续时出示了《竣工验收备案表》，只不过报送日期（2002年12月29日）是建委要求统一填写的。

法院经审理认为：该公司与王先生等43人签订的商品房买卖合同有效。按照合同约定，《竣工验收备案表》是2002年11月30日前交付房屋的要件，但是该公司在交付房屋时并不具备上述文件，该公司已构成违约事实。对此，该公司除应按照合同约定继续履行合同外，还应承担违约责任。法

院对此案作出终审判决：该公司将房屋交付业主，并分别支付43名业主两万余元不等的违约金。

案例二：氨气超标严重 法院判决退房

2001年3月，原告刘女士订购了某房地产有限公司开发的房屋，并交付了购房款。同年9月办理入住手续后，发现室内气味刺鼻，于是找到房地产公司。该公司答复说只要打开窗户气味散尽，就没事了。经过5个月的通风后，屋内气味仍未消除。刘女士就委托国家环境分析测试中心对该房屋进行了氨气浓度测试，结果表明屋内的氨气浓度超过国家标准90倍。后来刘女士多次同房地产公司协商退房未果，遂诉至法院，要求返还购房款、赔偿损失。

开发商在法庭上表示，业主在交付房屋后，并未提出房屋内空气质量一事，直到2002年8月左右才提出室内氨气的问题，且出示一个该房屋氨气浓度超过国家标准90倍的检测报告，这是其单方面进行的检测，开发商事先不知道，也没有参与。在收到该报告后他们曾要求业主配合进行氨气浓度检测，但业主不予理睬。因而他们认为出售房屋未违反国家规定，故不同意退赔。

法院从双方推荐的检测中心中选定双方共同认可的室内环境检测中心进行了检测。经检测，该楼室内的氨气浓度值高于标准值。法院判决解除原商品房买卖合同，开发商返还购房款并支付利息，同时返还原告所交物业管理费、水电储备金等费用。

案例三：没有竣工验收备案表 开发商被判延期交房

王先生于2000年12月27日与被告广州某房地产公司签订了《商品房买卖合同》及《补充协议书》，双方约定由王先生购买被告开发的商务大厦的一套房屋，交付期限为2001年1月15日前，出卖人应当书面通知买受人办理交付手续；

双方进行验收交接时，出卖人应当出示《竣工验收备案表》、《住宅质量保证书》和《住宅使用说明书》，并签署房屋交接单。在《补充协议》中，双方重新约定，若出卖人逾期交房时，出卖人从2001年1月16日开始，按总购房款的日万分之四付给买受人违约金。

王先生在起诉书中称：被告于2002年3月4日才按约定履行完毕全部交房手续，延期付房达412天，被告应承担违约金28万余元。庭审中被告承认其延期交房，但认为原告于2001年2月12日已领走该房钥匙，应视为房屋交付已经完成。而且公司于2002年1月29日已取得建筑工程竣工验收备案表，于3月4日将该表交付原告。违约期限应从2001年1月16日至2002年1月28日计算。

王先生从开发商处领取钥匙能否认为是已经交付房屋、延期交房的起止时间应如何计算是本案争议的焦点。法院经审理后认为，双方在合同中对诉争之房的交付期限、交付方式及违约责任均作出了明确约定。开发商虽然于2001年2月12日交付了房屋钥匙，但此后一段时期内由于开发商的原因致使王先生不能正常使用其购买的房屋；依照有关法律法规规定，房屋交付时买卖双方应办理相应的单证交接手续，而交付房屋钥匙并不等于房屋交付。关于房屋的实际交付日期，双方已明确约定了交付时应具备的条件，故应以被告向原告交付《建筑工程竣工验收备案表》的日期为准。最后，法院判决某房地产公司给付王先生违约金人民币28万余元。

从上述案例不难看出，目前房屋交付的纠纷在我国普遍存在，开发商与购房人的争议焦点也不完全相同。

事实上，房屋交付的纠纷也不是一下子冒出来的。自从我国开始逐步取消福利分房的政策后，房地产市场中开发商与购房人之间的入住纠纷就呈现了抬头的趋势，从2000年的

小打小闹，到2001年的纠纷升级，全国尤其是北京，大批房地产项目，甚至包括媒体评选出的明星楼盘也在业主入住时出现了或多或少的问题，开发商与购房人之间产生了激烈的矛盾，多起入住纠纷事件被炒得沸沸扬扬，有维权被打的、购房人冲击开发商房展会展位的、双方对簿公堂的……诸如此类的报道充斥着各大媒体的房地产版面，甚至有的媒体干脆把2001年称为北京的“入住年”。

入住纠纷留给人们尤其是购房人的印象非常深刻，房地产市场一时间鞭声四起，开发商人人喊打，买房人心有余悸，很多本来有购买需求的消费者不得不“敬而远之”。日趋激烈的入住纠纷成了房地产发展的瓶颈，造成了一定时期内市场销售量的间歇性消退。时至今日，入住，已经不仅仅是开发商与购房人之间的事，而是成为整个房地产业界乃至全社会关注的热点话题。

入住纠纷，责任在谁？客观的说，并不是开发商或消费者单方原因造成的。不可否认，诚信的开发商和理智的消费者还是占了楼市的大多数，也确实有一些比较有经验的开发商在项目入住时各项服务措施比较到位，并没有产生纠纷，或者说有矛盾但很快就解决了。因此，避免和解决入住纠纷也不是开发商或购房人哪一家的事。而要避免和解决入住纠纷，首先就要了解入住产生纠纷的原因。

那么，造成房地产入住纠纷日趋激烈的原因何在呢？

造成房地产入住纠纷日趋激烈的客观原因主要有两个方面：

原因之一在于房地产市场交易规则的不健全。从2000年开始我国房地产行业在高速发展，而现有的行业规范、市场规则已经不适应房地产行业本身的发展，仅有的一些房地产方面的法律法规也因为规定过于笼统而缺乏实际操作性。地

方上的情况也各不相同，上海市等地自行出台了一些地方性规范文件，情况稍好些，而包括北京市在内的很多地方并没有相关的法规来规范入住问题。显然，立法的滞后造成了没有开发商交付商品房的具体标准，也没有确定执行标准的主体是谁，购房人入住时验收的标准是否包含配套设施的完备及公用建筑正常运行等也不明确。

这样，当买卖双方在发生纠纷想通过司法途径解决时，一方面由于法律法规的不健全而没有依据，另一方面由于在签订合同之初开发商处于强势地位，出于自身利益的考虑，不愿意也不可能将完备、详细的补充条款写入合同中，因此也没有双方的协议作为依据，导致法院在处理此类问题时没有审理依据。而我国法院又基本上不直接引用民法公平、公正的原则作为裁判的依据，所以只能由购房人承担对自己不利的后果。通过司法途径很难保护购房人的利益，所以购房人因找不到公力救济解决问题的有效途径，在维权时难免会突破理性的范围，采取非理性的自力救济，与开发商从矛盾到冲突，甚至酿成流血事件。

原因之二在于房地产市场交易主体的变化。自从我国开始逐步取消福利分房的政策后，集团消费逐渐退出商品房交易市场。随着我国国民经济的快速发展，居民经济收入的大幅度增长，一直因为经济原因而压抑的住房需求充分地释放出来，个人消费者成了买房的主力，房地产市场迎来了个人购房的高峰。从消费周期来讲，入住纠纷的加剧是有其特定的时间因素的，如2001年正是个人买房后大规模入住后的第一年，当购房人发现花费了一生积蓄购买的房屋存在这样那样的问题时，其心中的感受是不言而喻的。

在福利分房的年代，都是单位购房后再分给职工，而单位分房又一直是僧多粥少，很多人要排相当长时间的队才能

分到一套住房，房屋的价格又比市场价格低得多，能分到住房的就已经很满意了，一般不会再因为其他的问题过多计较，即使出现问题，也不会直接找开发商交涉，而可能会找单位房管部门来出面处理自己遇到的问题。现在情况不同了，购房人要自己掏腰包而且拿出的可能是一生的积蓄来购买一套住房，每一个购房人都会考虑花出去的钱要物有所值，购房人需求的逐步提高是正常的；尽管房地产发展了、房价上涨了，产品却没有提高，开发商收取了购房人相当于以前房屋价格几倍的购房款，提供的却是远远落后于房屋价格增长的产品，显然也是入住纠纷加剧的一个重要原因。

造成房地产入住纠纷日趋激烈的主观原因也有两个方面：

一方面，由于房地产行业的不规范，有的开发商经验不足、对宣传承诺重视不够、规划设计的更改比较随意，不注重及时与购房人沟通等，导致房屋交付时产生纠纷；而开发商的素质良莠不齐，确实有一些不良开发商恶意欺诈，使购房人大上其当，又使正规的开发商跟着背骂名。

另一方面，有一些购房人在与开发商协商解决分歧时要求太高甚至过分，于是，开发商成了“奸商”，购房人成了“刁民”，本来是平等自愿的交易双方倒成了仇敌，根本无法互相信任、以诚相待，交易也就成了“交锋”，纠纷自然发生。

当然，从上述的分析中可以看出，房屋买卖纠纷不是不可以避免的，随着房地产市场的不断发展，市场规则的逐步完善，纠纷无论是从范围上还是从程度上都将逐渐减少和减弱，但这需要一个过程，从目前来看，房屋买卖纠纷不可避免会出现，甚至在一定时间、范围内还可能会激化。

鉴于目前房屋交付过程中纠纷的产生原因主要在于买卖双方对房屋交付的法律意义、程序及条件尤其是纠纷发生时

如何处理缺乏明确统一的认识，本章着力于对房屋交付中上述内容的介绍，使购房人首先了解自己的权利及义务，了解房屋交付的程序及相关规定，以便更好地维护自己的合法权益。

第二节　维权的法律依据

入住纠纷发生时，购房人如何更好的维护自己的合法权益呢？维权，首先要了解维权的学理基础，掌握维权的法律规定。

一、维权的学理基础

所谓维权的学理基础，主要是指房屋交付的一些相关理论。人们常说的“入住”严格讲应该称为房屋“交付”。究其含义，房屋交付狭义上仅指出卖人（开发商）按照合同约定交付房屋，而广义上是指出卖人（开发商）按照合同约定交付房屋、买受人按照合同约定受领房屋，包含了合同法意义上的交付与受领。

（一）动产与不动产交付的区别

合同标的物的交付是合同履行的重要内容，房屋的交付是商品房买卖合同履行过程中重要的一环，而房屋作为不动产，其交付的意义又有别于动产的交付。动产与不动产是我国法律对物的最重要的分类，划分的依据就是，不动产是指土地以及房屋、林木等地上定着物，动产是指不动产以外的物，就是除了土地以及房屋、林木等地上定着物以外的物。区别动产与不动产在法律上的意义在于所有权的转移不同。动产的交付标志着动产所有权的转移，与所有权的转移相应的标的物的毁损、灭失风险也由此转移；而不动产所有权的转移，在我国应采取书面形式，依登记生效，因此买卖合同中房屋的交付仅意味着不动产的占有、使用、收益权的转移，

相应的，买受人在受领房屋后，可以行使所有权的占有、使用和收益权能，而不动产所有权在依法办理权属登记后才发生转移。不动产所有权相对于占有权转移的滞后性，使不动产的交付更加复杂，因此研究不动产交付具有重要的法律意义。

（二）风险的转移

房屋作为合同标的物的交付与动产的交付也有相同之处，即房屋交付后的毁损、灭失风险由买受人承担。标的物的毁损、灭失风险主要是指标的物因不可归责于任何一方当事人的事由而遭受的各种意外损失，如盗窃、火灾、沉船、碰撞等，而所谓房屋交付后的毁损、灭失风险主要是指火灾、地震、战争等意外情况。按照《合同法》第一百四十二条规定："标的物毁损、灭失的风险，在标的物交付之前由出卖人承担，交付之后由买受人承担，但法律另有规定或者当事人另有约定的除外"。

2003年6月1日起施行的最高院司法解释第十一条进一步明确了《合同法》的上述规定："对房屋的转移占有，视为房屋的交付使用，但当事人另有约定的除外。房屋毁损、灭失的风险，在交付使用前由出卖人承担，交付使用后由买受人承担；买受人接到出卖人的书面交房通知，无正当理由拒绝接收的，房屋毁损、灭失的风险自书面交房通知确定的交付使用之日起由买受人承担，但法律另有规定或者当事人另有约定的除外。"

从上述司法解释的规定可以看出，此条规定实际是对《合同法》第一百四十二条规定的进一步明确，针对房屋作为不动产交付的特殊性，确认"入住"（房屋的转移占有）就是房屋的交付，并以此作为风险转移的标志，即不以房屋所有权的移转作为交房和风险转移的成立条件，从而解决了长

期以来在理论和实践上一直存在争议的关于商品房的交付和风险转移的标志问题，使不动产（房屋）风险转移的时间大大提前。值得注意的是，在实践中一般都把“交钥匙” 等同于房屋的转移占有，因此作为购房人一定要切记，在确认开发商交付的房屋符合法律规定和合同约定前，不要接受开发商交付的房屋钥匙，以免产生对自己不利的后果。

（三）两点重要提示

需要指出的是，房屋的交付除了法律上的意义以外，对购房人还有两点重要的意义，那就是：

（1）与房屋有关的费用（如物业管理费）自房屋交付之日开始计算。房屋交付后，物业管理企业就开始为买受人提供与房屋有关的服务，买受人在受领房屋后，可以行使所有权的收益、使用权能，因此也应承担相关费用，而不论买受人是否实际居住、使用该房屋。

（2）房屋的保修期自房屋交付之日开始计算。房屋交付后，开发商即开始按照商品房质量保证书的承诺提供保修服务，承担保修责任。

正因为房屋的交付具有上述重要的意义，有必要对房屋交付的有关规定和注意事项作进一步的介绍。

二、维权的法律规定

（一）合同法上关于履行的规定

房屋的交付就是商品房买卖合同的履行，关于买卖合同的履行，《合同法》有如下规定：

（1）第六十条　当事人应当按照约定全面履行自己的义务。当事人应当遵循诚实信用原则，根据合同的性质、目的和交易习惯履行通知、协助、保密等义务。

这一条是关于履行的原则规定，商品房买卖合同与一般

买卖合同一样，都是双务合同，开发商和购房人作为合同当事人都要按照合同约定全面履行自己的义务，任何一方当事人不履行或者不完全履行自己的义务都要承担相应的责任。

（2）第一百四十八条　因标的物质量不符合质量要求，致使不能实现合同目的的，买受人可以拒绝接受标的物或者解除合同。买受人拒绝接受标的物或者解除合同的，标的物毁损、灭失的风险由出卖人承担。

出卖人交付的标的物不符合合同约定、买受人拒绝受领的，标的物的交付并没有完成，标的物毁损、灭失的风险也不发生转移，仍由出卖人承担。而出卖人交付的标的物不完全符合合同约定，但可以实现合同目的的，买受人同意受领的，标的物的交付完成，标的物毁损、灭失的风险转移由买受人承担。对于这种情况，《合同法》第一百四十九条规定："标的物毁损、灭失的风险由买受人承担的，不影响因出卖人履行债务不符合约定，买受人要求其承担违约责任的权利。"

（二）关于交付条件的法律规定

由于房屋这种商品的特殊性，我国法律对于商品房的交付也相应的规定了一些必备条件，主要有以下内容：

1. 验收

验收是开发商交付房屋的法定条件，从法律、法规到部门规章都有对房屋验收的规定。如：

《城市房地产管理法》第二十六条第二款规定："房地产开发项目竣工，经验收合格后，方可交付使用"。

《城市房地产开发经营管理条例》进一步明确规定未经验收或者验收不合格的，不得交付使用；并对验收的程序、主体作了规定。其第十七条规定："房地产开发项目竣工，经

验收合格后，方可交付使用；未经验收或者验收不合格的，不得交付使用。房地产开发项目竣工后，房地产开发企业应当向项目所在地的县级以上地方人民政府房地产开发主管部门提出竣工验收申请。房地产开发主管部门应当自收到竣工验收申请之日起30日内，对涉及公共安全的内容，组织工程质量监督、规划、消防、人防等有关部门或者单位进行验收。”

其第十八条则规定了验收的内容：“住宅小区等群体房地产开发项目竣工，应当依照本条例第十七条的规定和下列要求进行综合验收：（一）城市规划设计条件的落实情况；（二）城市规划要求配套的基础设施和公共设施的建设情况；（三）单项工程的工程质量验收情况；（四）拆迁安置方案的落实情况；（五）物业管理的落实情况。”

而建设部颁布的《城市房地产开发管理暂行办法》中也对房屋验收的标准和内容做了进一步规定，其第十五条规定：“房地产开发项目的建设，必须符合国家有关设计、施工的技术标准、规范，并按质量验收标准验收。”

第十六条规定：“房地产开发项目竣工后，应当进行综合验收。房地产开发企业应当向主管部门提出综合验收申请，主管部门应当在收到申请后一个月内组织有关部门进行综合验收。综合验收不合格的，不准交付使用。综合验收应当包括以下内容：（一）规划要求是否落实；（二）配套建设的基础设施和公共服务设施是否建设完毕；（三）单项工程质量验收手续是否完备；（四）拆迁补偿安置方案是否落实；（五）物业管理是否落实；（六）其他。”

以上可以看出，验收是开发商交付房屋的法定条件，我国法律法规对房屋的验收主体、程序、标准、内容都有明确的规定，因此，开发商在交付房屋时必须按照上述规定对房

屋进行验收。

2.《住宅质量保证书》和《住宅使用说明书》

有关《住宅质量保证书》和《住宅使用说明书》(通常称为“两书”)的规定主要是体现在国家建设部颁布的《商品住宅实行住宅质量保证书和住宅使用说明书制度的规定》中，其第三条规定：“房地产开发企业在向用户交付销售的新建商品住宅时，必须提供《住宅质量保证书》和《住宅使用说明书》。《住宅质量保证书》可以作为商品房购销合同的补充约定。”从这条规定可以看出，在房屋交付时提供《住宅质量保证书》和《住宅使用说明书》也是开发商必须遵守的条件，而且《住宅质量保证书》还具备商品房购销合同的补充约定的效力。

3. 实施测绘

建设部颁布的《商品房销售管理办法》第三十四条对开发商应对房屋实施测绘作了规定：“房地产开发企业应当在商品房交付使用前按项目委托具有房产测绘资格的单位实施测绘，测绘成果报房地产行政主管部门审核后用于房屋权属登记。”

上述规定是国家法律法规及部门规章中明确的开发商交付商品房要具备的条件，适用于全国范围，而各地在实际适用上述规定时一般会结合本地的情况作进一步的规定。例如，以北京市为例，按照2003年颁布的《北京市城市房地产转让管理办法》第五十条的规定：“北京的房地产开发企业交付预售商品房，应当符合下列条件：(一)取得建筑工程竣工验收备案表；(二)取得商品房面积实测技术报告书；(三)预售合同约定的其他交付条件。”也就是说，北京的开发商向购房者交付房屋时，除了符合国家的有关规定外，还必须取得《建筑工程竣工验收备案表》和《商品房面积实测

技术报告书》两份文件。

而《上海市新建住宅配套建设与交付使用管理办法》第三条（基本原则和要求）第二款规定："新建住宅经审核合格取得《住宅交付使用许可证》后，方可交付使用。"按照这一规定，上海的开发商在交付房屋时还需要取得《住宅交付使用许可证》。

第三节　维权焦点

一、交付的条件

房屋交付时是购房人与开发商的各种矛盾最集中体现的时候，如果解决得不好可能会导致矛盾激化，在这种情况下，购房人应如何更好地维护自己的权益，顺利地解决这些矛盾呢？

充分了解交付阶段双方各自的权利义务是维权的基础。

（一）开发商交付房屋应具备的条件

开发商交付房屋应具备的条件，又分为法律法规规定的交付条件和合同双方约定的交付条件。本书所说的开发商交付房屋应具备的条件包括上述两个方面，即：开发商在房屋交付时应按照约定发出交付通知，出具必备的文件、能源及配套设施齐备等内容。

1．开发商应及时按照合同约定发出交付通知（一般为书面形式）

商品房买卖合同通常约定开发商应在某年某月某日前交付房屋，并在交付前通知买受人，因此开发商在交房前一般会向买受人发出书面的入住通知书，并安排一定的期限请买受人前来办理入住手续（交付），书面通知书的发送方式一般按照合同约定，合同没有约定的，一般采用挂号或者特快专递方式。这里要注意一个问题，买受人一定要在商品房买卖合同上注明自己准确的联系方式和通讯地址，地址变更后一定要正式地书面通知出卖人，以免出卖人按照旧的通讯地

址发出入住通知书后无法送达，这种情况下，责任是要由买受人自己承担的。

2．开发商交付房屋时应出具的几个重要文件

开发商交付房屋时应出具哪些文件取决于法律规定和合同约定，在国家统一规定的前提下，各地方又结合本地方实际情况有一些进一步的规定，考虑到北京的房地产市场在国内有一定的代表性，下面就以北京为例作一简要介绍。

开发商在交付房屋时应出示以下文件：《北京市建设工程竣工验收备案表》，《房屋土地测绘技术报告书》（实测面积数据），《室内环境检测报告》，《住宅质量保证书》与《住宅使用说明书》。

（1）《北京市建设工程竣工验收备案表》

1）相关规定

根据国家建设部颁布的《房屋建筑工程和市政基础设施工程竣工验收备案管理暂行办法》规定："建设单位应当自工程竣工验收合格之日起15日内，依照本办法规定，向工程所在地的县级以上地方人民政府建设行政主管部门（以下简称备案机关）备案。"

2）《北京市建设工程竣工验收备案表》的形成

《北京市建设工程竣工验收备案表》是由北京市建设工程质量监督总站定制的统一格式，由建设单位（开发商）、勘察单位、设计单位、施工单位、监理单位和监督部门（一般为北京市建设工程质量监督总站）等六家单位在工程完工具备验收条件后联合进行工程竣工验收。验收合格的，由建设单位（开发商）、勘察单位、设计单位、施工单位、监理单位分别出具同意竣工验收的意见（因此也称为四方联合验收），开发商报送北京市建设委员会备案，北京市建设委员会在收齐文件审阅合格后加盖北京市建设委员会工程竣工验

收备案专用章。

3）《北京市建设工程竣工验收备案表》的性质

由于《北京市建设工程竣工验收备案表》是建设单位（开发商）、勘察单位、设计单位、施工单位、监理单位在监督部门的监督下进行竣工验收、并经北京市建设委员会审阅合格后给予备案的，因此，可以视为房屋的产品合格证。《竣工验收备案表》对开发商有着严格的约束作用，只要将项目送交主管部门备案后，开发商就必须对楼盘负责。

4）审阅《北京市建设工程竣工验收备案表》的要点

开发商在交付房屋时应出示《北京市建设工程竣工验收备案表》。如何审阅呢？首先，要验看该表的原件并索取复印件，由于该备案表一般仅有一份，因此不可能每位买受人都获得原件，只需将复印件与原件核对无误即可；其次，要检查该备案表的签署单位是否都已签章确认，尤其要查看是否已经加盖北京市建设委员会工程竣工验收备案专用章；第三，按照有关规定，竣工验收备案表上的每一项都必须报主管部门备案，不能缺少任何一项，因此验房时不能只看开发商有没有这张备案表，同时一定要仔细察看各个分项是不是均已备案，例如消防设施、二次供水设施的卫生许可证等。

（2）《房屋土地测绘技术报告书》

在交付阶段很重要的一个问题是面积结算，为何会有这个问题呢？主要是因为目前很多商品房采用的是预售形式，买卖双方在签订买卖合同时房屋尚未实际建成，合同中载明的房屋面积仅是测绘单位根据房屋的设计图纸预测的结果，房屋建成后，实际面积与预测面积有一些误差也是正常的，这也是买卖双方在合同中约定面积误差范围的原因。

根据《关于重新印发〈北京市商品房销售面积计算及公用建筑面积分摊暂行规定〉的通知》（北京市国土资源与房

屋管理局京国土房管权字[2000]第369号）规定："房地产开发企业在申办商品房预售许可证时，应按本规定提交预售商品房面积测量报告和分摊公用建筑部位的书面材料，商品房预售面积的测量，由本市具有测绘资质的测绘单位承担。"由于实测面积数据涉及到房款结算，是合同双方都很关注的环节，开发商必须在房屋交付时向买受人提交房屋的实测面积数据。

1）《房屋土地测绘技术报告书》的形成

在开发商建设的商品房竣工验收合格后，开发商应委托具备测绘资质的测绘所（队）对房屋进行面积测绘，出具《房屋土地测绘技术报告书》。

2）《房屋土地测绘技术报告书》的主要内容

一般来说，该报告书应包括测绘单位的作业声明、作业说明、房屋建筑面积总表等内容并附有共有共用建筑面积分摊说明。

3）审阅《房屋土地测绘技术报告书》的要点

首先要看测绘单位是否具备测绘资质，出具的测绘报告是否有保留意见，共有共用建筑面积分摊说明是否与商品房买卖合同的约定一致，如果有变更是否已经按照合同约定通知买受人；相同户型的房屋面积是否一致，如果不一致是否有合理的原因。

（3）《室内环境检测报告》

室内环境检测的目的主要是确定房屋内空气中有害气体是否超标，有害气体超标的原因在于建筑材料不符合国家规定的环保标准，例如氨气超标就是因为北方地区冬季施工浇筑混凝土时需要添加外加剂所造成的，最早使用的外加剂普遍含有尿素，后来淘汰了，但也有一些施工单位出于经济利益的考虑，违反国家规定继续使用，造成氨气超标。至于甲

醛、苯的超标，一般是因为在装修时使用了不符合环保标准的材料所导致的。近几年，室内空气中有害气体超标问题屡见不鲜，成为买受人与开发商之间的一个尖锐矛盾。正是基于上述原因，国家和各地陆续颁布了一些规定，旨在控制和解决室内环境的一些问题。

建设部制定颁布的《关于加强建筑工程室内环境质量管理的若干意见》规定：建筑工程竣工时，建设单位要按照《民用建筑工程室内环境污染控制规范》要求对室内环境质量检查验收，委托经考核认可的检测机构对建筑工程室内氡、甲醛、苯、氨、总挥发性有机化合物（TVOC）的含量指标进行检测。建筑工程室内有害物质含量指标不符合规范规定的，不得投入使用。北京市建设委员会《关于贯彻建设部〈关于加强建筑工程室内环境质量管理的若干意见〉的通知》（京建质[2002] 197号）规定2002年1月1日以后开工的新建、改建和扩建工程，工程完工后建设单位应组织工程室内环境质量验收，验收合格后再投入使用。2002年7月1日以后开工的所有民用建筑工程完工后，建设单位必须组织对室内环境进行验收，并委托经市建委等有关部门考核认可的检测机构对建筑工程室内环境进行检测，依据规范检测不合格的，不得竣工验收，应及时查找原因并采取措施进行处理，并依据有关规定进行再次检测，直至符合要求后方可进行竣工验收和办理竣工验收备案手续。

1）《室内环境检测报告》的形成

按照建设部和北京市建委的有关规定，商品房建设完成后必须进行室内环境检测，检测合格的才可以办理竣工验收备案。因此，开发商在商品房竣工后必须委托具备相关资质的检测单位按照上述规定对房屋室内环境进行检测。

2）《室内环境检测报告》的内容

按照国家标准《民用建筑工程室内环境污染控制规范》的规定一般应检测空气中甲醛、苯、氨、氡的含量；其中，各项指标分别为：

氡（Bq/m^3）≤200　　游离甲醛（mg/m^3）≤0.08

苯（mg/m^3）≤0.09　　氨（mg/m^3）≤0.2

TVOC（mg/m^3）≤0.5

3）审阅《室内环境检测报告》的要点

要查看：检测单位是否具备检测资质，出具的检测报告是否有保留意见，检测方法是否符合有关规定。

（4）《住宅质量保证书》与《住宅使用说明书》

根据我国建设部颁布的《商品住宅实行住宅质量保证书和住宅使用说明书制度的规定》，房地产开发企业在向用户交付销售的新建商品住宅时，必须提供《住宅质量保证书》和《住宅使用说明书》。《住宅质量保证书》和《住宅使用说明书》应在住宅交付用户的同时提供给用户。

《住宅质量保证书》可以作为商品房购销合同的补充约定。《住宅质量保证书》是房地产开发企业对销售的商品住宅承担质量保证责任的法律文件，房地产开发企业应当按《住宅质量保证书》的约定，承担保修责任。商品住宅售出后，委托物业管理公司等单位维修的，应在《住宅质量保证书》中明示所委托的单位。住宅保修期从开发企业将竣工验收的住宅交付用户使用之日起计算。

1）《住宅质量保证书》应当包括以下内容：

（A）工程质量监督部门核验的质量等级；

（B）地基基础和主体结构在合理使用寿命年限内承担保修；

（C）正常使用情况下各部位、部件保修内容与保修期；

（D）用户报修的单位，答复和处理的时限。

根据《建设工程质量管理条例》第四十条规定："在正常使用条件下，建设工程最低保修期限为：（一）基础设施工程、房屋建筑的地基基础工程和主体结构工程，为设计文件规定的该工程的合理使用年限；（二）屋面防水工程、有防水要求的卫生间、房间和外墙面的防渗漏，为5年；（三）供热与供冷系统，为2个采暖期、供冷期；（四）电气管线、给排水管道、设备安装和装修工程，为2年"。在保修期内发生的属于保修范围的质量问题，开发商应当履行保修义务，并对造成的损失承担赔偿责任。

《住宅使用说明书》应当对住宅的结构、性能和各部位（部件）的类型、性能、标准等作出说明，并提出使用注意事项。开发商在《住宅使用说明书》中对住户合理使用住宅应有提示，因用户使用不当或擅自改动结构、设备位置和不当装修等造成的质量问题，开发商不承担保修责任；因住户使用不当或擅自改动结构，造成房屋质量受损或其他用户损失的，由责任人承担相应责任。

2）《住宅使用说明书》一般应当包含以下内容：

（A）开发单位、设计单位、施工单位，委托监理的应注明监理单位；

（B）结构类型；

（C）装修、装饰注意事项；

（D）上水、下水、电、燃气、热力、通讯、消防等设施配置的说明；

（E）有关设备、设施安装预留位置的说明和安装注意事项；

（F）门、窗类型，使用注意事项；

（G）配电负荷；

（H）承重墙、保温墙、防水层、阳台等部位注意事项的说明；

（I）其他需说明的问题。

住宅中配置的设备、设施，生产厂家另有使用说明书的，应附于《住宅使用说明书》中。

3．开发商交付房屋时水、电、供暖、天然气等配套必备条件

（1）在房屋交付的时候，水电必须同时开通　在实际中，由于有的房地产项目较大或者所在区域市政设施相对薄弱，存在着交付时提供临时电的情况，但临时电如不影响买受人使用，并可在交付后的一定期限内接通正式电的，也可以认为具备通电条件。但如果临时电与正式电有价格差异，差价部分应由开发商承担。

（2）水泵要有卫生许可证　对于高层建筑，因使用高压水泵，可能存在水的二次污染，因此要有卫生检疫部门的《卫生许可证》。

（3）供暖要调试打压试水　供暖系统在交付前应经过系统调试打压试水具备供暖条件。

（4）天然气　天然气一般约定在入住率达到70%时通气，但在此前开发商应提供替代条件以供买受人使用，通气前要进行挂压验收。

（5）有线电视、网络　鉴于住宅智能化程度的提高，一般都约定预留电话、有线电视接口，还有楼宇对讲系统、可视系统，只要求具备接驳条件，消费者需自行报装开通。

（6）车位　小区是否具备一定数量的停车位也是买受人关注的重要问题，随着轿车进入家庭，没有停车位必然带来很多不便，因此需要按照相关规定配备一定数量的停车位，以供买受人租赁或购买。

（二）买受人受领房屋应具备的条件

所谓买受人受领房屋应具备的条件，实际上就是指买受

人在受领房屋时应履行的义务。买受人在交付阶段也要履行必要的义务，因此充分了解并履行自己应履行的义务是维护自身合法权益的前提和基础。

1. 付清房款

按照买卖合同约定，在受领房屋前买受人首先应按照合同约定付清全部房款，也就是出卖人已经收到买受人支付的全部购房款项，而不论买受人是以自有资金一次性支付的还是采取银行按揭贷款的方式支付购房款，除非买卖合同另有约定或另有其他情况，否则开发商有权在收到买受人支付的全部购房款项前拒绝交付房屋，而不论按照合同约定该房屋是否已届交付期，且开发商不需因此承担延期交房的违约责任。

所谓买卖合同另有约定，是指实践中存在买卖双方约定分期付款的情况——付款期一直延续到房屋交付后一段时间，此时，开发商不能以买受人交付期限后的购房款未付清而拒绝交房。当然，如果买受人按照合同约定应在交房前支付的购房款未按时支付的，开发商依然有权拒绝交付房屋。

而所谓另有其他情况，是指在合同履行过程中出现的其他情况，需要确认原因，分清责任，例如买受人在采取银行按揭贷款的方式支付购房款时可能遇到因开发商未能及时办理买卖合同预售登记手续，致使买受人在贷款银行办理不了贷款手续，从而导致银行未能及时发放贷款的，责任应由开发商承担，开发商无权拒绝交付房屋；如果是买受人自身原因导致按揭贷款发放迟缓的，责任应由买受人承担；如果是贷款银行的原因导致按揭贷款发放迟缓的，责任首先应由买受人承担，当然，买受人有权按照借款合同的约定要求贷款银行承担责任。

2. 据实结算

开发商交付房屋时应出具《房屋土地测绘技术报告书》，提供买受人所购买的房屋的实测面积，按照买卖合同的约定办理房屋面积结算手续。

3. 签署面积结算协议

通常情况下开发商会要求买受人与其签订一份房屋结算协议，该结算协议是在房地产行政主管机关办理产权过户手续所必需的，同时也是买卖合同双方对买卖合同的标的物确认的补充协议，因此在受领房屋时签订结算协议是必要的也是合理的。

（三）办理房屋交付手续可能涉及的几笔费用

1. 契税

2. 公共维修基金

以上两项内容将在本书第六章“产权”中详细论述。

3. 物业管理费

物业管理费的收取，从开发商按照约定的条件和时间交付房屋之日起算。我们日常所说的物业管理费主要是为共用部位及公共区域服务的收费，保安、清洁、绿化、共用部位和共用设施的维修等，都是为整个社区服务的，只要开发商按照约定的条件和时间交付了房屋，购房人即使无理拒绝收房，也要承担物业管理费。

在北京市，按照有关规定，物业管理公司不得要求业主一次预交一年以上的物业管理费，因此，普通小区预交一年以下的物业费并不违规；物业管理费保证金一般发生在高档住宅，高档住宅则通常一个月或三个月一交，因高档住宅的业主经常不在国内或当地，故采用三个月保证金的方式。要强调的是，物业管理保证金也好、水电保证金也好，如何运作应该看购房时所签的《住宅使用管理维修公约》中如何约

定；如无约定，收取前应征得业主的同意。

4. 装修押金等费用

关于有些小区在业主入住时收取装修押金、管理费和装修工人制证费的问题，争议一直很大。目前，国家和北京市对此均没有明确规定，而装修过程中存在较大安全隐患，确实有些业主在装修时违反有关规定私自拆改承重墙、堵塞下水管道、施工扰民、装修人员随意进出造成治安混乱等问题，会对小区公共利益造成损害。因此，物业管理公司在此过程中确实要投入人力物力进行管理和约束，所以收取一些费用也并非不合理。所谓装修押金一般是指业主在装修时向物业公司交纳的押金，装修结束后没有违反有关规定的，物业公司如数退回；管理费是指物业公司对装修活动进行监督管理而发生的费用；装修工人制证费就是物业公司为装修工人办理出入小区手续等产生的费用。

以上收费虽然存在一定合理性，但许多小区动辄几千元的管理费或以各种名义扣押金的情况却是不妥的。费用的收取要与提供的服务相对应，一般一套房子的管理费以一二百元左右为宜；装修押金一般也不应过高，装修结束后如果并没有违反有关规定，则应全部退还，不应随意扣留。当然，我国各地规定可能不同，需要根据实际情况处理。例如，《北京市居住小区物业收费暂行办法》规定装修垃圾清理费为20元／自然间，如果物业管理单位非要收几百元，就违反了上述规定，业主有权选择不用其清理，也可以只按照规定标准交纳。

5. 取暖费

在北方地区，房屋的取暖费是每年都要发生的一笔费用，在开发商交付房屋的时候，物业管理公司经常要求买受人交付房屋的取暖费。按时交纳房屋取暖费是房屋所有人

（或使用人）的义务，但买受人并没有在受领房屋时必须交纳房屋取暖费的义务，因此开发商无权以此拒绝交付房屋，否则应承担延期交房的违约责任。开发商之所以要求买受人在受领房屋时向物业管理公司交纳取暖费，其初衷不外乎趁买受人入住时方便统一收取，免了物业管理公司以后逐户收取的麻烦。如果受领房屋时已届取暖期的，买受人不妨就将房屋取暖费一并交纳，也免去以后的麻烦，而不必与开发商就此纠缠。

6. 煤气开通费

北京市现行的物业管理规定，物业管理公司没有收取煤气开通费这一服务内容。物业管理公司都会说煤气开通费是替负责该小区煤气供应的煤气公司收的。从实际情况来讲，收不收煤气开通费取决于小区开发商与购房人之间是否有协议，比如在售房时，开发商并未承诺煤气管道入户，在交房时收取煤气开通费就有了基础。

一般来讲，煤气开通费由开发商交给煤气公司，这笔费用无形之中已纳入了总房价款，属于开发商在商品房建设中所需支出的成本费用。如果开发商在售房时承诺：管道煤气入户，就意味着这笔费用已经包含在房价款中了，不应再向购房人收取。如果再收取煤气开通费，就是乱收费，没有法律和合同依据，购房人当然有权拒绝交纳，开发商也无权以此拒绝交房，否则就是延期交房，应承担违约责任。

7. 大、中修费

有的房地产项目在入住时不仅要求买受人缴纳公共维修基金，还要买受人缴纳大、中修费，这个要求是没有法律依据的。

按照《关于归集住宅共用部位共用设施设备维修基金的通知》(京房地物字［1999］第1088号)和《关于非异产毗连结

构商品住宅共用设施设备维修基金收取标准有关事项的通知》(京国土房管物字［2000］第69号)的规定商品房或经济适用房的产权人只需缴纳公共维修基金，产权人在按上述文件规定缴纳公共维修基金后，物业管理企业不得再向产权人收取《北京市普通居住小区物业管理服务收费暂行办法》(京价房字［1997］第196号)规定的大修费和房屋公共部分中修费。如果产权人委托物业管理企业对房屋自用部位管理的，物业管理企业可以继续收取196号文件规定的自用部位中修费。开发商和物业管理企业都无权要求买受人支付额外的大、中修费，更无权以此拒绝交付房屋。

二、交付的程序

作为不动产，房屋的交付尤其是商品房初次交付使用有比较复杂的交付程序，买受人要想顺利受领房屋，妥善解决房屋交付中的纠纷首先就要对收楼程序有一个清楚的认识。

尽管由于地域不同等原因，各个房地产项目之间都会有一些差别，但在实际办理入住过程中入住流程一般包括如下的程序：

（1）开发商按照合同约定向购房者寄发《入住通知书》或通知购房者到约定地点领取该通知书，购房者按约定的时间持《入住通知书》到现场售楼部或物业管理处联系收楼事宜。

（2）前往收楼现场检查开发商是否具备应出具的各类文件。已付清全部房款的购房人可直接携带入住资料及入住费用办理入住手续，而一些未付清全款的购房人须向开发商交清余款后方可办理入住手续。

（3）检查入住的房屋是否是自己所购买的房屋，如与购房合同附件及补充协议不符，入住前应先向开发商提出，重新核对房号，如有错误应更换。

（4）核实面积误差，对开发商提供实测数据中的产权登记面积、套内建筑面积、分摊部位面积逐项进行核对，如有疑问应及时提出，要求开发商给予合理解释。

（5）由买受人与开发商、物业管理人员共同对房屋进行验收，如发现存在问题，应在验房单上注明。对于主体结构问题应在入住时向开发商提出，情况严重的应要求开发商处理完毕后再入住；如发现有非结构性问题的，应和开发商共同做好记录，要求开发商承诺维修期限。

（6）按照购房合同及补充协议的约定对房屋内应配备的设施设备进行验收清点，逐项检验水、电、暖、气等设备的完好程度和使用状况，如果有破损和短缺的，应在验房单上注明并要求开发商确认具体更换设备的时间。

（7）验收合格的，买受人应在验房单上签字认可；验收不合格的，应将不合格的项目在验房单上注明，暂不办理入住手续，与开发商协商确定再次收楼的时间。

（8）与开发商签订关于面积的结算协议，确认房屋面积和总价，多退少补。

（9）领取《住宅质量保证书》和《住宅使用说明书》，签订《物业管理委托协议》，交纳相关费用。

（10）领取房屋钥匙和相关的管理规定。

三、延期交房的法律责任

开发商延期交房是指开发商没有按照合同约定按时交付房屋或交付的房屋不符合交付条件。造成开发商延期交房的原因有很多种，但基本上可以归为两大类，一类是房屋的建设工期延误，也就是房屋尚未完工，根本无法交付使用。在这种情况下，开发商要按照合同承担延期交付的违约责任（不可抗力除外）。一般来讲，开发商对此有充分的认识，在

工期安排上事先预留一段时间，以避免出现这种情况。但是，由于特殊原因导致开发商延期交房的，例如，“SARS”对开发商带来的影响应如何界定，还有争议。另一类就是开发商交付的房屋应出具的文件不符合合同约定。前面对开发商交付房屋应出具的文件进行了较详细的介绍，开发商在交付房屋时，无法提供这些文件的，也属于延期交房，也应按照合同承担违约责任。

开发商延期交房应承担的违约责任也分为两种形式：支付违约金、赔偿损失和退房。

对于第一种，开发商延期交房但并未达到合同约定的退房条件，或者开发商延期交房超过合同约定的期限而买受人不选择退房的，则向买受人支付合同约定数额的延期交房的违约金。比较常见的问题是买受人由于开发商延期交房带来的损失往往超过开发商支付的违约金，商品房买卖合同约定的延期交房的违约金过低，无法弥补给买受人带来的损失，这也是产生纠纷的一个原因。

根据最高院司法解释第十六条：“当事人以约定的违约金过高为由请求减少的，应当以违约金超过造成的损失30%为标准适当减少；当事人以约定的违约金低于造成的损失为由请求增加的，应当以违约造成的损失确定违约金数额”和第十七条：“商品房买卖合同没有约定违约金数额或者损失赔偿额计算方法，违约金数额或者损失赔偿额可以参照以下标准确定：逾期交付使用房屋的，按照逾期交付使用房屋期间有关主管部门公布或者有资格的房地产评估机构评定的同地段同类房屋租金标准确定。”这是违约金过高或过低的处理原则，以及没有约定违约金数额或者赔偿额的处理原则，从而有效地保障了买受人的利益。

对于第二种，开发商延期交房超过合同约定的期限，买

受人选择退房。这时，如果合同约定的违约金过低，例如合同约定买受人解除合同的开发商赔偿总房款3%的违约金，而买受人支付的贷款利息就高达5%，这种情况下买受人仍可根据司法解释的有关规定获得保障。

需要注意的是，最高院司法解释第十五条规定："根据《合同法》第九十四条的规定，出卖人迟延交付房屋或者买受人迟延支付购房款，经催告后在三个月的合理期限内仍未履行，当事人一方请求解除合同的，应予支持，但当事人另有约定的除外。法律没有规定或者当事人没有约定，经对方当事人催告后，解除权行使的合理期限为三个月。对方当事人没有催告的，解除权应当在解除权发生之日起一年内行使；逾期不行使的，解除权消灭"。

司法解释的这一规定实际上对买卖双方解除合同的权利的行使作出了限制性规定，有利于避免房屋长期处于权利不确定的状态，当买受人遇到开发商延期交房超过合同约定的期限的，一定要尽快在规定的期限内作出谨慎的选择。

四、延期收房的法律责任

开发商延期交付房屋要承担违约责任，支付违约金，购房人如果延期收房应承担怎样的责任呢？

《合同法》第一百四十三条规定："因买受人的原因致使标的物不能按照约定的期限交付的，买受人应当自违反约定之日起承担标的物毁损、灭失的风险"，司法解释进一步明确了《合同法》的上述规定，其第十一条规定："买受人接到出卖人的书面交房通知，无正当理由拒绝接收的，房屋毁损、灭失的风险自书面交房通知确定的交付使用之日起由买受人承担，但法律另有规定或者当事人另有约定的除外。"

从法律上讲，购房人无正当理由拒绝收房属于迟延受

领，导致合同无法按照约定时间履行，应承担相应责任，除了承担房屋毁损、灭失的风险以外，还要承担延期收房期间的房屋物业管理费等各项费用，如果因为购房人无正当理由拒绝收房给开发商造成损失或产生了额外费用，还应该予以补偿。

此外，如果开发商与买受人在商品房买卖合同中约定了购房人迟延受领违约金的，购房人就应该按约定支付迟延受领违约金。

五、房屋质量问题

（一）主体结构问题

主体结构指的是承重墙、梁、柱等，如果发生地基基础的沉降超过允许变形值，钢筋混凝土构件产生变形、裂缝，砖石结构没有足够的强度和刚度等质量问题，并经工程质量检测机构重新核验，确属主体结构质量不合格的，购房人有权退房。前文说过，开发商在交付房屋时应出示《竣工验收

合格备案表》，但并不是只要出示了该文件房屋就没有任何问题了。从现在的施工技术和建筑市场的现状来看，房屋出现大的质量问题的可能性并不大，如果在验房过程中发现，房屋存在承重墙体开裂、地基下沉等情况，买受人有权对房屋的工程质量提出质疑，并可以通过摄像、录像直至采用公证的方式现场取证，要求开发商负责组织和聘请权威部门对该房屋的上述问题鉴定并出具结论性意见。如果经过进一步鉴定认为不存在主体结构质量问题的，买受人可以受领该房屋，办理入住手续；如果经过鉴定认为房屋存在主体结构质量问题的，开发商应承担全部违约责任，买受人有权退房。根据最高院司法解释第十二条的规定："因房屋主体结构质量不合格不能交付使用，或者房屋交付使用后，房屋主体结构质量经核验确属不合格，买受人请求解除合同和赔偿损失的，应予支持。"该解释第十三条第一款规定："因房屋质量问题严重影响正常居住使用，买受人请求解除合同和赔偿损失的，应予支持"。主体结构质量问题比较严重的，退房不失为一种稳妥的选择，而如果主体结构质量问题比较轻微且开发商已经作出必要整改和保证措施的，买受人也可以选择收房。

（二）装修质量问题

目前，随着商品房逐渐由毛坯房向精装修现房过渡，有关精装修房屋的质量纠纷也日渐增多。以前，楼市许多楼盘交房标准为毛坯房，毛坯房在交付时，验收标准和项目都比较简单，只要主体结构没有质量问题，一般不会引发纠纷事件。而精装修现房则不同，由于受现有施工水平和技术的限制，精装修房在交付时，难免会出现一些小的问题，如墙面有裂纹，地板走路有明显响动，踢脚板曲翘等。买受人在验收中一旦发现了这些问题，应该详细地记录下来，并及时与

开发商协商确定责任承担与维修时限。按照最高院司法解释第十三条第二款规定："交付使用的房屋存在质量问题，在保修期内，出卖人应当承担修复责任；出卖人拒绝修复或者在合理期限内拖延修复的，买受人可以自行或者委托他人修复。修复费用及修复期间造成的其他损失由出卖人承担"。

房屋精装修部分项目的瑕疵是否构成开发商延期交房是一个存在争议的问题，现行的法律法规都未能对此作出规定，而合同也没有明确的约定（一般开发商也不愿意对此作出约定），一旦房屋的装修出现问题，双方就容易产生争议甚至纠纷。客观地讲，精装修房出现的细微的损坏之处，开发商是有一定责任的，也与现有施工水平和技术的限制以及建设单位的成品保护有一定关系，但如果就此要求开发商承担延期交房的违约责任确实也过于苛刻，同时也会因为缺乏法律和合同约定而很难获得有力的支持。因此，在房屋的装修出现问题时不宜强求开发商承担延期交房的责任，但应要求开发商一定要尽快整改保修。对于房屋装修问题整改影响买受人使用房屋的，买受人有权要求开发商给予适当补偿。而整改不影响使用房屋的，买受人可以要求开发商承诺在合理期限内整改完毕。

（三）室内空气问题

在国家规定颁布以前，就存在开发商交付的房屋室内空气中有害气体超标的问题，买受人与开发商的纠纷也由此产生，但由于当时没有相关的规定，即使通过法律途径也无法有效地维护买受人的权益。按照现行的规定（参见本章第三节），开发商应在办理房屋竣工验收备案手续前委托具有资质的单位对房屋进行检测，检测合格的才给予办理竣工验收备案手续。实际上由于开发商建设的商品房规模都不小，一般都在300套以上，逐个对房屋进行室内环境检测是不现实

的，开发商一般采用抽检的方式来检测，难免会有房屋室内环境不合格但没有被检测出来的，房屋室内环境不合格的情况仍然可能存在。产生这一问题的原因主要在于：

（1）施工带来的影响　如冬季施工使用混凝土添加剂导致室内氨气超标，危害人体健康，原因在于施工不规范，使用不合格的建筑材料；

（2）装修导致的结果　如甲醛、苯超标，主要是装修使用的材料不合格，如大芯板甲醛含量超标等。

一旦出现房屋室内环境不合格如何处理，开发商应承担什么责任呢？显然开发商应承担违约责任。具体如何处理要视情况而定。如果超标的有害气体，如氨气，挥发要很长时间（有关专家认为时间短则两三年，长则需要10年时间），也就是说相当长的一段时间内房屋都存在有害气体超标的问题，买受人有权退房，开发商应承担违约责任。买受人不退房的，开发商应负责对有害气体进行治理并负担治理费用，必要的还应对买受人给予适当补偿。如果超标的有害气体如甲醛一般短期内（一年内）就可能挥发，买受人则不一定就退房，而可以向开发商主张适当赔偿。

第六章　产权

第一节 引 言

2003年3月24日，最高院颁布的司法解释有如平地一声惊雷，“震”得开发商们饱尝了惊惶失措之苦，很长时间都“睡”不踏实！

旋即，社会各界人士纷纷撰文发表高见，评论文章如雨后春笋，一时间，沸沸扬扬，百家争鸣。

毫不夸张地说，从来没有哪个司法解释像最高院颁布的司法解释这样“一石激起千层浪”，一夜之间在全社会引起如此强烈的反响。

其实，反响的出现事出有因，在笔者看来，司法解释中第十八条和第十九条关于产权的规定即是原因之一。

第十八条　由于出卖人的原因，买受人在下列期限届满未能取得房屋权属证书的，除当事人有特殊约定外，出卖人应当承担违约责任：

（一）商品房买卖合同约定的办理房屋所有权登记的期限；

（二）商品房买卖合同的标的物为尚未建成房屋的，自房屋交付使用之日起90日；

（三）商品房买卖合同的标的物为已竣工房屋的，自合同订立之日起90日。

合同没有约定违约金或者损失数额难以确定的，可以按照已付购房款总额，参照中国人民银行规定的金融机构计收逾期贷款利息的标准计算。

第十九条　商品房买卖合同约定或者《城市房地产开

发经营管理条例》第三十三条规定的办理房屋所有权登记的期限届满后超过一年，由于出卖人的原因，导致买受人无法办理房屋所有权登记，买受人请求解除合同和赔偿损失的，应予支持。

面对这样的规定，有的开发商说，“司法解释根本不切实际，没有开发商能做到！照它规定的那样，开发商都没法干了！”有的购房者说，“这下好了，开发商不按时给我们办产权证，我们就有武器对付他们了！”

开发商、购房者“公说公有理，婆说婆有理”，究竟孰对孰错，不太容易分清。

产权证对开发商、购房者究竟有什么重大意义？先来看一个案例：

没有产权证，“房屋所有权”不受法律保护。

甲与乙订立《房屋买卖合同》，购买乙房屋一间。甲嫌办理房屋过户手续太麻烦，且还要“多交”一笔价值不菲的契税，因此与乙一拍即合——订立合同后，乙直接将该房屋的产权证原件交甲持有，并交付房屋。

甲搬进“新居”后，正在装修，丙找来了，说该房屋早已由乙卖给了他，已办理了房屋过户手续，并出示了以丙为权利人的产权证。

原来，乙欺骗了甲。乙在将房屋卖给丙之前，就向房地产主管部门谎称产权证丢失，补办了一本产权证，这样，乙就持有两本产权证；而后，乙将房屋卖给丙，用其中一本产权证办理了过户手续；又以另一本产权证诱骗甲购买该房屋，直接将该产权证交予甲，未办理过户手续。

甲、丙都认为自己是房屋的所有权人，争执不下，诉至法院。

法院判决丙与乙的《房屋买卖合同》合法有效，二人已

办理过户手续，故丙为房屋所有权人；甲与乙的《房屋买卖合同》无效，甲所主张的"房屋所有权"于法无据，不受法律保护，甲只能向乙主张返还已支付的合同价款。

笔者认为，甲与乙的合同是否无效涉及到非常复杂的法学理论问题，在这里先不加评述，但有一点是肯定的，甲对该房屋不享有所有权。其原因笔者将在"第二节 维权的法律依据"之"维权的学理基础"中进一步介绍。

说起产权证的意义，可参照《城市房屋权属登记管理办法》的规定："产权证是国家依法保护房屋所有权的惟一合法凭证。"

这里有三层含义：

一是"国家依法保护"。假使你拥有某真实有效的产权证，说明你的产权证是经国家登记认可的，是国家颁发的，打上了国家的"烙印"；

二是"房屋所有权"。有了产权证，你就可以依法行使占有、使用、收益、处分的权利。你在房地产方面的权利，如房屋所有权、土地使用权、房地产租赁和抵押权、公民合法的继承权等，都受到国家法律的保护，任何组织和个人不得侵犯，你可以按照自己的意愿买卖、租赁、赠与、交换、分拆、继承、抵押，遇到拆迁时可以得到补偿；

三是"惟一合法凭证"。对于同一标的物而言，你拥有的产权证是惟一的，没有人能以产权证之外的凭证与你争同一房屋（标的物）的所有权。

可见，产权证对于购房者来说意义重大。其实关注产权证问题的不仅是买受人，因为产权证问题不仅涉及到买受人的财产权利问题，还涉及到整个房地产的市场秩序和整个社会的经济秩序的问题，因此开发商、政府机关和司法机关都非常关注这个问题。

既然产权证的意义如此重大，那么产权证应如何办理？开发商是否有义务为购房者办理产权证？开发商是不是产权证无法按期办理的“罪魁祸首”？产权证不能按时办理时购房者该怎么办？此刻，对纷繁复杂的房地产法律法规不甚了解的购房者、潜在的购房者们一定充满了疑问。

在房地产行业，产权证久拖不办而酿成的纠纷屡见不鲜。对此，开发商、购房者往往各有说辞。由于信息的不对称、经济实力的悬殊，加之以往房地产行业相对混乱的业态，人们一般认为开发商处于强势地位，购房者处于弱势地位，并进一步认为产权证不能按期办理的责任多在开发商，因此呼吁对开发商不按时办理产权证的行为给予惩罚，最高院的司法解释正是在这样的市场背景下出台的。

第二节　维权的法律依据

一、维权的学理基础

购房者基于产权证的办理提出维权，在学理上的基础就在于不动产物权变动的公示方法为登记，不经过登记，不动产物权不发生转移。

在这里，有必要与大家一起探讨几个前提性的学理问题：

什么是物权?什么是不动产物权?什么是物权变动?什么是物权变动的公示方法?什么是动产物权变动与不动产物权变动公示方法的区别?

对话1：

甲："这本《购房维权指南》是谁的?"

乙："我的。"

甲："五块钱卖给我，行吗?"

乙："可以。"

甲："万一你反悔不卖了怎么办?"

乙："我赔你五毛钱。"

甲："好。"

对话2：

丙："这栋楼是谁的?"

丁："我的。"

丙："怎么证明是你的?"

丁："我有产权证。"

（一）物权与债权

物权和债权是相互对应的两种民事权利。物权表现的是静态的财产关系——人和物的结合；债权表现的则是动态的财产关系——财产进入流通领域后在不同主体之间的交换。民事主体享有物权是交换的前提，交换过程中则表现为债权，交换的结果往往导致物权的让渡和移转。

1. 物权与债权的主要区别

（1）物权是对世权，债权是对人权　物权是绝对权、对世权，其权利主体特定，但义务主体不特定，可以是其他任何人；债权是对人权，其权利主体、义务主体都特定。债权人的请求权只对特定的债务人发生效力。物权的设立、移转必须公示，而债权则只在当事人之间发生效力，具有不公开性。

（2）物权具有优先性，债权具有平等性　物权的优先性，首先表现在当物权与债权并存时，物权优先于债权[1]。其次表现在同一物上有数个物权并存时，先设立的物权优先于后设立的物权。债权则不同，除法律另有规定外，债权相互之间不存在优先效力问题。在同一物上可以设立多个债权，各个债权不管设立时间的先后和数额的差别，都具有平等的效力，债权人在依法受偿时都是平等的。

（3）物权具有追及力，债权只有相对性　物权能够对第三人产生效力，具有追及力。所谓追及力，是指物权的标的物不管辗转流通到什么人之手，所有人都可以依法向物的占有人索取，请求返还其物。无论何人非法取得所有人的财产，

[1] 例如，某一债务人欠多个债权人的债务，在执行债务人的财产时，享有担保物权的人比普通债权人具有优先受偿的权利。

都有义务返还。而债权只能在合同当事人之间发生效力，具有相对性，合同一方当事人只能向与其有合同关系的另一方当事人提出请求，而不能向第三人提出请求。

（4）物权的设定须公示，债权无须公示　物权设定时必须公示，不动产物权以登记为权利象征，例如，丙问："怎么证明（这栋楼）是你的？"丁答："我有产权证。"产权证正是丁对该栋楼所有权的象征，如果没有产权证，即使丁已实际占有、使用该栋楼，也不能认定丁具有所有权。而债权只是在特定的当事人之间存在，无须公示。

（5）物权与债权的保护方法不同　针对物权的保护，各国物权法都设立了专门的物权请求权制度，赋予物权人具有请求他人返还原物、排除妨碍、恢复原状的权利，以保障物权人对其物的支配权。而合同债权主要受合同法的保护，侵害合同债权也主要适用合同法规定的违约责任。

综上所述，物权是指权利人直接支配一定的物并排除他人干涉的权利。这种支配权的行使无须借助他人的力量。乙说"（这本《购房维权指南》是）我的"，宣示的即是对《购房维权指南》的物权——所有权，这种权利是排他的、支配性的、不受他人干涉的，乙可以根据自己的意志转让、赠与、交换、抛弃、毁损这本书。当他人侵犯乙的这种所有权，例如从乙手中夺走、盗走这本书时，乙可以行使物权的追及权，排除他人非法妨碍，恢复所有权的圆满支配状态。

债权为请求权，债权人只能请求债务人为特定行为或不为特定行为，而不能直接支配债务人的财产。换言之，债权人权利的实现，必须借助债务人的行为。甲说"五块钱卖给我，行吗"，乙答"可以"，甲乙之间即成立一关于《购房维权指南》买卖的口头合同，形成合同债权债务关系——甲有权请求乙交付《购房维权指南》，乙有权请求甲方给付五块

钱。甲问“万一你反悔不卖了怎么办”，乙答“我赔你五毛钱”，甲表示认可，这一过程形成这个买卖合同的违约条款——如果乙反悔不卖了，乙应赔偿甲五毛钱。但是，在这个口头买卖合同的履行中，如果乙在交付《购房维权指南》前反悔，不愿卖给甲了，即使甲已支付了五块钱也不能取得对《购房维权指南》的所有权，甲只能要求乙承担违约责任。也就是说，当合同一方当事人不愿履行合同时，守约方不能直接支配违约方的财产。

2. 动产物权与不动产物权

物权又分为动产物权与不动产物权。

民法理论里，先确定不动产的范围，不动产以外的，就是动产。例如，土地、土地上的建筑物（房屋及其他种类的建筑物）、林木、土地上未收割的庄稼等等。对不动产的支配权是不动产物权，对动产的支配权是动产物权。《购房维权指南》属动产，乙对《购房维权指南》的所有权属动产物权；土地、房屋属不动产，土地所有权、土地使用权、房屋所有权等属不动产物权。

（二）物权变动

物权变动，是指物权的设立、变更、转移、废止。物权具有对世性，即可以对抗其他人。但是，别人怎么知道你拥有某物权?这就涉及到物权变动的公示方法——用一种别人看得见的方式公示物权的变动。

动产物权以占有作为权利享有的公示方法，以占有的转移即交付作为其变更的公示方法。如，甲要想成为《购房维权指南》的所有权人，乙要想成为五块钱的所有权人，二人就应“一手交钱、一手交货”——甲向乙交付五块钱，乙向甲交付《购房维权指南》。

不动产物权则以登记和登记的变更作为权利享有与变更

的公示方法。简单地说，房屋的买卖，仅仅买卖双方“一手交钱、一手交货”并不能完成房屋所有权的转移。买受人取得房屋所有权必须经过登记。

（三）预售登记、房屋交付、房屋权属登记

1. 预售登记≠房屋所有权的转移

商品房预售实践中，开发商与购房者订立《商品房买卖合同》后一定期限内，双方应到当地的房地产主管部门作预售登记。这种预售登记并不代表商品房所有权的变动，实质上保护的是《商品房买卖合同》之债权，只不过这种债权因为登记而被公诸于世，从而被赋予了一种超乎普通债权的对抗性——告诉其他人，登记的商品房已经由开发商预售给该买受人了！这是对买受人的保护，因为预售登记后，开发商就无法将已作预售登记的房屋再次出卖，同时，买受人、其他买受人也能较为容易地查询到自己所购、欲购买的房屋的权利状况。

可见，预售登记虽不代表房屋所有权的转移，但它在房屋买卖中非常重要。如果不作预售登记，买受人的权利将得不到保障，一套房子开发商可以轻易地卖上十次，然后卷款走人！

2. 房屋交付≠房屋所有权的转移

房屋交付也不代表房屋所有权的转移。在房地产实践中，它只是房屋使用权转移、风险转移的一般“界线”。也就是说，房屋一旦交付给你，你就应承担房屋毁损、灭失的风险。但是，在你名下的产权证办理完毕之前，你并不拥有房屋的所有权。

3. 房屋权属（所有权）登记=房屋所有权的转移

预售商品房的，通常情况下，购房者申请办理所购商品房之产权证的前提是开发商先取得大产权证。大产权证是开

发商就所开发的商品房项目取得的以开发商为所有权人的产权证。开发商在取得上述大产权证后，才能按《商品房买卖合同》的约定向各个购房者分割每套商品房的独立产权，购房者就所购买的商品房取得的产权证则为小产权证。购房者拿到小产权证后，房屋所有权才发生转移——由开发商处转移至购房者名下。

二、维权的法律规定

我国相关法律、法规、规章对产权证的办理有明确的规定，这是消费者维权的依据。看看购房人可以利用下面的哪些规定来保护自己！

（一）关于产权的法律规定

《中华人民共和国城市房地产管理法》

最高人民法院《关于审理商品房买卖合同纠纷案件适用法律若干问题的解释》

国务院《城市房地产开发经营管理条例》

建设部《关于贯彻＜中华人民共和国城市房地产管理法＞若干意见的通知》

建设部《商品房销售管理办法》

建设部《城市房屋权属登记管理办法（2001年修订）》

建设部《城市商品房预售管理办法（2001修订）》

建设部《城市房地产转让管理规定（2001修订）》等。

上述法律、法规、规章中涉及产权证的内容主要包括：

1．依法登记的房屋权利受国家法律保护

国家实行土地使用权和房屋所有权登记发证制度，房地产转让、抵押，当事人应当依照相关规定办理权属登记。依法登记的房屋权利受国家法律保护。房屋权属证书是权利人依法拥有房屋所有权并对房屋行使占有、使用、收益和处分

权利的惟一合法凭证。

2. 符合什么条件的房屋可以预售

预售是指开发商将正在建设中的房屋预先出售给购房人，由购房人支付定金或房价款。

预售商品房必须符合下列条件，这是“大产权证”顺利办理的前提：

（1）已交付全部土地使用权出让金，取得土地使用权证书；

（2）持有建设工程规划许可证和施工许可证；

（3）按提供的预售商品房计算，投入开发建设的资金达到工程建设总投资的25%以上，并已确定施工进度和竣工交付日期；

（4）已办理预售登记，取得商品房预售许可证明。

3. 怎样办理预售登记

开发商（预售人）应当自商品房预售合同签订之日起30日内，到商品房所在地的县级以上人民政府房地产管理部门和土地管理部门备案。

按北京市有关规定，预售人办理商品房预售登记时应提交：

（1）商品房预售登记备案表（一式三份）；

（2）预售人的营业执照、授权委托书、受委托人的身份证明；

（3）商品房预售合同；

（4）预购人身份证明复印件。

开发商未在商品房预售合同签订之日起30日内申请预售登记的，预购人有权申请。

4.谁来办理产权证

（1）产权证由谁申请办理?

房屋权利申请人（已获得了房屋并提出房屋登记申请，但尚未取得房屋所有权证书的法人、其他组织和自然人）应该申请办理产权证——房屋权利申请人应当按有关规定到房屋所在地的房地产主管部门申请房屋权属登记，领取房屋权属证书。

1）开发商的“大产权证”

新建的房屋，申请人（开发商）应当在房屋竣工后的3个月内向登记机关申请房屋所有权初始登记，并应当提交用地证明文件或者土地使用权证、建设用地规划许可证、建设工程规划许可证、施工许可证、房屋竣工验收资料以及其他有关的证明文件。

2）买受人的小产权证

预售的，房屋权利申请人为预购人。除当事人双方有明确约定外，预购人应自商品房交付使用之日起90日内，办理土地使用权变更和房屋所有权登记手续。

现售的，房屋权利申请人为购买人。除当事人双方有明确约定外，购买人应自销售合同签订之日起90日内，办理土地使用权变更和房屋所有权登记手续。

（2）开发商在购买人办理产权证的过程中应该做什么？

开发商应协助商品房购买人办理土地使用权变更和房屋所有权登记手续，并提供必要的证明文件，这种协助义务的履行有时间限制——开发商应当在商品房交付使用之日起60日内，将需要由其提供的办理房屋权属登记的资料报送房屋所在地房地产主管部门。

在房地产实践中，开发商通常在《商品房买卖合同》中做出与此不同的约定，如将“60日”改为“180日”或“270日”。从目前的司法实践看，这样的约定有效。

5. 房屋权属登记的种类及房屋权属证书的种类

前者包括：总登记、初始登记、转移登记、变更登记、他项权利登记、注销登记。

后者包括：《房屋所有权证》、《房屋共有权证》（颁发给两个或者两个以上的所有权人）、《房屋他项权证》（颁发给抵押权人或典权人）或者《房地产权证》、《房地产共有权证》、《房地产他项权证》。

6. 房地产主管部门进行房屋权属登记的程序

受理登记申请→权属审核→公告（登记机关认为有必要时才进行公告）→核准登记，颁发房屋权属证书

7. 办理产权证的流程

开发商取得预售许可证→签订买卖合同→签订买卖合同的30日内进行预售登记→开发商取得"大产权证"→购房人交纳契税、公共维修基金等税费→立契过户→购房人取得"小产权证"（这个流程会因购房行为所处阶段的不同而有所不同）。

立契过户在市或区、县级房地产交易所办理；办理过户手续时，购房人应携带合同正本、结算单、身份证、个人名章等，亲自办理或出具委托书、由受托人办理。

8. 开发商的违约责任

（1）由于出卖人的原因，买受人在下列期限届满未能取得房屋权属证书的，除当事人有特殊约定外，出卖人应当承担违约责任。

1）商品房买卖合同约定的办理房屋所有权登记的期限；

2）商品房买卖合同的标的物为尚未建成房屋的，自房屋交付使用之日起90日；

3）商品房买卖合同的标的物为已竣工房屋的，自合同订立之日起90日。

合同没有约定违约金或者损失数额难以确定的，可以按

照已付购房款总额，参照中国人民银行规定的金融机构计收逾期贷款利息的标准计算。

（2）商品房买卖合同约定或者《城市房地产开发经营管理条例》第三十三条❶规定的办理房屋所有权登记的期限届满后超过一年，由于出卖人的原因，导致买受人无法办理房屋所有权登记，买受人请求解除合同和赔偿损失的，应予支持。

9．产权证办理中买卖双方的主要权利义务

（1）开发商的主要义务

对预售商品房而言，开发商应当在合同订立后一段时间进行预售登记；在房屋竣工后的3个月内向房屋行政登记机关，申请房屋所有权初始登记，即申请取得“大产权证”，并应同时提交用地证明文件或者土地使用权证、建设用地规划许可证、建设工程规划许可证、建设工程施工许可证、预售许可证、房屋竣工验收备案表以及其他有关的证明文件。只有开发商初始登记并取得新建商品房“大产权证”后，购房人才能申请办理房屋权属转移登记，并取得小产权证。

可见，预售的情况下，购房人要顺利拿到小产权证是有一定风险的——开发商的用地证明文件或者土地使用权证、建设工程规划许可证、建设工程施工许可证、房屋竣工验收备案表以及其他有关的证明文件是否齐全，将直接关系到购房人能否顺利拿到小产权证。因此，开发商的主要义务是：提供办理大产权证所需的资料。

对于现售而言，因为目前的法律、法规并未规定现售必须

❶ “预售商品房的购买人应当自商品房交付使用之日起90日内，办理土地使用权变更和房屋所有权登记手续；现售商品房的购买人应当自销售合同签订之日起90日内，办理土地使用权变更和房屋所有权登记手续。开发商应当协助商品房购买人办理土地使用权变更和房屋所有权登记手续，并提供必要的证明文件。”

是开发商已取得“大产权证”[1]。所以，现售又分为两种：开发商尚未取得“大产权证”的和开发商已取得“大产权证”的。开发商尚未取得“大产权证”、商品房符合现售条件但预售许可证还没过期时，开发商可以仍然进行预售，这时开发商的义务与前面所述的预售时开发商应承担的义务没有区别；开发商尚未取得“大产权证”、商品房符合现售条件且预售许可证已过期时，开发商只能进行现售，其义务与前面所述的预售时开发商应承担的义务的不同之处在于，不必进行预售登记，但仍须提供办理“大产权证”所需的资料；开发商已取得“大产权证”的，就跟卖二手房没什么两样了，开发商只需提供房屋权属证明即可。

那么，提交资料需要完善到什么程度才算履行了开发商该履行的义务?房地产主管部门是否有义务在收取开发商提交的资料后出具一份证明材料?这种证明出具后房地产主管部门是否应承担相应的法律责任?如何改变产权证办理过程中信息严重不对称的现实?这些都有待法律、法规给出进一步的回答。

鉴于这样的实际情况，笔者建议购房人在签署《商品房买卖合同》时要提防开发商的文字游戏，不要以为开发商写清了提交资料的时间购房人产权证的办理就万无一失了。相反，如果开发商仅仅承诺了提交资料的时间而没有明确产权证办理（如果购房人委托开发商代为办理产权证）的具体时间，一旦纠纷产生购房人很可能根本证明不了开发商违约。因此，将产权证办理完毕的时间明确写进合同，哪怕在办理期限上做一些让步，也是对购房人有利的。

（2）购房人的主要权利义务

购房人是办理小产权证的申请人。一般来讲，开发商的

[1] 参见《商品房销售管理办法》第三条、第七条。

义务在于办理大产权证。大产权证办理完毕后，购房人要想拿到小产权证，就只存在分割问题——从开发商的大产权证中分割出该购房人应得的小产权证。

既然大产权证分割成小产权证时，进行的是商品房的转移登记，购房人作为受让方就应交纳契税、公共维修基金、印花税等税费。购房人应持开发商提供的房屋所有权证等有关证明文件和商品房买卖合同、购房付款凭证等，到房地产主管部门所属的房地产交易部门办理房屋交易手续，并缴纳有关税费，与开发商一起办理过户，领取小产权证。当购房人不能亲自办理而委托他人代为办理时，应提供必要的委托手续。

需要提醒购房人注意的是，应及时办理小产权证（包括按揭贷款的购房人），不要怠于行使自己的权利。因为小产权证是购房人取得所有权的象征，所有权毕竟比债权更具有对抗第三人的效力。如果购房人出于这样或那样的原因（比如，不想交纳契税、公共维修基金等税费）而不愿尽快办理小产权证，就必然冒这样的风险：开发商拿着大产权证去做抵押（这个大产权证中有应分割给购房人而未分割的部分），尤其是现售无需作预售登记、抵押登记部门没法查清开发商无权设定抵押时。尽管司法解释第八条规定了惩罚措施，但这样的规定毕竟只能作为事后的救济，而且这种救济能否实现，还有待法院做出判决。与其事后寻求救济，不如事前认真防范，及早办理小产权证。

10. 重点评述司法解释第十八条、第十九条[1]

（1）按照国务院《城市房地产开发经营管理条例》、建设部《城市房屋权属登记管理办法》、建设部《城市商品房预售管理办法》和建设部《商品房销售管理办法》等的规定，

[1] 参见杨明《"司法解释" 给开发企业带来的利弊分析》，http://www.soufun.com

办理小产权证的申请人（也是义务人）是购房人，开发商只有协助办理（即提供应由开发商提供的相关资料）的义务，而司法解释中将办理产权证的主要义务归结于开发商，对开发商不公平。

（2）根据建设部《城市房屋权属登记管理办法》，按照权属登记机关的工作时限，对于预售商品房而言，购房人取得小产权证的合法期限由以下几部分组成：

1）竣工后3个月为初始登记申请期[1]

2）7天初始登记受理期[2]

3）30天“大产权证”颁发期[3]

4）90天转移登记申请期[4]

5）7天转移登记受理期[5]

6）30天小产权证颁发期[6]

以上共计254天。由此推知，理想状况下，开发商在商品房竣工后127天（3个月＋7天＋30天）内应取得“大产权证”；因预售商品房时购房人取得产权证的前提是开发商取得“大产权证”，故购买人在商品房竣工前订立《商品房买

---

[1] 参见建设部《城市房屋权属登记管理办法》第十六条：“新建的房屋，申请人应当在房屋竣工后的3个月内向登记机关申请房屋所有权初始登记，并应当提交用地证明文件或者土地使用权证、建设用地规划许可证、建设工程规划许可证、施工许可证、房屋竣工验收资料以及其他有关的证明文件。”

[2] 参见建设部《城市房屋权属登记管理办法》第二十六条：“登记机关自受理登记申请之日起7日内应当决定是否予以登记，对暂缓登记、不予登记的，应当书面通知权利人（申请人）。”

[3] 参见建设部《城市房屋权属登记管理办法》第二十七条：“登记机关应当对权利人（申请人）的申请进行审查。凡权属清楚、产权来源资料齐全的，初始登记、转移登记、变更登记、他项权利登记应当在受理登记后的30日内核准登记，并颁发房屋权属证书；注销登记应当在受理登记后的15日内核准注销，并注销房屋权属证书。”

[4] 参见建设部《城市房屋权属登记管理办法》第十七条：“因房屋买卖、交换、赠与、继承、划拨、转让、分割、合并、裁决等原因致使其权属发生转移的，当事人应当自事实发生之日起90日内申请转移登记。”

[5] 同注2。

[6] 同注3。

卖合同》的，于订立合同之日起254天（127 + 90 + 7 + 30）内取得小产权证属正常、合法。

如果不是理想状况呢？比如，开发商需要补办规划手续，并由此引致土地出让手续的变更，或者房地产主管部门超过规定期限办理大、小产权证，254天恐怕还要延长，可见，司法解释的规定缺乏现实操作性。

（3）现实中，按揭贷款的购房人不交纳相关税费，使得开发商无法协助其取得产权证的情况并不少见。由于没有产权证，购房人的按揭贷款银行无法办理抵押登记，开发商作为该贷款的担保人，就要一直为购房人提供担保，承担相应的担保风险。对此，目前尚无任何明确的法律规定来保护开发商作为担保人的合法权益。对此，后文将有详细的论述。

（4）司法解释“溯及既往”的规定实乃秋后算账。

司法解释第二十八条规定：“本解释自2003年6月1日起施行。《中华人民共和国城市房地产管理法》施行后订立的商品房买卖合同发生的纠纷案件，本解释公布施行后尚在一审、二审阶段的，适用本解释。”这就等于赋予了司法解释溯及既往的效力，对开发商不利。开发商固然可以司法解释作为现在及今后行动的参考和指针，但司法解释溯及既往的效力又使得开发商面对以往开发的项目无所适从，从而面临巨大的诉讼压力和风险。

从以上分析可以看出，司法解释第十八条、第十九条的规定对开发商不利。但这是否意味着购房人能轻易获得这两条的保护？其实不然。这两条的适用是有前提条件的：

第十八条适用的前提是“由于出卖人的原因”、当事人没有特殊约定。何为“出卖人的原因”？首先，买受人该提交的身份资料、该交纳的契税、公共维修基金等税费应一分（个）不少，否则，严格地说，产权证未能办理就不是因为

“出卖人原因”了，买受人就很难向开发商主张产权证未能办理的违约责任。另外，如果当事人有特殊约定，比如，约定办下产权证的期限是“买受人入住并交齐办理产权证须由买受人提交的资料、相关税费后两年内”，则应适用当事人的特殊约定。

第十九条适用的前提是“由于出卖人的原因”、“无法办理”。“由于出卖人的原因”之解释应同前；“无法办理”又有讲究，在笔者看来，它是指无论谁办，都没法办理，客观上办不成，不同于“未能办理”。比如，开发商已取得大产权证进行现售的情况下，如果买受人一次性付款且委托开发商代为办理产权证，但开发商由于自己的原因未能履行委托代办产权的协议，笔者认为：这时如果买受人自己去办理产权证，是完全能办下来的，这种情况应不属于“无法办理”，不宜适用司法解释第十九条。

（二）关于面积的法律规定

面积问题历来是产权的核心问题。目前关于面积的法律规定主要有：《关于房屋建筑面积计算与房屋权属登记有关问题的通知》、《商品房销售面积计算及公用建筑面积分摊规则》、《建筑面积计算规则》、《商品房销售面积测量与计算》等。上述规章中涉及面积问题的内容主要包括：

1. 房产测绘单位

房屋权属证书附图中应注明施测的房产测绘单位名称、房屋套内建筑面积（在图上标注尺寸）和房屋分摊的共有建筑面积；房产测绘单位对其完成的房产测绘成果负责。

房产测绘单位是有资质要求的，购房人可在当地的房地产主管部门查到有资质的房产测绘单位之名册。

2. 测绘面积与产权证

预售商品房时，《商品房买卖合同》中写明的“建筑面

积”、“套内建筑面积”等面积均为预测面积；商品房交付时，开发商必须向购房人出示房产测绘单位出具的实测面积数据表，否则，购房人有权拒绝接受交付。实测面积数据表显示的商品房的建筑面积、套内建筑面积，是产权证办理的依据。

3. 房屋建筑面积计算中的特殊问题

（1）房屋层高　计算建筑面积的房屋，层高（高度）均应在2.20米以上（含2.20米）[1]。

房屋套内具有使用功能但层高（高度）低于2.20米的部分，在房屋权属登记中应明确其相应权利的归属。

（2）外墙墙体　同一楼层外墙，既有主墙，又有玻璃幕墙的，以主墙为准计算建筑面积，墙厚按主墙体厚度计算；各楼层墙体厚度不同时，分层分别计算；金属幕墙及其他材料幕墙，参照玻璃幕墙的有关规定处理。

（3）斜面结构屋顶　房屋屋顶为斜面结构（坡屋顶）的，层高（高度）2.20米以上的部位计算建筑面积。

（4）不规则围护物　阳台、挑廊、架空通廊的外围水平投影超过其底板外沿的，以底板水平投影计算建筑面积。

（5）变形缝　与室内任意一边相通，具备房屋的一般条件，并能正常利用的伸缩缝、沉降缝应计算建筑面积。

（6）非垂直墙体　对倾斜、弧状等非垂直墙体的房屋，层高（高度）2.20米以上的部位计算建筑面积；房屋墙体向外倾斜，超出底板外沿的，以底板投影计算建筑面积。

（7）楼梯下方空间　楼梯已计算建筑面积的，其下方空间不论是否利用均不再计算建筑面积。

[1] 《住宅设计规范》3.6.2规定："卧室、起居室（厅）的室内净高不应低于2.40m，局部净高不应低于2.10m，且其面积不应大于室内使用面积的1/3。" 3.6.3规定："利用坡屋顶内空间作卧室、起居室（厅）时，其1/2面积的室内净高不应低于2.10m。" 3.6.4规定："厨房、卫生间的室内净高不应低于2.20m。"

(8) 公共通道　临街楼房、挑廊下的底层作为公共道路街巷通行的，不论其是否有柱，是否有维护结构，均不计算建筑面积。

(9) 二层及二层以上的房屋　二层及二层以上的房屋建筑面积均按《房产测量规范》中多层房屋建筑面积计算的有关规定执行；与室内不相通的类似于阳台、挑廊、檐廊的建筑，不计算建筑面积。

(10) 室外楼梯的建筑面积　室外楼梯的建筑面积，按其在各楼层水平投影面积之和计算。

4. 商品房销售面积与公用建筑面积分摊（假设商品房销售以建筑面积为面积计算单位）

(1) 商品房整栋销售的销售面积　商品房整栋销售的，销售面积即为整栋商品房的建筑面积（地下室作为人防工程的，应从整栋商品房的建筑面积扣除）。

(2) 按套或单元出售的销售面积　商品房按“套”或“单元”出售的，商品房销售面积＝套内建筑面积＋分摊的公用建筑面积

(3) 套内建筑面积计算公式　套内建筑面积＝套内使用面积＋套内墙体面积＋阳台建筑面积。

1) 套内使用面积，俗称地毯面积，可以看得见的净面积。住宅按《住宅设计规范》规定的方法计算。其他建筑，按照专用建筑设计规范规定的方法或参照《住宅设计规范》计算。

2) 套内墙体面积。商品房各套（单元）内使用空间周围的维护或承重墙体，有共有墙及非共用墙两种。商品房各套（单元）之间的分隔墙、套（单元）与公用建筑空间之间的分隔墙以及外墙（包括山墙）均为共用墙，共用墙墙体水平投影面积的一半计入套内墙体面积。非共用墙墙体水平投影面积全部计入套内墙体面积。

3）阳台建筑面积。按国家现行《建筑面积计算规则》进行计算。在北京市，封闭式的阳台，按其外围水平投影面积计算建筑面积；挑阳台（底阳台）按其底板水平投影面积的一半计算建筑面积；凹阳台按其净面积（含挡板墙墙体面积）的一半计算建筑面积；半挑半凹阳台，挑出部分按其底板水平投影面积的一半计算建筑面积，凹进部分按其净面积的一半计算建筑面积。

（4）公用建筑面积的组成　公用建筑面积由以下两部分组成：1）电梯井、楼梯间、垃圾道、变电室、设备间、公共门厅和过道、地下室、值班警卫室以及其他功能上为整栋建筑服务的公共用房和管理用房建筑面积；2）套（单元）与公用建筑空间之间的分隔墙以及外墙（包括山墙）墙体水平投影面积的一半。

关于第一部分，各地不尽相同，有的地方可能会出台更详细的规定，例如，北京市国土房管局对该部分进行了细化：大堂、公共门厅、走廊、过道、公用厕所、电（楼）梯前厅、楼梯间、电梯井、电梯机房、垃圾道、管道井、消防控制室、水泵房、水箱间、冷冻机房、消防通道，变（配）电室、煤气调压室、卫星电视接收机房、空调机房、热水锅炉房、电梯工休息室、值班警卫室、物业管理用房等以及其他功能上为该建筑服务的专用设备用房。

（5）公用建筑面积计算原则　凡已作为独立使用空间销售或出租的地下室、车棚等，不应计入公用建筑面积部分。作为人防工程的地下室也不计入公用建筑面积。

整栋建筑物的建筑面积扣除整栋建筑物各套（单元）套内建筑面积之和，并扣除已作为独立使用空间销售或出租的地下室、车棚及人防工程等建筑面积，即为整栋建筑物的公用建筑面积。

关于不能计入公用建筑面积的部分，有的地方做出了更详细的规定，以《北京市商品房销售面积计算及公用建筑面积分摊暂行规定》为例，它规定以下部位不得计入公用建筑面积：仓库、机动车库、非机动车库、车道、供暖锅炉房、作为人防工程的地下室、单独具备使用功能的独立使用空间；售房单位自营、自用的房屋；为多幢房屋服务的警卫室、管理（包括物业管理）用房；会所、储蓄所、娱乐活动室等经营性用房；居委会、派出所使用的房屋。

另外，北京市《关于商品房销售面积计算及公用建筑面积分摊有关问题的通知》也有详细规定，下文"'要害出击'面积问题"将有介绍。

（6）公用建筑面积分摊原则　商品房公用建筑面积的分摊以幢为单位。分摊的公用建筑面积为本幢内的公用建筑面积，与本幢不相连的公用建筑面积不得分摊到本幢房屋内。

为整幢商品房服务的公用建筑面积，由该幢楼各套商品房分摊；为局部范围服务的公用建筑面积，由受益的各套商品房分摊。多次分摊公用建筑面积的，分别计算分摊系数。各套商品房应分摊的公用建筑面积，为各次分摊的公用建筑面积之和。

公用建筑面积分摊后，不划分各套商品房摊得建筑面积的具体部位，但任何人不得侵占或改变原设计的使用功能。

（7）公用建筑面积分摊系数计算　分摊系数＝整栋建筑物公用建筑面积/整栋建筑物各套套内建筑面积之和。

（8）公用建筑面积分摊计算　应分摊的公用建筑面积＝公用建筑面积分摊系数×套内建筑面积。

5．商品房买卖合同中应明确销售面积、分摊面积、公用部位

开发商在销（预）售商品房时，在商品房买卖合同（含

补充协议）中应明确商品房销售面积、分摊的公用建筑面积及公用建筑部位。

北京市国土房管局《关于商品房销售有关问题的通知》（2003年2月1日实施）规定：商品房预售、销售无论按建筑面积计价、按套（单元）计价、还是按套内建筑面积计价，商品房买卖合同中都应当注明所购商品房建筑面积、套内建筑面积、共有建筑分摊面积以及共有建筑分摊部位。

《北京市城市房地产转让管理办法》（2003年12月1日实施）规定：

商品房预售可以按照套内建筑面积计价，也可以按照建筑面积计价或者按照套（单元）计价，但预售商品住宅的，应当按照套内建筑面积计价；开发商在预售商品住宅之前，应当公示有资质的测绘单位出具的商品房预售面积测绘技术报告书和下列分摊情况：（一）被分摊的共用部位的名称、用途、所在位置、面积；（二）参与分摊共用建筑面积的商品房的名称、用途、所在位置、面积、分摊系数；（三）不分摊的共用部位。

共用建筑面积的分摊情况经公示并与第一个预购人签订预售合同后，开发商不得更改。开发商与预购人签订的预售合同中应当附有上述经公示的共用建筑面积分摊的内容。其他商品房预售时，开发商应当明示共用建筑面积分摊情况。

6.“要害出击”面积问题

以北京市为例，主要参照《关于商品房销售面积计算及公用建筑面积分摊有关问题的通知》、《北京市城市房地产转让管理办法》：

（1）经营性用房　商品房销售中哪些面积应该分摊，哪些不应在分摊之列？有些开发商经常打擦边球，将本身带经营性质的会所所占用的面积分摊到业主身上；或者，开发商

与储蓄所等驻内单位达成协议无偿提供的房屋，也算在公用分摊面积上。

开发商在提供预售注册材料时就应注意，不能将自己无偿提供给一些经营单位的投资转嫁到业主身上，公摊费用不能计在房价内。

会所、储蓄所、娱乐活动室等经营性用房，居委会、派出所使用的房屋不能作为公用建筑进行分摊；何为“经营性用房”，应该由有关部门认定，而不是开发商自己说了算。

（2）物业用房占用面积太大　有些开发商在商品房公用建筑面积分摊中，将其他用途的房屋作为物业管理用房进行分摊，多分摊物业管理用房，并将多分摊房屋出租，牟取利益。

购房人应特别注意，按照北京市《关于商品房销售面积计算及公用建筑面积分摊有关问题的通知》，物业管理用房应使用设计用途为物业管理、办公或住宅的房屋；每幢商品房所分摊的物业管理用房面积可占用该幢商品房建筑面积的4‰左右，但最高不得超过6‰。如果按6‰计算，分摊的全部物业管理用房不足一套或者一间房屋建筑面积的，可以按该幢商品房设计的最小一套或者一间房屋的建筑面积确认。也就是说，在特殊情况下，突破6‰也是可以的。

（3）开发商改变分摊原则　从2003年12月1日起，北京市预售商品住宅的必须按套内建筑面积计价。请购房人注意，这里有两个前提，一是预售，二是商品住宅。也就是说，现售的不受按套内建筑面积计价的限制；不是商品住宅的也不受这个限制。

开发商在预售商品住宅之前，应当公示有资质的测绘单位出具的商品房预售面积测绘技术报告书和分摊情况：被分摊的共用部位的名称、用途、所在位置、面积；参与分摊共用建筑面积的商品房的名称、用途、所在位置、面积、分摊

系数；不分摊的共用部位。

共用建筑面积的分摊情况经公示并与第一个预购人签订预售合同后，开发商不得更改。开发商与预购人签订的预售合同中应当附有上述经公示的共用建筑面积分摊的内容。其他商品房预售时，开发商应当明示共用建筑面积分摊情况。

（4）预售前分摊面积是否应备案　商品房销售时要明示分摊部位以作为将来实测的依据；商品房交付时，应提交实测数据。

开发商在办理商品房预售许可证时，应提交共有建筑分摊部位，说明分摊部位的各项用途、所在位置（楼层、房号）、被哪些楼层分摊。分摊部位因多用途混用而空间不明确，难以用文字描述的，应附图纸予以确定，并作为其预售合同的附件。而这些都将作为备案文件。合同中的分摊面积要与备案一致。

（5）面积误差超过3%怎么办　面积发生误差在合同第五条有详细的约定，当合同约定的误差情况出现后，按照合同约定处理即可。

（6）公用建筑面积分摊后的产权归属　公用建筑面积分摊后，产权归摊得的业主所有，开发商无权作另外用途。如果开发商利用此房屋出租，出租所得费用应充抵购房者们的物业管理费。

（7）测绘依据及测绘结果怎么查询　房屋测绘部门应依据商品房买卖合同所附的公用建筑分摊部位对其分摊面积进行测量。测量前，应先核实开发商办理预售许可证时提交备案的与合同中所附的分摊部位是否一致，核实无误后再按有关规定据实测量。

商品房面积测绘单位要建立商品房测绘面积查询制度，购房人有异议的，可以到测绘单位查询测绘情况。

第三节　维权焦点

一、办理产权证是开发商的义务吗

甲女士以55万元购得某小区二室一厅住房一套，房屋交付使用三年了，甲女士的产权证还没有办下来，她多次找开发商要求为其办证，开发商认为办证是购房者个人的事，开发商只负责协助办证，并且购房合同中只约定开发商提供相关资料。所以，开发商没有义务为购房者办产权证。

到底开发商是不是有义务为购房者办理产权证？购房者应该怎样做才能更大程度地维护自己的合法权益？我们来看看相关的法律法规：

建设部《商品房销售管理办法》第三十四条规定："开发商应当在商品房交付使用之日起60日内，将需要由其提供的办理房屋权属登记的资料报送房屋所在地房地产行政主管部门。开发商应当协助商品房买受人办理土地使用权变更和房屋所有权登记手续。"根据该规定，开发商的主要义务是：向房地产行政主管部门提供办理房屋权属登记的资料，协助购买人办理土地使用权证及房产证的登记手续。

建设部《城市房屋登记管理办法》第三条规定："本办法所称房屋权利申请人，是指已获得了房屋并提出房屋登记申请，但尚未取得房屋所有权证书的法人、其他组织和自然人。"商品房的购买者如已取得商品房，但还未成为房屋所有权证书所确认的权利人，依法应认定为房屋权利申请人。同时，该办法第四条又规定："国家实行房屋所有权登记发证制

度。申请人应当按照国家规定到房屋所在地的人民政府房地产行政主管部门申请房屋登记，领取房屋权属证书”，如此看来，购房者应依法申请房屋权属登记，即购房者才是申请办理产权证的主要义务人。及时申请办理房屋产权证是商品房购买者对自己合法权益的维护。毕竟，作为买卖特殊标的物的房屋而言，其所有权的取得是以产权证的最后登记完成为准，只有拿到产权证，购房者才真正成为房屋的所有权人。

在上面的案例中，甲女士主张办理产权证是开发商的义务，法律依据是不充分的，如果她没有充足的证据来证明开发商没有将有关资料提供给房地产主管部门或有其他不履行协助办证的行为，其主张产权证办不下来是开发商的责任是站不住脚的。更何况，作为权利人的甲女士应积极申请办证以最终从法律上确立自己产权人的地位。

在此特别提醒广大购房者注意：在与开发商签订购房合同时，一定要注意有关产权证办理的约定，并积极主动地要求开发商协助依法申请办理产权登记过户。

二、产权证，得到你好难

（一）因开发商原因导致产权证无法办理

1. 开发商五证不全

房地产主管部门为开发商办理大产权证时，将审查开发商的国有土地使用证、建设用地规划许可证、建设工程规划许可证、建设工程开工许可证、竣工验收备案表（预售的还应审查商品房预售许可证或销售许可证），且必须由规划部门进行规划验收。这些内容缺一样，都可能导致大产权证办理的搁置甚至无法办理。

（1）土地使用权出让金未交全，无国有土地使用证。

案例：临时土地证影响产权证办理

乙购买了甲开发商开发的A小区商品房一套，签署《商品房买卖合同》时，乙并没有注意到甲的国有土地使用证是临时的，只注意到自己所购买的房屋在预售许可证显示的可预售范围内。等到办理产权证时，乙才被告知，甲没有向政府交齐全部土地使用权出让金，乙所在的楼无法办理大产权证，乙的产权证也无法办理。

【评析】：对开发商而言，土地使用权出让金通常占总投资的很大一部分。为利于房地产开发顺利进行，推进工程建设的进展，在使开发商先收到的购房款可以用来缴纳其余未交的土地使用权出让金的问题上，有些地区的有关管理部门在操作上采取了变通的办法，即允许部分开发商先支付40%的土地使用权出让金，取得临时的国有土地使用证，并在具备其他准许预售条件时允许开发商预售一定比例的商品房；剩余商品房待开发商补齐余下60%土地使用权出让金后方能准予预售。需说明的是，正式颁发的国有土地使用证上加盖

房地产主管部门出让土地使用证专用印鉴，而在临时国有土地使用证上仅加盖房地产主管部门的印鉴及临时土地使用证专用章。

但如果严格按照《城市房地产开发经营管理条例》和《城市商品房预售管理办法》的规定，开发商在交纳全部土地使用权出让金、领取正式的《国有土地使用证》之前不能预售：

《商品房销售管理办法》第六条规定："商品房预售实行预售许可制度。商品房预售条件及商品房预售许可证明的办理程序，按照《城市房地产开发经营管理条例》和《城市商品房预售管理办法》的有关规定执行。"

《城市房地产开发经营管理条例》第二十三条规定："房地产开发企业预售商品房，应当符合下列条件：（一）已交付全部土地使用权出让金，取得土地使用权证书；（二）持有建设工程规划许可证和施工许可证；（三）按提供的预售商品房计算，投入开发建设的资金达到工程建设总投资的25%以上，并已确定施工进度和竣工交付日期；（四）已办理预售登记，取得商品房预售许可证明。"

《城市商品房预售管理办法》第五条规定："商品房预售应当符合下列条件：（一）已交付全部土地使用权出让金，取得土地使用权证书……"

新出台的《北京市城市房地产转让管理办法》第二十八条规定："开发商取得预售许可后，方可预售商品房。预售商品房，应当符合下列条件：（一）已交付全部土地使用权出让金并取得国有土地使用权证，属于预售经济适用住房的，应当取得城镇建设用地批准书……"也就是说，北京市目前不允许持临时国有土地使用证办理预售许可。

如果开发商没有国有土地使用证即开始"预售"，购房人

就应该小心了，因为如果开发商迟迟不补缴剩余的土地使用权出让金，房地产主管部门无法为开发商办理竣工工程的大产权证，而大产权证又是购房人取得小产权证的前提条件，因此，许多购房人面临入住完工项目多年而不能取得产权证的窘境。

（2）建设用地无规划许可或超规划。

案例：无建设用地规划许可 ××家庭农场二期遭拆除

2000年11月底，北京××公司占用耕地约600亩，以“××家庭农场”二期“×××”工程的名义，进行违法建设，共建174栋别墅，面积约3万平方米。北京市昌平区规划局于2001年2月22日对北京××公司“×××”工程下发了违法建设停工通知书，并于2001年3月6日核发《限期拆除通知书》，责令该公司于2001年3月31日前无条件拆除违法建筑。该公司在限期内没有执行拆除决定，昌平区规划局即按照有关法律程序向昌平区法院提出强制拆除申请。时隔不久，该公司开始自行拆除。

【评析】：前面已有论述，房地产主管部门为开发商办理大产权证之前，规划部门会对开发商的建设行为进行规划验收。开发商是否严格遵循建设用地规划许可证所述的内容进行建设即是规划验收的内容之一。

如果开发商根本没有建设用地规划许可证就开始建设并将所建房屋“预售”给购房人，购房人不但拿不到产权证，可能连房子都拿不到，因为开发商的违法建设很可能像××家庭农场一样被强行拆除！

如果开发商有建设用地规划许可证，但不按规划的范围、内容建设，同样会使产权证的办理受到阻碍。比如，开发商在规划为配套设施的土地上建设商品住宅并出售；在规划为市政路的土地上建设商品房并出售；或者超出规划用地的“红线”范围进行建设。开发商受利益和侥幸心理的驱动，

不遵守用地规划，试图用“生米煮成熟饭”的方式谋利——建好后再去跑改变规划的手续或者干脆不变规划直接出售，心存侥幸。这样的例子实践中并不少见。

出现上述情况后，一旦开发商的相关规划手续跑不下来，其超规划建设的房屋即无法办理大产权证，买了这样的房子的购房人就面临着很大的风险。

（3）建设工程变更、超规划。

案例：开发商超规划建设产生“使用权房”

甲开发商开发的某小区住宅楼，经当地政府规划部门审批，应是6层，但甲开发商建设时建到8层，多出来两层。甲开发商在销售这栋楼时，明确告诉购房人，因为超规划，规划验收做不下来，大产权证也就无法办理，购房人只能买到70年使用权，买不到小产权，因为甲开发商不打算重新报规划，也不打算交罚款。

【评析】：与建设用地超规划不同，建设工程超规划是指开发商建设的工程所占的土地用途与规划的用途一致，但是工程本身与规划不一致，例如，规划的是30层的塔楼，开发商建成了32层的塔楼，平空“冒出”了两层；规划的是地上5层地下2层的板儿楼，开发商建成了地上6层地下1层的板儿楼，地下的那一层“冒”了出来。

这样的情况，规划部门进行验收时，会对开发商进行罚款，并让开发商补交土地出让金，更严重的后果是，勒令开发商拆除超规划建设的部分（现实中较少出现）。除非开发商明确告诉购房人此房为“使用权房”、购房人也不想办理产权证，否则，购房人买了这样的房子，产权证的办理可能会延期甚至无法办理。

（4）无建设工程施工许可证。

建设工程施工许可证（即开工证）是建设单位（开发商）

符合各种施工条件、允许开工的批准文件，是建设单位进行工程施工的法律凭证，也是房屋权属登记的主要依据之一。没有开工证的建设项目均属违章建筑，不受法律保护。当各种施工条件完备时，建设单位应当按照计划批准的开工项目向工程所在地县级以上人民政府建设行政主管部门办理施工许可证手续，领取施工许可证。未取得施工许可证的不得擅自开工。各地的建委负责开工审批等项工作。

需要说明的是，建设工程施工许可证通常对持有预售许可证的开发商来说不成问题，因为能取得预售许可证的，通常不可能没有建设工程开工许可证。但因为它是购房人通常应注意的“五证”之一，故笔者在此加以列举。

（5）无预售许可证。

案例：开发商预售许可跳着办 挂羊头卖狗肉

某地甲开发商因为只交了销售楼盘的部分土地出让金，只能“跳”着办理二层、四层、六层的预售许可证，而在实际销售过程中，却是整栋楼都在销售，导致一些购房人买了房却迟迟拿不到产权证。

【评析】：上述案例属开发商拿预售许可证“挂羊头卖狗肉”。预售许可证上所明示的销售范围外的房子，因为无预售许可，当地房地产主管部门将不予办理商品房预售登记，而没有预售登记，购房人则无法办理产权证。

从现行法律规定来看，如果没有预售许可证就开始预售房屋，预售合同因违法而无效（当然，司法解释对此有例外规定[1]）。如果购房人对此明知，购房人对合同无效也应承担部分责任；如果购房人受开发商欺骗，譬如开发商伪造预售

[1] 《最高人民法院关于审理商品房买卖合同纠纷案件适用法律若干问题的解释》第二条：“出卖人未取得商品房预售许可证明，与买受人订立的商品房预售合同，应当认定无效，但是在起诉前取得商品房预售许可证明的，可以认定有效。”

许可证、涂改预售许可证、谎称有预售许可证等，则构成欺诈，本书第七章对此问题将有专门阐述。

没有预售许可证即预售商品房的，将影响开发商大产权证的办理，进而影响购房人小产权证的办理。购房人应如何预防这种风险?一是关注预售登记，积极行使自己的权利，不要轻信开发商所说的“房地局办理预售登记手续繁杂，得等着”之类的借口；二是购房人自己要提高警惕，买房时不仅要看预售许可证的证号，还要看清上面所明示的销售范围是什么，提防一些不法开发商利用销售许可证的办理方法钻空子，把没有办理预售许可证的房子也一并出售。

2. 与购房人订有《产权代办委托协议》的，开发商无正当理由未履行该协议

一般情况下，购房人采用按揭贷款方式购买商品房的，开发商会要求购房人委托开发商代为办理产权证，因为开发商在购房人之小产权证办理完毕之前，要为购房人之按揭贷款对银行承担连带保证责任（即一旦购房人不按时还月供，银行就直接从开发商同时也是担保人的账户上划走同等数额的款项），为尽早解除自己的担保责任，开发商有必要促进小产权证尽早办理完毕、交予银行，银行取得他项权证后，开发商的担保责任解除。这种情况是“必须”委托。

其他情况下，买受人出于省事的目的，也可委托开发商代为办理产权证。这种情况是“可以”委托。

无论是必须委托，还是可以委托的情况，开发商与购房人之间都会有《产权代办委托协议》，该协议约定了双方的权利义务。开发商作为代办人，如果不履行代办人的义务（譬如，怠于履行自己的义务或者将某购房人遗漏），也会导致产权证不能按期办理。

3. 开发商将土地使用权等抵押

如果开发商在预售前已将土地使用权等抵押，将影响购房人产权证的办理，可能的情况如下：

（1）土地使用权抵押后再预售　目前国家对于土地使用权抵押后能否预售没有禁止规定，因此很多情况是房地产主管部门不审查开发商的土地使用权是否已抵押，只要符合相关条件，就颁发预售许可证。而银行一旦行使抵押权，将该土地使用权连同土地上新增房屋一起拍卖，购房人将面临有房无地的处境。许多购房人入住很长时间仍办不了产权证，事实上是土地使用权已被抵押给了银行。

（2）在建工程项目抵押后再预售　在办理大产权证之前，开发商可以在建工程设定抵押取得贷款。因没有禁止性规定，有些地方的房地产主管部门也会对在建工程抵押后预售的商品房给予预售登记。如果开发商故意隐瞒在建工程已抵押的事实，将造成购房人在不知情的情况下购买已设定抵押的商品房以致长时间拿不到小产权。

（3）重复抵押后再预售　目前我国抵押登记制度不太健全，这使得有的开发商有机可乘，能将同一商品房分别用国有土地使用证和房屋所有权证向不同贷款人办理贷款抵押，此后又隐瞒抵押事实与购房人签订商品房买卖合同，协助购房人办理商品房抵押贷款手续，就会出现在同一商品房上存在多个抵押合同。

（4）购买人权益与承包人的法定抵押权的冲突

因开发商在建楼过程中与承包人产生纠纷，已预售的商品房被法院查封，禁止全部房屋买卖、抵押及转让的情况在房地产实务中并不少见。买到这样的商品房的购房人要想拿到小产权证也是很难的。

开发商资金流出现紧张时，多会将土地使用权抵押给银行，从银行获得贷款。按照我国的现行法律、法规的规定，

以土地使用权抵押并不影响开发商取得预售许可证。但开发商取得预售许可证后实际预售时，应该取得抵押权人的同意并告知预购人。因为：

《担保法》第四十九条规定："抵押期间，抵押人转让已办理登记的抵押物的，应当通知抵押权人并告知受让人转让物已经抵押的情况；抵押人未通知抵押权人或者未告知受让人的，转让行为无效。转让抵押物的价款明显低于其价值的，抵押权人可以要求抵押人提供相应的担保；抵押人不提供的，不得转让抵押物。抵押人转让抵押物所得的价款，应当向抵押权人提前清偿所担保的债权或者向与抵押权人约定的第三人提存。超过债权数额的部分，归抵押人所有，不足部分由债务人清偿。"

《担保法》第五十五条规定："城市房地产抵押合同签订后，土地上新增的房屋不属于抵押物。需要拍卖该抵押的房地产时，可以依法将该土地上新增的房屋与抵押物一同拍卖，但对拍卖新增房屋所得，抵押权人无权优先受偿。"

如果土地使用权已办理抵押登记，开发商又将该土地上新增的商品房预售给购房人，新增的商品房房屋本身不属于抵押物，但因新增的商品房必然要和该土地上建设的其他商品房一起分摊土地使用权，所以，购房人所购的商品房实际是"房屋＋地"，这"地"代表购房人应得的那部分土地使用权。开发商要将"房屋＋地"预售给购房人，就必须取得土地使用权抵押权人的同意，并将抵押事实告知购房人。否则，转让行为无效。

尽管开发商预售商品房取得了土地使用权抵押权人的同意，并已告知购房人土地使用权已抵押的事实，但开发商的大产权证能否顺利办理还是问题。在开发商对抵押权人履行债务、换取抵押权的注销之前，开发商对《国有土地使用证》

的权利都是不完全的，这将影响大产权证的办理。即使抵押权人同意开发商办理大产权证，大产权证办完以后也会抵押给原抵押权人，这必将影响购房人小产权证的办理。

（二）因购房人原因导致产权证无法办理

1. 与开发商订有《产权代办委托协议》的，购房人无正当理由未履行该协议

（1）契税、公共维修基金等税费未按时交纳。

购房人要想获得小产权证，必须交纳契税、公共维修基金等税费，否则，房地产主管部门不给办理立契过户。

以首付20%、按揭80%的按揭购房客户为例，小产权证办完后是要交给银行的，银行取得他项权证后，才将产权证还给购房人。还给购房人的这份产权证除了能证明购房人是处分权能受限制的所有权人外，几乎作用不大——不经银行同意无法进行房屋的转让、赠与、交换，如果想做重复抵押只能就房屋实际价值与按揭欠款（银行债权）之差额部分进行。而取得这份受限制的产权证还要付出1.5%～3%～5%的契税（契税的范围全国各地不尽相同）、2%

的公共维修基金，这样算下来是首付款的1/3强，真是一笔不小的数目。对于那些兜里没有太多闲钱、为了找个“安身立命”之处才购房、购房后还要留一笔钱来装修的普通购房人而言，很可能不着急交契税、公共维修基金了——先住进去再说，产权证慢慢办吧！这“不着急”的结果就是：小产权证无法按期办理。

除了契税、公共维修基金，购房人还需交纳房产印花税、登记费、测绘费、工本费及其印花税。这些税费缺一项，都会导致小产权证无法办理。

（2）购房人未交齐身份资料、证明等。

购房人的身份资料和证明是办理立契过户、“分割”大产权证的前提。如果购房人故意不提供或因过失未提供（如购房人以为自己提供了，或于小产权证办理期间出国未归），均会构成产权证办理的障碍。

（3）购房人未履行《产权代办委托协议》约定的应由购房人履行的其他义务。

购房人与开发商订有《产权代办委托协议》的，开发商一般会要求购房人在办理入住时如实填写好房地产主管部门下发的有关表格、文件，这些表格、文件是办理小产权证所必需的。如果购房人未填写或填写不真实，可能会导致小产权证无法办理。

2. 商品房实测面积比原购房合同面积大，购房人应补交而未交面积差价款

购房人办理入住时，通常会涉及实测面积的问题。如果实测面积与合同约定面积的误差超出了±3%，购房人有权退房。除此之外，购房人应与开发商进行据实结算——多退少补。

实测面积大于合同约定面积时，购房人应按合同约定补

交面积差价款。如果购房人未补交，又办理了入住，开发商是否有权以购房人欠房款为由拒绝履行《产权代办委托协议》，拒绝为购房人办理产权证？或者产权证即使办理下来，也扣着不发？笔者认为，开发商有权这样做。因为购房人不按合同约定补交面积差价款，与逾期付款一样，属违约行为。购房人违约在先，开发商可行使抗辩权，直至购房人补交面积差价款。

（三）因政府职能部门的原因导致产权证无法按时办理

房地产主管部门的办公自动化、信息化程度跟不上形势的发展，内部电脑尚未联网，造成收件、审核有些重复及审核时间过长，影响办证速度。另外，规划部门处理违章、规划验收、改变房屋使用用途，国有资产管理部门对实物地价房屋接收也需要一定时间。

第四节 法律责任

一、开发商的违约责任

（一）开发商与购房人有特殊约定的情形

开发商与购房人明确约定产权证何时办理、未能按时办理时违约方承担何种违约责任的，按照该约定处理。

（二）开发商与购房人无特殊约定的情形

1．开发商给付违约金

由于开发商的原因，购房人在下列期限届满未能取得房屋权属证书的，除当事人有特殊约定外，开发商应当承担违约责任：1）商品房买卖合同约定的办理房屋所有权登记的期限；2）商品房买卖合同的标的物为尚未建成房屋的，自房屋交付使用之日起90日；3）商品房买卖合同的标的物为已竣工房屋的，自合同订立之日起90日。

合同没有约定违约金或者损失数额难以确定的，可以按照已付购房款总额，参照中国人民银行规定的金融机构计收逾期贷款利息的标准计算。

2．开发商承担退房、赔偿损失的风险

《城市房地产开发经营管理条例》第三十三条规定："预售商品房的购买人应当自商品房交付使用之日起90日内，办理土地使用权变更和房屋所有权登记手续；现售商品房的购买人应当自销售合同签订之日起90日内，办理土地使用权变更和房屋所有权登记手续。开发商应当协助商品房购买人办理土地使用权变更和房屋所有权登记手续，并提供必要的证

明文件。”

商品房买卖合同约定或者《城市房地产开发经营管理条例》第三十三条规定的办理房屋所有权登记的期限届满后超过一年，由于开发商的原因，导致购房人无法办理房屋所有权登记，购房人有权要求解除合同，并要求开发商赔偿损失。

二、购房人的违约责任

（一）法无明文规定

因购房人原因导致产权证无法按时办理的，购房人是否应对开发商承担违约责任？我国现行的法律、法规、规章并没有明确规定。

房地产实务中，如购房人与开发商订有《产权代办委托协议》，但购房人未按时交纳契税、公共维修基金及其他必要的税费，或未按时提交身份资料、相关的证明文件，或未如实填写房地产主管部门下发的表格文件，造成开发商无法顺利完成产权证代办手续、无法按合同约定或法律、法规的规定按时办理完毕小产权证时，购房人自己承担产权证不能按时办理的后果。除此以外，开发商并不追究购房人的违约责任，哪怕因为小产权证未能及时办理导致开发商的阶段性担保责任迟迟得不到解除。

（二）开发商能否因担保责任未解除而向购房人索赔

首先，小产权证因购房人原因未能及时办理，但如果购房人按时还月供，按揭贷款银行是不会让开发商承担担保责任的，也就相当于开发商的担保责任处于“睡眠状态”，开发商没有实际的损失。

其次，小产权证因购房人原因未能及时办理，同时，购房人不按时还月供，导致按揭银行直接从开发商账户上划走月供款，即让开发商承担了担保责任。这时，开发商因为购

房人承担了担保责任而取得对购房人的债权——有权向购房人追索垫付的按揭款。开发商主张该债权时，应有权主张相关利息或逾期还款的违约金（视开发商与购房人的合同约定而定）。该债权基本上是因开发商的实际损失而发生的——垫付了多少按揭款，垫付的这些按揭款又生出多少利息等。

但很少有开发商会要求：无论是否实际发生垫付按揭款的情况，只要是购房人原因导致小产权证办理延迟，购房人都应承担违约责任，就像司法解释里所隐含的意思一样——因开发商原因导致产权证办理迟延时，无论购房人是否有实际损失开发商都应承担违约责任（因为司法解释里规定的开发商的违约责任并不是基于购房人有损失，而是基于产权证延迟办理的事实）。

笔者认为，在产权证的问题上，司法解释对开发商要比对购房人苛刻得多，这种“矫枉过正”的做法难免产生新的不公平。等开发商们被一堆一堆的产权证诉讼搅得焦头烂额时，恐怕会更加“刻薄”地在合同里加一条购房人的违约责任——无论是否实际发生垫付按揭款的情况，只要是购房人的原因导致小产权证办理延迟，购房人都应按一定标准（比如房价款的5%）向开发商给付违约金。这样才会显得公平一些。

第五节　百家争鸣——维权中值得探讨的问题

一、产权证不能按时办理对不同购房人的影响

（一）按揭贷款的购房人

从商品房买卖实践来看，90%以上的购房人选择按揭贷款、开发商承担阶段性担保责任的付款方式。

在这种付款方式中，开发商的义务除了要向购房人提交符合合同约定的房屋外，还要在购房人与银行的《贷款合同》中为购房人向其贷款银行承担阶段性连带担保责任，即在购房人的产权证办理完毕并抵押给银行前，如果购房人违反了贷款合同中约定的义务、应承担违约责任时，开发商应承担连带保证责任。因为开发商的资金实力与个人相比总是要强一些，银行为方便起见，一般是直接从开发商的账户中划款了事，开发商替购房人垫付按揭款后自行向购房人追偿。这样无形中加重了开发商的责任和风险。而购房人因为办理完毕产权证后要抵押给贷款银行，由银行领取《房屋他项权证》，即购房人拿到的产权证之权利是受到抵押权限制的。购房人向银行偿付全部贷款后，方能解除银行抵押权的限制，因而一般情况下，这样的产权证对购房人的意义并不是特别大。相当一部分购房人办理产权证并不积极还有一个重要原因，就是契税和公共维修基金。按照我国的现行规定，购房人要想办理产权证，必须先交纳一笔契税、公共维修基金。公共维修基金为房款的2%（别墅为1.5%），

契税为房款的1.5%～3%～5%。对于按揭贷款购房的购房人来说，契税、公共维修基金是一笔不少的钱。要交上这样一笔为数不少的钱，换回一个受到抵押权限制的产权证，有的购房人就不太愿意或者不是很着急了。所以，这两年出现了一个怪现象，就是购房的业主不着急办产权证，而开发商比较着急，追着业主要求交纳契税、公共维修基金并办理产权证。

于是，开发商出于保护自己的目的，通常会对选择这种付款方式的购房人在买卖合同中添加一些限制购房人权利的条款，比如要求购房人在办理入住前缴清契税、公共维修基金（仅从字面上看，这样做似与相关规定相左，文件中规定的是立契过户时缴纳）、提交办理产权证需要由购房人提供的个人资料（如身份资料）等，以便尽快办理完毕产权证，解除自己的担保责任。银行方面对购房人（借款合同中的借款方）也会有同样的要求，要求购房人必须委托开发商办理产权证、开发商办理完毕产权证后应将产权证直接交给银行办理抵押，实物抵押毕竟比开发商的担保更有保证，因为毕竟不是所有的开发商会长时间地保持良好的资信。

综上所述，采用按揭贷款付款方式时，开发商比购房人更有动力去关注产权证的办理。如果开发商未能及时办理完毕产权证，丝毫不影响购房人与其贷款银行之间的合同履行，即银行不会因为产权证未能及时办理而让借款人（即购房人）承担违约责任，因为开发商为购房人向贷款银行提供了阶段性连带保证责任，几乎不会给购房人造成任何损失；如果开发商未能及时办理完毕产权证，也不影响购房人最终取得房屋所有权，即便是开发商破产，购房人所购买的房屋也受到保护，因为尚未办理产权证或者产权过户手续但已向

购房人交付的财产不属于破产财产❶。当然，购房人也不是完全不受产权证办理的影响，购房人受到的影响无非是两点：（1）无法以《房屋所有权证》简单明了地向其他人宣示自己的权利，而必须借助《商品房买卖合同》等佐证，这会使购房人合法出租自己的房屋变得麻烦；（2）如果购房人想以相当于首付款和已付按揭款部分的房屋价值做抵押（即重复抵押），比较困难。

但是，综合起来考虑，在这种付款方式下，仅仅因为产权证不能及时办理就要开发商承担司法解释中规定的如此重的违约责任，有违公平原则。虽然开发商一般会比较关注产权证，但这并不代表购房人就因此有理由不去关心产权证的办理。笔者在本章“维权的法律规定”之“产权证办理中买卖双方的主要权利义务”结尾对此有论述。

（二）不通过按揭而一次性付清全款的购房人

有不到5%的购房人选择一次性支付全款的付款方式。

对于一次性付款的购房人，因为产权证办理完毕后购房人就可以加以充分利用（抵押、转让、出租、赠与、入股等），开发商不必再承担交付房屋以外的其他责任，因而按照现行的司法解释的规定，如因开发商的原因，导致产权证不能按照规定时间办理，开发商承担违约责任。在这种付款方式下，真正关注产权证办理期限的人是购房人。

购房人会非常关注合同中关于产权证办理的期限的约定，他们非常希望开发商能在最短的时间内办理完毕产权证。但由于开发商自知不能按照法律规定的时间履行完毕自己的义务（受到我国目前房地产行政之特殊现实的影响），会

❶ 参见《最高人民法院关于审理企业破产案件若干问题的规定》第七十一条：“下列财产不属于破产财产……（六）尚未办理产权证或者产权过户手续但已向买方交付的财产……”

希望有比较长点的时间来保证自己不违约，这个问题会成为双方争论的焦点问题。

（三）按揭贷款并由第三方担保的购房人

在购房人中，有不到5%的购房人选择的为按揭贷款、第三方（如北京市住房担保中心）承担担保责任的付款方式。

选择按揭贷款付款方式，但不选择开发商作担保人，而选择第三方为担保人（购房人需交纳一定的担保费），对于开发商而言也应视为购房人一次性付款。

如果因为开发商的原因，导致产权证不能按照规定时间办理，开发商所承担的责任，同购房人一次性付清全款的方式下所应承担的责任相同。在这种付款方式下，真正关注产权证办理期限的人是承担担保责任的第三方。

第三方会把第一种付款方式中开发商对购房人的限制性条款在与开发商和购房人的三方协议中（或分拆成两个两方协议）加入进来，作为为购房人承担担保责任时购房人应履行的对应义务的一部分。

综上所述，在不同的付款方式下，买卖双方对产权证办理期限的关注程度是不同的，权利义务应有所不同，迟延办理产权证对购房人造成的后果也是不同的。因此，应当区分不同情况制定不同的违约责任，不能不加区分地不管在什么情况下违约都规定一样的违约责任；另外，也不能只规定开发商的违约责任，购房人违约的，也应加以规定。

二、产权办理与商品房买卖合同的关系

（一）开发商是否应在商品房买卖合同中承诺办理产权的时间

从我国的民法理论看，不动产所有权的取得必须经过登记。商品房买卖合同中，购房人的目的是为了取得商品房的

所有权，小产权证未办理，房屋的所有权就不发生转移，买卖合同的目的就无法实现，因此，取得小产权证对购房人来说至关重要。但这是否意味着开发商有义务承诺小产权证办理的时间？ 答案为否，因为：

在我国房地产法律实务中，小产权证的取得比较特殊，这一点笔者在前文已论述过——申请办理小产权证的义务人是购房人而不是开发商，开发商在小产权证的办理中只有协助义务。

许多购房人对此表示难以理解——我买房还得自己去办产权？ 难道房子本身不带产权吗？ 像买杯子一样一手交钱一手拿产权证多好！事实上，一手交钱一手拿产权证是不可能的，即使是二手房的买卖，出卖人交给购房人的产权证也不可能直接以购房人为权利人，购房人还得去申请办理过户。这无疑使得产权证问题变得复杂起来——卖房子的开发商却没有义务为购房人办理产权证，这是不是太不合理？

事实上，开发商虽无义务直接为购房人办理小产权，但其有义务在一定期限之前办理完毕大产权；由于大产权是小产权办理的前提，从大产权中分割出小产权又完全能由购房人自己控制（何时交纳契税、公共维修基金等税费，何时就能顺利完成分割），因此，只要约束开发商办理大产权证的时间，就足以在产权证问题上保护购房人的合法权利。这样一来，开发商的“协助”义务又具有了特殊的含义——不是简单的协助，而是要保证在一定期限之前拿下大产权证。又鉴于目前大产权证的办理受到多种因素的制约——能不能按时办理不是开发商一方说了就行的，还要取决于有关行政部门的办事效率。所以，法律、法规并未直接规定大产权证应在多长时间内办理完毕，而只要求开发商在建设工程竣工后一定时间内将办理初始登记的相关资料交到房地产主管部门。

如此看来，开发商不承诺小产权办理的期限但承诺提交完整的办理初始登记所需资料的时间（或者承诺大产权证办理完毕的时间）是合理的。但是，如果开发商接受了购房人的委托，代为办理小产权证，就应该同时承诺小产权证的办理期限，只不过在这种情况下购房人没有必要再去关注作为小产权证办理前提的大产权证的办理期限，只用关注最终的结果就行了。

上述结论与司法解释第十八条[1]并不矛盾。司法解释是从否定的角度来规定的：因开发商原因导致购房人小产权无法按期办理时开发商应承担违约责任。这样的规定可理解成：在购房人未委托开发商代办产权的情况下，如果开发商按照承诺的时间提交了办理初始登记所需的完整资料或者按照承诺的时间办理了大产权证，“出卖人原因”就不能成立；在购房人委托开发商代办产权的情况下，如果开发商未能按承诺的时间为购房人办理小产权，则可能构成“出卖人原因”。

（二）办理产权证以多长时间为合适

司法解释在产权证的办理上只关注了商品房买卖合同的双方当事人，却未将行政效率低下的因素考虑进来。司法解释第十八条提到了两个日期，在买卖合同双方没有特殊约定的情况下，如因开发商的原因导致购房人自房屋交付使用之日起90日内（预售）或合同订立之日起90日内（现售）没有办理完毕产权证的，开发商应承担违约责任。前文已有论述，这样的时间限制并不合理。那么，产权证的办理到底需要多长时间？

[1] 由于出卖人的原因，买受人在下列期限届满未能取得房屋权属证书的，除当事人有特殊约定外，出卖人应当承担违约责任：（一）商品房买卖合同约定的办理房屋所有权登记的期限；（二）商品房买卖合同的标的物为尚未建成房屋的，自房屋交付使用之日起90日；（三）商品房买卖合同的标的物为已竣工房屋的，自合同订立之日起90日。

按照现行法律、法规的规定，开发商提交了应由其提供的资料后，即履行完毕自己的法定义务。开发商应提供的资料通常包括开发类文件（房屋交付前取得）和验收类的文件(房屋交付后取得)。

开发类文件包括从立项开始到规划验收、取得竣工验收备案表、实测面积报告等。通常情况下，开发商都是在取得竣工验收备案表、实测面积报告后即开始交付、为购房人办理入住，按照司法解释第十八条，此时开始计算90天办证时限。如果缺少开发类的文件会导致开发项目本身的不合法或开发的产品无法向购房人交付。因此，国家各主管行政机关对这类文件的取得规定了严格的审查程序或批准程序。开发商会很快完成提交这部分资料的义务。

验收类文件包括地价核实、地价核实复函，取得这些文件后才能够办理开发商的大产权证。这部分资料要在入住后开始申报并取得。通常情况下，取得验收类文件要2个月以上的时间,办理大产权证又至少需要1个月的时间。而购房人的小产权证又得在开发商取得大产权证后才能开始办理。每一批购房人的小产权证（按50个计算）按目前的工作常规由开发商统一办理需要3～6个月的时间（其中包括交纳公共维修基金、做分户图表、上网确认、立契交易、初审、复审、发证等环节,涉及到房地产主管部门的多个部门)。如果入住规模较大，需办产权证的户数较多的情况下，则需要更长的时间。

仔细比较一下《城市房地产开发经营管理条例》第三十三条的规定和司法解释第十八条，同样是规定了两个90天，但前者规定在90天内要完成的工作是产权登记，后者要完成的工作是领取产权证。按照通常的理解，这两个工作结点之间还要相差3～6个月呢。所以，司法解释的规定有脱离实际的嫌疑。

在这种情况下，开发商只能利用当事人意思自治的原则，迫使购房人接受长时间的办证承诺期，以避免出现违约的情况。开发商的无奈换取的是购房人的不解和买卖双方关系的紧张。这样做的结果是把司法解释架空了。

三、契税、公共维修基金的交纳方式

（一）开发商为什么要求购房人入住时交纳契税

《中华人民共和国契税暂行条例》第八条规定："契税的纳税义务发生时间，为纳税人签订土地、房屋权属转移合同的当天，或者纳税人取得其他具有土地、房屋权属转移合同性质凭证的当天。"

契税是购房人取得产权证时向国家交的税。房地产实践中，开发商通常让按揭贷款买房的购房人提前交纳契税（一般是办理入住时），原因很简单：在小产权证办理完毕并抵押给按揭贷款银行之前，开发商为购房人向银行提供阶段性保证责任，为了尽早摆脱自己的风险，开发商会对购房人做出提前交纳契税的要求（目的是为了尽快办理完毕小产权证）。当然，也不排除有些开发商占用资金的可能性。

从现实情况看，开发商做出这样的要求有合理的一面，也有不合理的一面。如果开发商在《商品房买卖合同》的补充协议中做出了这样的要求，购房人又同意了，双方就应按约定的内容履行。但按约履行并不影响购房人向开发商主张相应利息的权利——购房人向开发商交付契税的日期与开发商将契税款交到房地产主管部门的日期之间存在一个时间差，这期间的利息，购房人应能主张。事实上，如果个别按揭贷款的购房人执意不肯提前交，开发商可能不会让步，宁愿房子不卖也要坚持开发商的立场；但如果按揭贷款的购房人联合起来，入住时都不交，开发商可能会做出一定让步，

而这种让步也是有限的，即开发商会让购房人签承诺书，一旦开发商通知购房人交纳，购房人就必须交纳，否则，开发商将面临担保责任无法解除的不利境地。

当然，如果开发商事先并没有与购房人约定提前交纳契税，开发商无权强迫购房人提前交纳，更无权强行代办。

如果购房人委托开发商代为办理产权证，因为办理过程中有劳务支出，故一般开发商要向购房人收取一定的代办费。开发商收取这种代办费是否合法？现行的法律、法规并未明文禁止开发商收取产权代办费；从效率的角度看，委托开发商代为办理更省时、省力，开发商也比一般购房人更熟悉办理的流程，房地产主管部门也更愿意接待批量办理产权证的开发商，因此，在明确约定产权证办理期限和违约责任的前提下，交纳一定的代办费委托开发商办理对购房人来说并不是个坏选择。此外，为了突出服务的品牌，一些大的开发商都已经开始免费为购房人办理产权证，因此，购房人更应抓住机会委托开发商代为办理。

（二）开发商为什么要求购房人入住时交纳公共维修基金

公共维修基金不同于物业管理费，只用于住宅共用部位、共用设施设备保修期满后的大修、更新或改造。

以北京市为例，《关于归集住宅共用部位、共用设施设备维修基金的通知》要求，“凡本市行政区域内新建商品住宅的购买人应交纳公有住宅共用部位、共用设施设备维修基金。在办理立契过户手续时，按购房款的2%足额交纳。”《通知》还规定，此基金向市或区县小区管理办公室交纳，由其代管，小区成立管委会后，小区办将其移交管委会或经管委会同意交由物业企业代管。管委会成立前，基金使用由开发商或物业公司提出使用计划，经房地局审核后划拨；管委会成立后，维修基金的使用由物业企业提出年度使用计划，经

管委会审定后实施。

购房人可自行交纳公共维修基金，也可以委托开发商代收。那为什么开发商一定要在入住前强行收取此项基金呢？原来，交纳公共维修基金与交纳契税一样，是小产权证办理的前提。部分按揭买房的购房人并不急于办理产权证，也就不急于交纳此基金，这样，开发商的阶段性担保责任就迟迟得不到解除，开发商当然不愿看到这样的情况发生，因此会要求按揭的购房人在入住前交清公共维修基金。如果购房人没有选择开发商作为按揭的担保人，则开发商通常情况下不会要求购房人在入住前交纳公共维修基金，这也符合权利义务对等的原则。

第六节 附带问题

一、产权证如何辨真伪

产权证分两种版本，一种是普通版，另一种是2000版。

（一）普通版

1. 纸张

真产权证的内页纸张用的是定向不定位的产权证专用水印纸，它是采用特殊工艺制做的产权证专用纸，其识别方法类似人民币的水印头像；假产权证的水印质量粗糙、模糊不清，有些假产权证是印刷上一层白色不透明油墨冒充水印，如果仔细辨别，可分出孰优孰劣；且真产权证纸张光洁、挺实，假产权证纸张手感稀松、柔软。

2. 防伪底纹

真产权证底纹采用浮雕文字“房屋所有权证”六个字，字迹清晰，线条光滑，容易识别。造假者很难做到颜色深浅、色彩的统一。

（二）2000版

除了以上普通防伪特征外，2000版特别制作了如下防伪：

1. 微缩文字

真产权证的内页花边里藏有微缩文字。微缩文字用肉眼看似乎为一道虚线，在放大镜底下则清晰可辨。假产权证则字迹模糊、不易辨认。真产权证由建设部监制，一般在封三右下角印有承印企业。

2. 防伪底纹

产权证书面页采用产权证专用浮雕底纹。真产权证底纹的浮雕字立体感强，线纹清晰；假产权证的底纹由于是扫描复制的，线条臃肿或有断线。

3. 防伪团花

真产权证书封二团花的花芯为劈线花芯，即在花芯中藏有一个双线小花。假产权证的制作过程由于没有专业线纹技术，这部分也会模糊不清。

二、产权证办理完毕前如何转让商品房

越来越多的购房人买房是为了投资，而不是自己居住，当自己购买的商品房价格上涨时，购房人可能会考虑趁行情好赶快出手，而不必等到产权证办理完毕。

为居住之目的买房的购房人也有可能在产权证办理完毕前转让该商品房，比如工作调动、看上了更合适的房子、收入减少支付不起月供等等。

可见，购房人有在产权证办理完毕前转让所购商品房的需求，现行的法律、法规是如何反映这种需求的呢？我国《城市房地产管理法》第四十五条规定："商品房预售的，商品房预购人将购买的未竣工的预售商品房再行转让的问题，由国务院规定。"这一规定实际上是对商品房预售转让的认可。

鉴于商品房在办理完产权证后进行转让应属二手房转让，规定和程序与二手房的交易相同，笔者在此讨论的预售商品房转让限定在产权证办理完毕前。而产权证办理完毕前的预售商品房转让又有两种划分标准，一是以商品房买卖合同是否经过预售登记来划分，二是以购房人是否付清全部购房款（即是否全部履行了买受人义务）来划分。

需要说明的是，现售商品房的购房人也可能会在产权证办理完毕前转让该商品房。因商品房现售本身不用办理

预售登记，现售商品房的转让也就不涉及变更预售登记问题。如购房人尚未付清房款，须征得开发商同意才可转让；如购房人已经以自有资金付清房款，根据《合同法》的相关规定，购房人只要通知开发商即可转让；如购房人已以“首付款＋按揭款”付清房款，但对银行的贷款尚未还清，则转让须征得银行同意。

（一）预售登记前后

没有办理预售登记的预售商品房转让比较简单，开发商、购房人与受让人协商一致后，购房人与开发商解除原商品房买卖合同，受让人与开发商重新签订商品房买卖合同，不需通过国土房管部门的批准，不必履行相应的程序，也不涉及到银行。

已办理过预售登记的预售商品房转让相对来说复杂一些。实践中，常常让购房人头疼的也是这种情况。已办理预售登记的，根据购房人是否付清全款，又有不同的转让程序，参见下文。

（二）付清全款前后

商品房买卖合同中，购房人最主要的义务是付清全部房款。通常情况下，开发商最关心的是购房人有没有支付能力，只要购房人能支付房价款，开发商不会刻意地关心最终住到房子里的人是谁，也就是说，除了房价款外，开发商没有理由阻止购房人再次转让其所购商品房。因此，笔者认为：1）购房人以自有资金付清全款后将其所购商品房转让接近于合同债权转让（尽管购房人在《商品房买卖合同》中还有其他义务，不能称之为严格的债权转让);2）购房人未付清全款（首付款未付清或按揭贷款未到账）而将其所购商品房转让相当于合同权利、义务一并转让；3）购房人在还清按揭贷款前将其所购、尚未取得产权证的商品房转让，就商品房买卖合同

而言接近于合同债权转让，但就借款合同而言，相当于债务转移。

债权转让与合同权利义务一并转让有区别：债权转让时，只需通知债务人；合同权利义务一并转让时，则应经过合同相对方的同意，根据是《合同法》：

第七十九条："债权人可以将合同的权利全部或者部分转让给第三人，但有下列情形之一的除外：（一）根据合同性质不得转让；（二）按照当事人约定不得转让；（三）依照法律规定不得转让。"❶

第八十条："债权人转让权利的，应当通知债务人。未经通知，该转让对债务人不发生效力。债权人转让权利的通知不得撤销，但经受让人同意的除外。"

第八十九条："权利和义务一并转让的，适用本法第七十九条、第八十一条至第八十三条、第八十五条至第八十七条的规定。"

为方便起见，下面的讨论以开发商与购房人并未约定合同权利不得转让为前提：

1. 购房人以自有资金付清全款后将其预购的商品房转让

购房人只用书面通知开发商并按相关规定申请变更预售登记即可。

以北京市为例，《北京市城市房地产转让管理办法》第四十四条规定："预购人在预售登记后、商品房竣工前转让其预购的商品房的，按照下列规定办理：（一）未付清预售

❶ 首先，法律并未禁止预售商品房的转让；其次，商品房买卖合同也不属于"根据合同性质不得转让"的类型；再次，如果开发商与购房人并未约定合同权利不得转让，商品房买卖合同中的购房人权利是可以转让的。

商品房预售合同约定的总价款的，预购人应当取得房地产开发企业同意；（二）已付清预售商品房预售合同约定的总价款的，预购人应当将其转让预购商品房的情况书面通知房地产开发企业。”

“转让预购的商品房的，预购人与受让人应当签订书面合同，并在合同签订后15日内依照本办法第四十条[1]的规定到原登记机关申请变更预售登记。”

2. 购房人未付清全款而将其预购的商品房转让

通常情况下，购房人未付清全款分两种情况：一是首付款、按揭款均未付清；二是首付款付清了，但按揭款没到开发商账上。一般不会出现按揭款到账了首付款未付清的情况。因此，购房人未付清全款而将其预购的商品房转让，基本上不涉及跟银行的关系。

（1）购房人与受让人签订一式四份的转让合同，合同中应载明转让的预售合同的编号、转让原因、金额、面积、双方的权利和义务等内容。转让合同必须征得开发商的同意并由开发商在合同上签字盖章。

（2）开发商与购房人解除原商品房买卖合同并与受让人重新签订商品房买卖合同。这一个程序并不是必需的，有时，开发商并不与受让人重新签订商品房买卖合同。

（3）转让双方持预售合同、转让合同及有关证件到预售登记的交易主管部门申请变更预售登记。经该部门审核转让合同符合规定的，由经办人填写《预售商品房转让审批表》，

[1] 第四十条：“房地产开发企业应当自商品房预售合同签订之日起30日内，向市或者区、县国土房管局申请商品房预售登记，并提交下列文件：（一）房地产开发企业的营业执照和授权委托书；（二）预购人身份证明复印件；（三）商品房预售合同。房地产开发企业在前款规定的期间内未申请预售登记的，预购人可以申请预售登记。预售的商品房已抵押的，预售登记应当由房地产开发企业和预购人双方共同申请。”

报房地产管理部门审批。

（4）经批准转让的，转让双方需缴纳印花税、手续费，然后由审批部门在转让合同上加盖“预售登记专用章”，其中两份贴有印花税的正本由购房人、受让人各执一份，副本由开发商、交易管理部门各执一份。购房人所持原商品房买卖合同正本移交给受让人，待房屋正式交付入住后，受让人凭此件与开发商办理过户手续，主管机关经办人将转让合同副本、转让审批表等有关材料归入原登记留存的预售合同档案。对不准转让的，有关审批机关应通知转让人。

3．购房人在还清按揭贷款前将其预购的、尚未取得产权证的商品房转让

这种情况不仅涉及到开发商，还涉及到贷款银行，相对来说复杂一些。

（1）第一步与2（1）相同；

（2）购房人向贷款银行提出申请，要求转让所购房屋、解除贷款合同并经银行同意；

（3）开发商与原购房人解除原商品房买卖合同并与受让人重新签订商品房买卖合同；

（4）第四步同2（3）；

（5）第五步同2（4）。

第七章　欺诈

第一节 引　　言

2001年3月15日，鹤壁市张先生购买了当地某建筑安装公司的一套住房，总价65780元。张先生交付了54800元房款，打了10980元的欠条，建筑公司出具了65780元的财务凭证。

张先生入住后不久，发现房子多处断裂，开始协商退房，随后又获悉，这套住房是开发商在1999年底未经规划部门批准擅自建设的，鹤壁市建委已下发了拆除令，法院正在强制执行，且整栋楼的房产证又被抵押给了银行，但此前张先生却毫不知情。2001年11月8日，张先生遂以欺诈销售商品房为由将开发商告上法庭，要求依据《消法》双倍赔偿。

2002年2月，鹤壁市山城区人民法院一审判决认定这家公司对张先生构成欺诈行为，判决其可获得双倍赔偿，即这家公司退还张先生54800元之后，再另外支付张先生同等数额的赔偿。2002年5月29日，鹤壁市中级人民法院终审维持一审判决。

这是一个非常典型的案例。在本案中，法官判决开发商进行双倍赔偿的依据是《消法》第四十九条。事实上，由于当时最高院司法解释尚未颁布，这样的判例在实务界和理论界还是引起了很大的反响。因为对于《消法》中规定的双倍赔偿是否适用于房地产行业，理论界和实务界一直众说纷纭，赞同者认为房屋同样属于消费品，购房人理应具有《消法》赋予消费者的权利，双倍赔偿有利于抑止开发商肆意欺诈购房人的现象，对于维护购房人的权利和促进房地产行业健康发展都有积极意义；而反对者则认为房地产行业具有特

殊性，由于标的额巨大，若适用《消法》规定的双倍赔偿会损害到房地产行业本身的发展，因此从根本上是不利于保护购房人权利的。

直至2003年3月最高法院的司法解释出台，一切争论方尘埃落定。最高人民法院颁布的于2003年6月开始实施的司法解释认定了在符合一定要件时，开发商应当承担对购房人不超过已付购房款一倍的赔偿责任。这一规定使得《消法》双倍赔偿在某些具体情况下适用于房地产行业的作法得到了司法机关的认可，对于维护购房者的合法权益具有重要意义和作用。而本案中开发商的行为正恰到好处地阐释了司法解释中规定的“开发商的欺诈”。

第二节　维权的法律依据

一、欺诈的法律定义和性质

关于欺诈，在民法理论上有若干不同认识。有人认为："所谓诈欺，即故意把不真实的情况当作真实情况来表示，旨在使他人发生错误，并进而做出迎合性的意思表示行为。"还有人认为："因受欺诈而为的民事行为，是指一方当事人故意用捏造虚假情况，或者歪曲、掩盖真实情况的手段，致另一方当事人陷入错误的认识，并且基于这种错误的认识而进行的民事行为。"最高人民法院《关于贯彻执行<中华人民共和国民法通则>若干问题的意见（试行）》第六十八条规定："一方当事人，故意告知对方虚假情况，或者故意隐瞒真实情况，诱使对方当事人作出错误意思表示的，可以认定为欺诈行为。"

在欺诈民事行为中，受欺诈一方因陷入错误而做出有瑕疵的意思表示，其本质上欠缺意思自由，是一种不真实的意思表示，不符合民法所要求的私法自治原则。所谓私法自治，"指各个主体根据他自己的意志自主构建形成法律关系的原则"，私法自治的优越性就在于：给个人提供一种受法律保护的自由，使个人获得自主决定的可能性。就行为本身而言，每个人都有权自由地决定是否从事某项行为，也就是所谓的当事人享有的自决权原则。

欺诈行为从本质上说，由于故意提供虚假信息使当事人做出错误的意思表示，是对其意思自由的不适当干预，从本

意上讲不是当事人真实意思的表示，从私法角度来看是对当事人自决权的侵犯，因而是有效力瑕疵的民事行为。因此根据私法自治原则，“当事人协商一致即法律”，各国民法给予受欺诈方一切选择可能性，即他可以根据具体的客观条件充分利用撤销权以实现自己的利益最大化：如果他认为该民事行为对其利益有损害，则可以利用法律赋予的权利撤销该民事行为，使之归于无效，并且恢复到发生欺诈行为之前的状态；反之，如果他认为这一在被欺诈的情况下所进行的民事行为对其本身利大于弊，又可以选择不行使法律赋予的撤销权，以保证自己获得的利益。

总之，法律赋予被欺诈方一定的自主权，从而实现法律所追求的公平价值。但是，如果被欺诈方迟迟不作选择，使得这一法律关系始终处于不确定的状态，就违反了法律保护法律关系稳定的价值，属于被欺诈方对法律赋予权利的滥用。出于这一考虑，各国都对被欺诈方行使撤销权有一个时间限制，以免法律关系长期处于不稳定状态。但必须明确指出的是欺诈人不但不享有撤销权，反而必须承受一定时间内这种不稳定状态的负担。

二、开发商的信息披露义务

应当指出的是，开发商的某些行为，例如隐瞒房屋的某些客观情况而进行销售，从某种角度来看似乎不是对购房人的主动欺诈，但是法律仍然认为这构成对购房人的欺诈。这在相当多的情况下是因为开发商对购房人承担了一定程度的信息披露义务，而且这一义务从双方开始接触洽谈一直到履行完合同之后的一段时间内，贯穿了开发商与购房人房屋买卖关系的始终。

一般说来，不管合同各方当事人的意思如何，谈判的开

始就已产生了一种信赖的法律关系，即每一方当事人都可以希望另一方当事人以一种合理的方式考虑他的利益。这就引出合同当事人对合同成立重大事由的说明义务问题，即合同法上所说的先合同义务。可以说先合同义务的一个重要方面就是要根据订立合同的需要，使对方当事人能够获得必要的信息，以便于做出决定。这一义务在双方订立合同以及履行合同的过程中自然演变为信息披露义务，对于所有可能对合同的订立、履行有重大影响的因素都应该以合理的方式向对方披露，尤其是在双方信息不对称的情况下，掌握信息的一方要承担更重的信息披露义务。

在房地产买卖关系中，由于开发商和购房人的信息处于严重不对称，购房人作为相对弱势的一方很难获取那些对购买决策有直接影响的“秘密”，这也就意味着开发商作为掌握信息的一方要具有更加严格的信息披露义务，并且规定严格的法律责任以保障购房人正当权益。《消法》第八条授予购房人以知情权：“购房人享有知悉其购买、使用的商品或者接受的服务的真实情况的权利。

购房人有权根据商品或者服务的不同情况，要求经营者提供商品的价格、产地、生产者、用途、性能、规格、等级、主要成分、生产日期、有效期限、检验合格证明、使用方法说明书、售后服务，或者服务的内容、规格、费用等有关情况。”

同时，消法第十九条则规定了经营者的信息披露义务（包括不得作引人误解的虚假宣传的义务），从另一个方面对购房人的知情权进行保护：“经营者应当向购房人提供有关商品或者服务的真实信息，不得作引人误解的虚假宣传。

经营者对购房人就其提供的商品或者服务的质量和使用方法等问题提出的询问，应当作出真实、明确的答复。”

在现实生活中，我们可以发现经营者欺诈行为的实质就是对购房人知情权的侵犯或对经营者信息披露义务的重大违反。具体来说，开发商对购房人的信息披露应当严格遵守以下标准[1]：

1．全面性标准

开发商应当将与购房人购买商品房和购房人权益保护有关的信息完全记载于公开文件，并公之于众。所谓“全面”、“完全”是百分之百的意思。因此，只要与购房人权益有关的信息都要由开发商披露出去，有一说一，有二说二。实话只说一半等于撒谎。

当然，为了保护本企业的正常竞争和经营，开发商可不将自己的商业秘密公之于众。这不仅利于保护和维持企业的竞争优势，且利于从整体上增进广大购房人的利益。就广大购房人而言，他们为了自身的利益，也会理解并拥护开发商的保密措施。但应当严格限制营业秘密原则的适用。

2．信息披露的真实性标准

开发商所披露的信息必须是真实、准确的，不得存有虚假、遗漏、诈欺或误导的内容。如果开发商披露的信息不真实，则其披露的信息越多，对广大购房人的危害越深。为了确保信息披露的真实性标准得到落实，《消法》还应进一步规定开发商和广告商依法向购房人披露真实信息的法定义务及其违反该义务的法律责任（含民事责任、行政责任和刑事责任）。开发商和广告商对购房人吹牛也要“上税”。由于开发商披露的信息有虚假、误导或重大遗漏致使购房人蒙受损

[1] 该标准来自著名学者刘俊海在中国消费者协会和中国消费者报社两家单位联合举办的2003年商品房市场反欺诈研讨会上的发言《对于商品房买卖中的欺诈行为应旗帜鲜明地适用〈消费者权益保护法〉第四十九条》，刘俊海在发言中认为对于商品房买卖中的欺诈行为应适用《消费者权益保护法》第四十九条的规定，判决房地产开发商对消费者予以惩罚性赔偿。

失的，此类购房人有权向有过错的行为人提起损害赔偿之诉。

3. 信息披露的最新性标准

开发商所披露的信息必须是最新的，必须是能及时反映开发商及商品房的现实情况的。之所以强调信息披露的最新性标准，是由于购房人对于购房与否的判断，主要依赖于对开发商及其商品房的质量、价格等有关信息的评价。为确保开发商公开的信息具有最新性，必须保证开发商将所发生的事实能够及时地迅速公开出去，不得无故拖延；还必须保证开发商能够持续性地将其商品房本身和市场所发生的变动和变化情况随时公开出去，此即信息持续披露原则。如果在某一特定的事实发生之后，开发商未能在一定的合理期限内予以披露，或怠于履行信息持续披露义务，致使其披露的信息不具有最新性，则应对因此而蒙受损害的购房人承担损害赔偿责任。

4. 信息披露的易得性标准

该标准又称购房人接近房地产开发商真实信息的容易性标准，是指开发商所公开的信息能够比较容易地为一般购房人所接近或获得。值得注意的是，有关开发商、商品房及其市场美誉度的宣传出现在哪个信息媒体上，那么相对应的负面真实信息也应出现在哪个媒体上。比如，某开发商在中央电视台上宣传自己商品房的美誉度，也应在中央电视台上披露自己商品房的质量缺陷（如设计缺陷、室内环境污染程度）等负面真实信息。这既是信息披露易得性标准的要求，也是信息均衡、对称、全面披露的要求。

5. 信息披露的易解性标准

该标准是指披露的信息应使一般购房人较为容易地理解和利用，从而合理地判断某一商品房的消费价值。根据这一

标准，公开的资料和文件应当内容完整而又明晰，语言尽量平实、易懂，避免使用过于冗长、专业化、复杂化的用语。

6. 信息披露的合法性标准

该标准是指信息披露义务人在履行其应尽的信息披露义务时，应当遵守《消法》的规定和一般信息披露法理的要求而不得违背。

三、欺诈的构成要件

要保护购房人免受开发商的欺诈，首先就要对开发商的行为是否构成欺诈进行明确规定，而用法律术语来说，就是首先应当明确开发商欺诈行为的构成要件，简单地说就是在什么情况下法官会认定开发商的欺诈行为成立。否则开发商面对购房人的指摘大可用自己没有告知的义务或者其他借口来搪塞，而法官也会面对用什么标准来认定开发商是否构成欺诈的问题，如果没有这个标准，对开发商的约束和对购房人的保护都是一句空话。

尽管目前对开发商欺诈行为的规制有很多，如《合同法》、建设部规章以及《消法》中的相关规定等，但最具操作性的还是最高院司法解释，而最高院司法解释中所提及的欺诈与合同法理论上的欺诈并不完全相同，这一点有必要重点说明。

1. 传统民法理论中欺诈的构成要件

传统民法认为，欺诈是指当事人一方故意编造虚假或歪曲的事实，使表意人陷入错误，违背真实意思而做的意思表示。构成欺诈必须具备四大构成要件：1）从事欺诈行为的一方在主观上有欺诈故意；2）客观上有隐瞒真相或者制造假象的欺诈行为；3）被欺诈方做出了不能反映其真实意图的错误行为；4）欺诈行为使表意人陷入错误及为意思表示有因果关系。

(1) 欺诈故意　构成欺诈先要有欺诈的故意。所谓故意，即行为人必须有使对方受欺诈而陷入错误，并因此为意思表示的目的。在这里，有欺诈的故意这一问题可从两方面理解：一方面，行为人的目的就是要使相对人形成错误的认识。如果行为人非明知其表述的事实为虚假或虽明知其表述之事实为虚假，但没有使相对人陷于错误的意思，则不能认定为欺诈。另一方面，行为人还希望使相对人因其错误的认识而做出一定的行为。所以如果行为人虽明知其所表示的事实为虚假，但没有利用相对人的错误、使其做出一定意思表示的故意，则也不能构成欺诈。

民法理论上将故意作为欺诈构成的首要条件，与《消法》的立法目的是一致的。《消法》的目的是要保护消费者的合法权利，同时也鼓励经营者诚实合法的经营。一个繁荣的社会需要大量诚实合法经营的商人存在，如果经营者向消费者提供的商品或者服务虽然存在质量、数量或其他方面的瑕疵，但此种瑕疵的发生或存在的原因的确能被证明是经营者的过失而非故意，那么就不应当认定经营者存在欺诈，因此也不应适用《消法》第四十九条规定的惩罚性赔偿。当然，不构成欺诈并不等于不存在构成其他法律责任的可能，如果符合其他法律责任的构成，则另当别论。

(2) 欺诈的行为　这一构成要件从表面看就很容易理解，既然要构成欺诈，显然要有具体的欺诈行为。

构成欺诈的行为可以是作为与不作为，需要视经营者所承担的义务而定。作为与不作为是法律上特有的概念。简单地说，作为法律责任构成要件的“作为”可以理解为不应该做但做了，而“不作为”则是应该做却没做。《消法》第十九条规定：“经营者应当向消费者提供有关商品或者服务的真实信息，不得作引人误导的虚假宣传”。比如经营者知道

商品本身存在不易被察觉的质量问题，而在消费者购买时保持沉默，未向消费者提供有关该商品的真实信息，此时经营者就未履行其应该说明的义务，经营者的不作为就构成了对消费者的欺诈；如果经营者向消费者主动作了足以引人误导的虚假宣传，向消费者提供了严重失实的美化其商品的宣传资料或说明，那么经营者的作为也构成对消费者的欺诈。

（3）消费者陷入错误　所谓消费者陷入错误，不仅指消费者原无错误，受欺诈人的欺诈而陷于错误，还包括消费者已有错误，受欺诈人的欺诈而陷于更深的错误。如果消费者未受欺诈而陷于错误，则不构成欺诈。如经营者用种种手段隐瞒商品的瑕疵，仍被消费者发现最终未购买的，不能认定为欺诈。用一句话概括就是没有错误也就无所谓欺诈，更无所谓赔偿。

（4）　消费者的错误与经营者的行为之间存在因果关系　这一点也是民法理论上关于欺诈构成要件中非常重要的一点，这一因果关系对于认定欺诈是否存在非常关键。

从理论上说，错误与意思表示之间的因果关系可分为两种情况：一是如果没有经营者的欺诈行为，那么消费者根本不会做出购买行为；二是如果没有经营者的欺诈行为，那么消费者不会用这样的条件进行买卖。在实际生活中，这里的因果关系更加容易理解，具体说来就是消费者之所以愿意签订合同，并且以这样的价格签订合同，其原因是经营者的行为。只有在这样的条件下，经营者的欺诈行为才能成立，消费者才可能要求经营者承担惩罚性赔偿责任。

2．最高院司法解释中欺诈构成要件的特殊性

最高院司法解释第八条和第九条（条文内容可参见270页）中规定了五种购房人可以要求开发商承担不超过已付购房款一倍的赔偿责任。从中可以看出，第一、第二种情况下开发商是否具有主观故意、购房人是否陷入错误、购房人陷

入错误与开发商的欺诈是否具有因果关系并不是欺诈行为成立的必须要件，即只要有欺诈行为，欺诈即可成立；第三、第四、第五种情况下购房人是否陷入错误、购房人陷入错误与开发商的欺诈是否具有因果关系并不是欺诈行为成立的必须要件，即只要有主观故意和行为即可。符合上述条件，购房人就可以要求开发商承担不超过已付购房款一倍的赔偿责任，这还不包括合同无效、被撤销或被解除后购房人可以请求返还已付的购房款及利息。

3. 举证责任由谁承担

上文所述第三、第四、第五种情况下故意仍是欺诈的构成要件，因此在诉讼中一个核心的问题就是对故意的证明，即故意的举证责任应当由购房人还是由开发商来承担。举证责任的配置往往会决定诉讼的胜负，因此这一讨论确实是购房人应当关心的问题。那么，证明开发商存在主观上欺诈故意的举证责任，应由谁来承担呢？

笔者认为，在购房人与经营者之间存在着举证能力的不对称以及信息的不对称。购房人往往无法证明经营者存在着欺诈故意，开发商宣传材料所记载的内容与购房人购买到的商品不一致只能证明某种行为的存在，而这种不一致并不必然表明开发商是故意为之。事实上在许多情况下购房人可能无法证明开发商的故意是否存在，将证明欺诈故意存在的责任置于购房人一方，在许多情况下实际上可能会导致购房人必然的败诉。因此，需要由开发商来证明自己不存在主观上的欺诈故意。如果开发商能够证明自己不存在欺诈的故意，其行为则不应当构成欺诈。

四、维权的法律规定

1. 《中华人民共和国民法通则》（以下简称《民法通则》）

《民法通则》虽谓“通则”，但自颁行以来的角色却较为尴尬，——只是充当学理上民法总则的角色。但其关于欺诈的规定对于维护购房人的权利却仍具有积极意义。

《民法通则》第五十八条第一款第（三）项规定：“一方以欺诈的手段使对方在违背真实意思的情况下所为的民事行为无效。”这一规定是对严重干预当事人真实意思的欺诈行为的效力所作的最严厉的否定，也是对民事活动中当事人真实自由意思的极力尊崇。而在《合同法》实施后，当事人对于此类合同可以根据自身利益选择撤销或者保留，并非一概被判定无效，实属进步。

该法第六十一条规定：“民事行为被确认为无效或者被撤销后，当事人因该行为取得的财产，应当返还给受损失的一方。有过错的一方应当赔偿对方因此所受的损失，双方都有过错的，应当各自承担相应的责任”。这就从原则上确立了在房地产交易行为中因为开发商的欺诈而遭受的损失应当由开发商来承担。

身陷房地产欺诈之诉的购房人也许会惊奇地发现，号称民法总则的《民法通则》可能在自己的判决书上一点也体现不出来，法官也许从头到尾都在引用合同法的规定以及最高院的司法解释。但是购房人千万不要小看了民法通则这个幕后英雄，正是民法通则确定了平等、有偿等这些民法的基本原则，才一步步诞生了今天这些与购房人休戚相关的具体规定。

2.《合同法》

1999年新的《合同法》的出台是中国法治史上里程碑式的大事，合同法的平等、自愿、公平、诚信以及公序良俗等原则的确立、以及对于合同订立、履行以及违约责任等方面的完善都极大地增加了交易的安全，有助于维护购房人的权

利，其中对欺诈的法律后果有比较详细的规定。

该法第四十二条规定："当事人在订立合同过程中有下列情形之一，给对方造成损失的，应当承担损害赔偿责任：（一）假借订立合同，恶意进行磋商；（二）故意隐瞒与订立合同有关的重要事实或者提供虚假情况；（三）有其他违背诚实信用原则的行为"。

该法第五十四条规定："一方以欺诈、胁迫的手段或者乘人之危，使对方在违背真实意思的情况下订立的合同，受损害方有权请求人民法院或者仲裁机构变更或者撤销。"

新《合同法》中的一个重要变化就是将欺诈、胁迫等情况下所订立合同的效力由无效改为可撤销。这一变化在理论上给予了合同双方当事人更大的自治权，使得当事人可完全根据自己的意志和利益来确定合同效力。在市场交易中，应贯彻鼓励交易的法律精神，在不损及国家利益和不违反法律强制性规定的情况下，不宜将无效合同的范围扩大化，而应尽可能补救有瑕疵的合同使其发生当事人预期的法律效力，对当事人自由意思干预的补救措施应允许当事人自由决定。所以，赋予受损害一方当事人以撤销权应是较之认定其一概无效的更优选择。

《合同法》还对于合同无效或被撤销后的法律后果进行了详细说明。第五十八条规定："合同无效或者被撤销后，因该合同取得的财产，应当予以返还；不能返还或者没有必要返还的，应当折价补偿。有过错的一方应当赔偿对方因此所受到的损失，双方都有过错的，应当各自承担相应的责任。"该条款确定了过错方对受到损失一方进行赔偿的原则。

随后，该法第一百一十二条规定："当事人一方不履行合同义务或者履行合同义务不符合约定的，在履行义务或者采取补救措施后，对方还有其他损失的，应当赔偿损失。"第

一百一十三条规定："当事人一方不履行合同义务或者履行合同义务不符合约定，给对方造成损失的，损失赔偿额应当相当于因违约所造成的损失，包括合同履行后可以获得的利益，但不得超过违反合同一方订立合同时预见到或者应当预见到的因违反合同可能造成的损失。经营者对购房人提供商品或者服务有欺诈行为的，依照《中华人民共和国消费者权益保护法》的规定承担损害赔偿责任。"此处，通过"引致性条款"的运用，为购房人在遭开发商欺诈时适用限制性双倍赔偿打开了天堂之门。

而合同法第五十六条明确规定："无效的合同或者被撤销的合同自始没有法律约束力。合同部分无效，不影响其他部分效力的，其他部分仍然有效"。该法第五十七条规定："合同无效、被撤销或者终止的，不影响合同中独立存在的有关解决争议方法的条款的效力"。这些条款使得购房人即使在合同无效的情况下，其合同中关于解决争议等规定仍然可以遵循，有利于保持购房人对争议解决的可预期性。

3.《消法》

《消法》是对房地产欺诈在某些具体情况下适用双倍赔偿的根本制度来源，而消费者之所以能够享有此权利，源于该法对消费者赋予的基本权利。

该法第八条规定："消费者享有知悉其购买、使用的商品或者接受的服务的真实情况的权利。消费者有权根据商品或者服务的不同情况，要求经营者提供商品的价格、产地、生产者、用途、性能、规格、等级、主要成分、生产日期、有效期限、检验合格证明、使用方法说明书、售后服务，或者服务的内容、规格、费用等有关情况。"

同时，《消法》还明确禁止了经营者对消费者的欺诈行为，该法第十九条规定："经营者应当向消费者提供有关商

品或者服务的真实信息，不得作引人误解的虚假宣传。经营者对消费者就其提供的商品或者服务的质量和使用方法等问题提出的询问，应当作真实、明确的答复。商店提供商品应当明码标价。”该条款就与第八条一起，分别从正面和反面树立起维护消费者权益的保护墙。

而广为人知、且曾引起轩然大波的高法司法解释第八条和第九条之精髓就来自该法第四十九条，该条款明确指出：“经营者提供商品或者服务有欺诈行为的，应当按照消费者的要求增加赔偿其受到的损失，增加赔偿的金额为消费者购买商品的价款或者接受服务的费用的一倍。”这就意味着，如果经营者在为消费者提供产品或者服务的过程中存在欺诈行为，而且得到法院的确认，则该经营者将“偷鸡不着，反蚀一把米”，承担双倍的赔偿责任。这一规定极大地打击了违法经营者的气焰，对于维护消费者权利具有开创性意义。

4. 最高院司法解释

2003年6月1日实施的最高院司法解释因其对开发商“如冬天般无情”的若干规定而引发了轩然大波，尤其是对办理产权证的时间限制和惊世骇俗的溯及既往原则引起开发商怨声载道，但此解释中明确的开发商欺诈而所致赔偿责任却得到了业界的一片叫好。此规定真正使得购房人置于法律的保护之下，理顺了法律间的逻辑，有利于实现开发商和购房人的双赢。

第八条　具有下列情形之一，导致商品房买卖合同目的不能实现的，无法取得房屋的买受人可以请求解除合同，返还已付购房款及利息、赔偿损失，并可以请求出卖人承担不超过已付购房款一倍的赔偿责任：

（一）商品房买卖合同订立后，出卖人未告知买受人又将该房屋抵押给第三人；

（二）商品房买卖合同订立后，出卖人又将该房屋出卖给第三人。”

第九条　出卖人订立商品房买卖合同时，具有下列情形之一，导致合同无效或者被撤销、解除的，买受人可以请求返还已付购房款及利息、赔偿损失，并可以请求出卖人承担不超过已付购房款一倍的赔偿责任：

（一）故意隐瞒没有取得商品房预售许可证明的事实或者提供虚假商品房预售许可证明；

（二）故意隐瞒所售房屋已经抵押的事实；

（三）故意隐瞒所售房屋已经出卖给第三人或者为拆迁补偿安置房屋的事实。

司法解释对开发商恶意违约及欺诈行为加大了惩罚力度，规定了五种最高可以请求出卖人支付已付购房款一倍的赔偿责任。但应当指出的是，现在被宣传得沸沸扬扬的“商品房欺诈双倍赔偿”说法并不准确。《消法》第四十九条是“应当增加一倍”，最高院的司法解释是“可以不超过一倍”，两者不仅是字面差别这么简单。例如，如果开发商欺诈了买受人100万元的购房款，买受人可得的赔偿金额理论数值是0元至100万元。因此这条规定从性质上说是赋予了法官一种自由裁量权，而购房人可在此幅度内请求法官作出最高可达双倍的赔偿判决，但判决是否能如购房人所愿，则是法官的权力，他可以根据具体案情，对开发商进行惩罚性赔偿（即双倍赔偿），也可以考虑购房人的实际损失，作出抚慰性赔偿的判决。就法官作出的前种判决而言，其与《消法》的双倍赔偿原则精神一致。

司法解释第八条规定的是出卖人恶意违约的两种情形，出卖人应承担违约责任；第九条不是违约责任，实际上是缔约过错责任，不超过一倍赔偿不是依据合同，而是直接

依照法律规定对开发商欺诈行为的惩罚。这是该司法解释的一大突破，体现了对交易中诚实信用原则的高度重视。最高法院做出这一解释的用意在于形成对房地产开发商的震慑，培养业界的诚信秩序。

特别应向开发商敲响警钟的是：仔细研究最高院司法解释第八条和第九条后就会发现，如果出现一房二卖的情况，理论上开发商是有可能赔出四倍甚至更多购房款的。举个例子，开发商将一套房屋卖给了甲，商品房买卖合同订立后，开发商又卖给了乙，乙办理了预售登记。此时甲因开发商的行为无法取得所购的房屋，可以要求双倍赔偿；乙因开发商故意隐瞒的行为，也可以主张撤销合同与双倍赔偿。

5. 法律适用

购房人在遭遇开发商欺诈时不得不面临的一个问题，就是欺诈涉及的法律规定实在数不胜数，从《民法通则》、《合同法》、《消法》到最高院司法解释，乍一看都是“奉天承运，皇帝诏曰”，那么它们之间到底是何关系，购房人在维权时又如何引用呢？

按照法律适用的一般原则，在同一个问题有不同的法律规定时，应遵循“特别法优于普通法”、“上位法优于下位法”的基本原理进行。所谓特别法优于普通法，就是说对于一个问题有针对性程度不一样的法律，其中有规定的比较笼统、只是就该问题的基本原则和大致规则有一些规定的法律，被称为普通法；同时也有特别就这个问题制定的法律规定，尤其是在适用前提、构成要件、法律后果等方面都有比较详细的规定，具有更强的可操作性，称为特别法。在这种情况下，一般应当按照特别法的规定来进行法律适用。所谓上位法优于下位法，是指对同一问题有层级不一样的法律，其中有级别较高的法律，比如全国人民代表大会或者其常务委员会制

定的法律，被称为上位法；也有级别相对较低的法律，比如各级政府制定的地方法规。在适用法律的时候，应当坚持下位的法律给上位法律让路，保证上位法律的权威性。

当然，这里所说的原则是学理上的原则，在实际的案件审理中，虽然法官也基本遵循这些原则，但是在审判实践中还存在一些与之不同的惯例，而这些惯例可能对购房人的权利有更直接的影响。按照上述两项原则，《合同法》和《消法》已经可以较好地保护购房人的权利，理论上说购房人应当也能适用《消法》的规定，那么在追究开发商欺诈的违约责任时，就可以按照《合同法》第一百一十三条第三款的规定，直接适用《消法》第四十九条“双倍赔偿”的规定。但是可能由于立法层和最高法院认为在目前的房地产市场状况下，适用消法的“双倍赔偿”会损害到整个市场的活力，致使这个看起来似乎不是问题的问题一直到2003年6月1日开始实施的最高院司法解释颁布才有了明确的说法，房地产市场终于又洒进了一缕法治的阳光。但最高院的司法解释毕竟只列举了五种情况，大大缩小了欺诈的范围，超出这五种情况但符合传统民法理论和其他法律规定的欺诈情况是否能够适用双倍赔偿，在司法解释中不能找到答案。

然而人们不得不正视的另一个问题就是最高院司法解释这杆红旗能扛多久。一直以来，最高院披着司法解释的外衣实质上做出了许多具有立法意义的事，这固然有其历史原因和客观条件限制，比如立法机关的能力不能完全与其地位相适应，因此不得不借助司法机关的力量，而且在具体执行中这些司法解释也发挥了一定的积极作用。但是许多学者仍然对此忧心忡忡，因为当最高司法机关的司法解释大行其道，甚至在某些时候取代了立法机关制定的法律时，立法机关的权威以及法律的尊严都受到了某种程度的损害。就房屋买卖

中的欺诈来说，在原有的法律条件下并非不能保障购房人的权利，最高院的司法解释也只是主要重申了已有的规定，并没有超越现有规定。因此，或许在将来的司法实践中，可以绕开司法解释这道外衣，直接适用《合同法》和《消法》的规定来保护购房人的权利。可以预见的是，如果这一天能够到来，那就意味着现有法律制度的系统优化，也许法律规定没有增加，但是都能真正发挥应有的作用，那么购房人的利益就能够得到切实、完善的保护。当再次遭遇类似欺诈这样的问题时，法律能够依靠其内在逻辑发挥作用，而不必期待最高法院这类“青天”的出现，这将是购房人的福音。

第三节 维 权 焦 点

一、一房多售

一套房重复卖了7家。由于重复登记，上海卢湾××花园住宅小区的279套住房卖了600多次，其中，一套房竟重复卖了7家。

1998年以来，上海卢湾法院受理了多名××花园购房人状告上海××房地产发展公司的房产纠纷。这些原告都称他们以几十万元至上百万元购买了××花园产权房，但时隔很久，产权证始终不见踪影。后来发展商承认房子已经抵押给银行，同意退款，购房人拿着××公司开出的空头支票却被银行拒付。法院依法对这一系列案件做了判决，然而在执行时却发现这些案件根本无法执行，原因是这些被执行的房产又有了新的购房人。后来发现，这个××公司在上海市多家法院37起诉讼案中扮演被告角色。

原来，××公司老板蔡某在开发××花园项目中自有资金仅为2000万元，却向12家银行机构抵押贷款（包括重复抵押贷款）5亿余元，为了支付高额利息，蔡某采取反复签订预售合同、商品房回购协议等形式，将××花园中绝大多数商品房重复销售给购房人，279套房卖了600多次，其中最多的一次是一套房子重复卖了7家。蔡某的违法操作侵犯了众多人的利益，受害者除了购房人，还有众多给××公司抵押贷款的银行机构和不明真相的企业。蔡某在这起诈骗案中因诈骗被判无期徒刑，得到了法律的惩处。然而，众多受害者

的损失该如何得到补偿?

该住宅小区的一位住户告诉记者:“现在这儿的住户没有一家有产权证，不过比起那些交了钱住不进来、又没有退款的人来说，我们很幸运了。”

在实际生活中，发生一房多售的情况主要分两类:一类是一些信誉较差、特别是资金较为紧张的开发商，为了经济利益，很可能不顾商业信誉而选择那些愿支付更高购房款的购房人，遂出现了“一房两卖”或“一房多售”。这种情况通常出现在购房人已经与开发商签订了房屋买卖合同，但是尚未及时办理商品房预售合同备案手续时，如果有其他的购房人对已经售出的房屋愿意以更高的房款购买，开发商就有可能选择主动违约，与后者签订《商品房买卖合同》并办理合同备案，从而获取超额利润。当原先的购房者按合同约定期限来接受房屋时，才发现其所购房屋已售与他人。另一类就是上文提到的××花园的情况，开发商并非出于利益衡量而选择出价更高的买家，而是为了牟取暴利所采取的诈骗行为。

从法律效力上来说，开发商就同一房屋与多个购房人签订的数份合同如果符合法律规定则均有效，但房屋只有一套，只能有一份合同能够履行。房屋作为不动产，有别于一般商品，其所适用的法律也有所不同。我国法律强调不动产的登记制度和公示、公信原则，强调不动产变动以公示为要素。最高院《关于审理房地产管理法施行前房地产开发经营案件若干问题的解答》第六部分第二十七条规定:“预售商品房合同签订后，预购方尚未取得房屋所有权证之前，预售方未经预购方同意，又就同一预售商品房与他人签订预售合同的，……如后一个合同的预购方已取得房屋所有权证的，可认定后一合同有效，但预售方给前一个合同的预购方造成

损失的，应承担相应的民事责任”。针对预售合同已备案的情况，人民法院在类似判例中也遵循了相同的原则，确认履行已备案的合同。因此，在遭遇一房多售时，购房人的权利很容易被侵犯。

按照最高院司法解释，商品房买卖合同订立后，出卖人又将该房屋出卖给第三人，导致商品房买卖合同目的不能实现的，无法取得房屋的买受人可以请求解除合同、返还已付购房款及利息、赔偿损失，并可请求出卖人承担不超过已付购房款一倍的赔偿责任。按照此规定，开发商应当承担返还房款、赔偿利息以及相关损失如交通成本等，同时还要承担不超过买受人已付房款一倍的赔偿责任，这一惩罚性赔偿的具体比例应当由法官根据案件的具体情况和开发商的过错承担来判断，无法形成量化的衡量标准。

虽然新的司法解释有利于维护购房人的权利，但无论如何法律的作用也只是尽量弥补已经造成的损失，对购房人来说其订立合同的主要目的仍然无法实现。因此，最能够保护购房人的办法就是进行事前防范，防止陷入欺诈。

二、隐瞒抵押

买的公寓竟早被抵押。

开发商北京××房地产开发有限公司（以下简称××公司）在售房过程中，故意隐瞒其所售商品房已被抵押的事实，给买房人王女士造成损失。2003年5月，王女士将其告上法庭。2003年6月20日，北京市东城区人民法院一审判令××公司除退还王女士已交房价款外，同时赔偿王女士20万元。据悉，这是司法解释开始实施以来，北京市适用此司法解释判决的首例案件。

2002年10月，王女士与××公司签订《商品房买卖合

同》，购买该公司一套价值81万元的公寓，并约定2003年2月底交房。随后，王女士按约定向××公司支付了首期购房款41万余元。但××公司迟迟不办理商品房预售登记，房屋直到2003年起诉前始终未予交付。

在此期间，王女士意外发现××公司在与自己签订合同前，已经将这套公寓抵押给了某银行支行，而签约时却未将这一情况如实告知自己。适值最高法院于2003年4月28日公布了审理商品房买卖合同纠纷案件的司法解释，王女士发现，自己遇到的这种情况恰巧和司法解释中规定的情形相吻合，于是起诉到北京东城区人民法院，请求法院依据司法解释的相关规定，确认双方订立的商品房买卖合同无效，判令××公司退还已付购房款41万余元，并支付相同数额的赔偿金41万余元。

6月20日，东城法院开庭审理此案。在庭审中，被告××公司承认上述事实，也同意原告王女士提出的部分请求，但认为41万元的赔偿金数额过高，请求法院确定适当数额。

经审理，北京市东城法院认为，被告××公司隐瞒合同标的已经设定抵押的行为，违反了《担保法》关于“抵押期间，抵押人应当告知受让人转让物已经抵押的情况，未告知的，转让行为无效”这一规定，因此，双方签订的《商品房买卖合同》无效，被告应退还原告购房款。

法院同时还认为，××公司在订立合同时隐瞒与订立合同有关的重要事实，有违诚实信用原则，按照最高院司法解释的规定，需承担相应的惩罚性赔偿责任。但王女士主张××公司应承担已付购房款一倍的赔偿责任，明显超出了自己因××公司的过错行为所蒙受的损失，所以法院除判决王女士与××公司之间的合同无效，××公司退还王女士41万余元房价款外，酌情判定××公司赔偿王女士20万元，案件受理费1万余元亦由××公司负担。

本案涉及到房屋转让中的一个非常有代表性的问题，即已设定抵押的房屋转让合同效力的性质问题。这首先涉及担保法的相关规定，《担保法》第四十九条第一款规定：“抵押期间，抵押人转让已办理登记的抵押物的，应当通知抵押权人并告知受让人转让物已经抵押的情况；抵押人未通知抵押权人或者未告知受让人的，转让行为无效。”这一规定意在充分发挥抵押物的利用价值，同时也充分保护抵押权人及受让人的利益。按照《担保法》的规定，这类房屋转让合同应当认定为无效。根据《合同法》第五十六条的规定：“无效的合同或者被撤销的合同自始没有法律约束力……”，第五十八条规定：“合同无效或者被撤销后，因该合同取得的财产，应当予以返还；不能返还或者没有必要返还的，应当折价补偿。有过错的一方应当赔偿对方因此所受到的损失……”。同时，最高院司法解释第九条规定了开发商隐瞒抵押，构成对买受人欺诈行为时应当承担惩罚性赔偿责任。所以本案中法官依照法律规定作出了要求被告返还原告购房款，并给付相应利息的判决，同时要求被告赔偿原告 20 万元，此举既符合担保法与合同法的立法精神，也有利于保护房屋买受人的合法权益。

在实践中，故意隐瞒土地或房产已设置抵押的事实，而进行销售的情况并不鲜见。开发商为解决房地产开发期间资金短缺的问题，将自己尚在开发建设中的房屋抵押给银行，从而获得现金投入房地产开发，再将已设定抵押的房屋以优惠的付款条件售与他人，在转让的过程中既不通知抵押权人也不告知受让人，并且在交付使用时该抵押期限仍未届满。由于在土地或房产上设立抵押权构成对该不动产权利的限制，在转让时必须告知抵押权人，同时也使得抵押物的所有人面临着该抵押物因为承担保证责任而丧失的巨大风险，因

此隐瞒抵押的行为是对购房人合法权利的严重侵害。

当遭遇开发商隐瞒抵押的情况时，购房人面临两种选择。如果购房人想继续履行合同取得房屋，则可要求开发商还清贷款将抵押撤销，保证购房合同能顺利登记备案，并最终顺利取得房屋产权证。如果不想继续履行合同，购房人可以到法院起诉撤销购房合同，并要求开发商承担不超过已付购房款一倍的赔偿。如果购房合同被撤销，则开发商应当返还购房款以及利息，赔偿买受人在购房过程中的各项支出，同时还有权要求法院根据开发商的过错程度和造成的后果要求其承担不超过买受人已付房款一倍的赔偿责任。

三、无权销售

1999年7月20日，蔡先生与山东××物业发展公司（以下简称××公司）签订售房合同，购买了该市××小区二区19号楼的一套房屋。合同注明面积为71.2平方米，售价13.5万余元，蔡先生预付了10万元。

同年9月23日，××公司通知蔡先生房屋可交付使用。当日蔡先生付清余款，××公司给了他一份书面承诺：半年内××公司办妥房产证；不再增加任何房款；按国家商品房销售规定，实测房屋面积误差不超过3%。

蔡先生装修入住后，××公司以房屋实际面积比合同约定的多出16.33平米为由，通知蔡先生补交房款36290.30元及地下室面积款5600元，煤气设施费、供热管网费11328.30元，并承担滞纳金。蔡先生认为××公司违背承诺，多次找对方协商，对方不予理会。

蔡先生认为，双方出现分歧，可以通过协商或仲裁等方式解决问题，但××公司却将一纸“催款通知”张贴在小区传达室门外，而且自定违约金，这种做法令人难以接受。2001

年3月，蔡先生向济南市历下区法院提起诉讼。

起诉不久，蔡先生在当地报纸上看到律师的文章，文中说开发商如“五证”不齐就是欺诈，可以要求赔偿。凭着自己退休前的关系，蔡先生很快就查到一般购房人难以查到的开发商手续材料，结果发现，××公司“五证”全无。于是，他变更诉讼请求，要求××公司双倍赔偿房款292384元。

蔡先生查知，××公司经营范围内没有房地产开发项目，也没有房地产开发资质，所售房屋无土地使用证，不是商品房。他购买的那栋楼的土地是济南市早年无偿划拨给市房管局使用的，没有办理土地征用及出让手续，没资格进入二级市场。一旦政府进行查处，届时××公司又不存在或过了追诉期，购房者将不得不补交数额不菲的土地出让金，最终成为房产商黑箱操作的垫脚石。

蔡先生还发现，该房屋属于济南市公用房屋管修处自管房，而××公司在购房者不知情的情况下，私自伪造购房者与管修处的购房合同和契约，上面标明购房款为每平方米1600元，而到了购房者手中，则成了每平方米1900元。他估算，××小区19号楼的销售总收入有566万元，获利约385万元，达212%，“绝对算得上是暴利”。

法庭上，××公司称，此楼是他们与济南市公用房屋管修处共同开发的，不存在欺诈。并提出反诉，要求蔡先生续交房款。

法院审理后认为，××公司“五证”全无，该售房合同无效，责任在××公司；同时，××公司在售房过程中隐瞒真实情况，诱使原告做出错误意思表示并与其订立买房合同，其行为已构成欺诈；对原告在按合同约定足额交纳房款后，××公司再要求其交纳合同约定之外各种费用的要求，法院不予支持。

据此，2001年10月12日，历下区法院作出判决：驳回被告反诉，判令其返还蔡先生购房款146192元，赔偿损失146192元。

一审判决下达后，××公司不服，上诉到济南市中级法院。

2002年1月，二审第一次开庭。××公司代理律师承认，物业公司“手续不全”，但又强调，目前国家没有法律规定认定开发手续不全等同于欺诈。而且，他认为房屋质量没有问题，房产证也会办下来，因而不会给购房人造成任何实际损失。

购房人在购买房屋的过程中遭遇开发商“无权销售”的主要有两类情况。有些开发商由于资金实力较弱，没有能力支付全部土地款，因此无法取得土地使用权证，致使买房人无法取得房屋所有权证，其合法权益无法得到保障。另外一种情况是开发商恶意诈骗，出售的房屋本来属于拆迁回迁房，没有权利出售，买受人永远不可能取得房屋所有权证。

对购房人来说，做好事前防范最能够保护自己的权利。购房人应当尽量选择规模大、信誉好的开发商作为交易伙伴，这样可以最大程度地减少被欺诈的可能性。在签订合同的时候，购房人应当认真查看开发商的“五证”原件，明确开发商具有销售该商品房的资格。

笔者相信随着法律中有关欺诈制度的完善和房地产行业的不断发展、购房人维权意识的不断提高，欺诈行为会逐步减少。

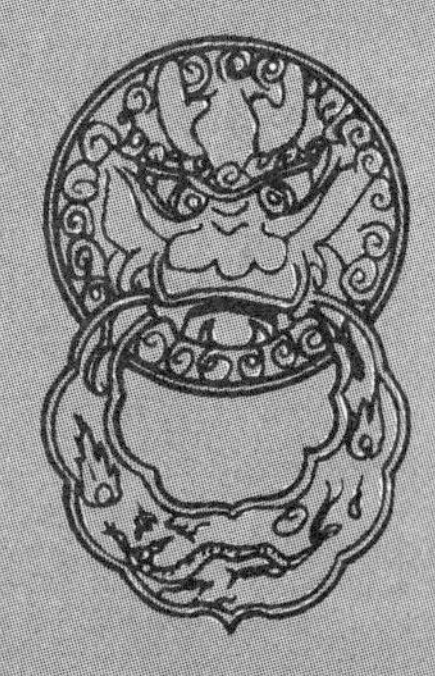

第八章　物业

第一节 引 言

2002年1月5日的夜晚同其他冬日的夜晚一样，虽微带寒意却很宁静。然而灾难的来临往往毫无征兆，19：20一群不明身份的暴徒忽然冲进北京××家园A座501室，对室内4人一顿拳脚棍棒，登时血溅四壁、惨号连连，其中2人还被打成重伤。据小区居民介绍，挨打的是刚刚民主选举出来的业主委员会成员。

虽然事后警方几乎无法得到任何人证和物证，但业主们普遍怀疑此事与物业公司发布《关于租用、购买××家园地下停车位的通知》有关。且此前，业主与保安已就停车问题发生多起冲突，气氛之紧张可谓一触即发，但既使如此，查先生也绝想不到自己被选为业主委员会成员为大家伸张正义的一番美意壮举招致的却是头破血流、哀卧病榻！

“××事件”的发生绝非偶然，它不仅与物业管理的整体法制环境唇齿相依，还与消费者如何运用理性而有效的手段维权息息相关。作为整日纠缠于柴米油盐酱醋茶的芸芸众生喜迁新居后最关注的莫过于“新管家”是否称心如意、尽职尽责?是否能使期待中的居家生活如夏季的一袭绿荫、冬日的一片暖阳?但人们很快就会发现理想与现实总有着不可思议的差距，正如有着一头飘然长发的倩影回眸一笑却是东施再世，让人哭笑不得，甚至一身冷汗……

人类无论是遥在原始之丛林穴居时代，还是身处现代之钢筋水泥岁月，都对“家”有着一种无可名状的依赖和眷恋，都对茫茫暗夜中闪着明亮灯火的那扇窗有着难以形容的

温暖和亲切，而本章的写作正是为了给消费者锻造这样一把倚天利剑，好劈开物业公司设置的重重黑雾，还您一片碧洗蓝天！

“物业”一词肇源于香港和东南亚地区，一般指已建成并投入使用的各类房屋及相配套的设施和场地。所谓各类房屋范围很广，住宅、工业厂房、商业店铺、写字楼及运动场所均可包括；而配套设施和场地是指为达到居住、使用目的附属于各类房屋的设备、设施及辅助场地，如公共市政设施、绿地、道路等。

物业管理作为一个新兴行业，其诞生有着深刻的经济及社会背景。18 世纪末、19 世纪初的工业革命带给人类社会的不仅是生产力的大跃进，更是社会生活方式的变革，各种轰鸣作响的机械使人类对信息、物质、效率、时空距离等的认识都发生了深刻改变。正是由于工业化进程的加速才使得社会分工日益细密化，农业社会里的自给自足已逐渐消失，取而代之的是流水线，而人们的日常生活也如这种机器时代的代表性生产方式一样被各种零件组装起来，个人的生存变得越来越依赖于别人的生产与服务。就是在这个奉行“时间就是金钱”的时代，物业管理终于有了自己的立锥之地，并逐渐被人们认可。

物业管理这个时尚的空降兵最早落足于中国之窗——深圳，这与深圳自身商品经济的高度发达密切相关，可以说没有住宅的商品化就没有物业管理的存在，深圳的住宅商品化恰恰走在了全国前列。从东湖丽苑小区第一次实行物业管理模式到国务院《物业管理条例》的颁行，物业管理在中国这20多年时间里发展迅速。

由于2001至2003年间中国房地产投资持续增长，北京、上海、广州等大城市都成为国内房地产开发的热点城市，“奥

运”和“入世”带动商品房销售面积全面攀升，相关扶持产业发展的政策频频出台，住房二级市场和租赁市场也开始发育，市场向理性回归，楼市开始拒绝虚幻追求真实，中国的物业管理行业也欣欣然赶上了这趟“开往春天的地铁”。目前全国已有2万多家物业管理企业，从业人员230万人以上。仅就北京而言，住宅房屋总建筑面积已达到2.2亿平方米，其中实行物业管理的住宅面积占70%，即1.5亿平方米左右；1700余家物业管理企业、16万余物业员工负责管理着3000多个住宅小区，其中涉及居民约170万户、500万人口，可以说充分竞争的市场环境已基本形成；而物业管理行业的技术含量也在逐步提高，不仅从“硬件”上实现电子化管理，且从“软件”上提升服务人员的整体素质，从法学、美学、社会学、伦理学、心理学及管理学等各学科角度为物业管理人员“充电”；物业管理公司提供的服务也由当初单纯的清洁、保安服务扩展到清洁、保安、消防、绿化、交通的基本服务、代办服务与特约服务，“以人为本”的人文关怀理念被强调并越来越凸现，ISO服务认证体系和物业管理企业资质审核体系的建立更为物业管理确立了客观标准，为物业管理公司的品牌化经营提供了坚强后盾。以北京市为例，北京市各区县国土房管局于2002年对2001年取得北京市物业管理资质合格证书的1247家物业管理企业进行了年审，其中1183家企业年审合格；而截止到目前为止，北京市已通过物业管理企业资质审核，并取得《北京市物业管理资质合格证书》的企业则达到1198家，从业人员近10万人。可以说中国物业管理行业已逐渐成熟，步入了规范化、专业化、独立化的进程。

但繁荣背后的问题也令人深思，甚至可以说物业管理在中国迅速成长的二十年也是裹缠了无数业主愤怒唾液和辛酸眼泪的二十年，从物业公司的漫天要价到玩忽职守，从欺瞒

账目到推诿责任，甚而雇凶伤人，业主们内心积聚的怨愤几可铄金销骨。

据中国社会调查事务所（SSIC）的一次房地产项目调查结果表明：消费者最担心的是物业管理问题，94%以上的人认为，消费者最担心的也是最关心的问题是物业管理的服务质量问题。其中42%的被访者表示对所在物业管理“非常不满意”；26%的被访者表示对所在物业管理“不满意”；22%的被访者表示“一般满意”；8%的被访者表示“比较满意”；只有2%的被访者表示“非常满意”。被调查者对于物业管理的不满意点主要集中在以下六点：1）物业公司乱收费（89%）；2）房屋出现问题，物业公司维修不及时出现问题（81%）；3）物业公司的防范管理存在严重问题（74%）；4）由于某些住户不交管理费，物业公司不提供服务（67%）；5）公用设施不到位（55%）；6）物业公司工作人员的服务态度不好（40%）。

而纵观物管行业，较2001年同期相比，业主对物管企业投诉的个案也确实明显增多。2002年上半年业主对物管企业的投诉与2001年同期相比，投诉个案激增25%，被投诉的物管企业不仅有中小型及杂牌企业，更一网打尽所有国家一级资质企业。据深圳搜房网不完全统计，2002年1～3月，住宅局和物业管理协会接受的物业投诉比去年同期激增70%。2003年1～8月，法院受理的物管公司与业主的法律纠纷更是高达484件。

物业管理行业就其自身而言属于劳动密集型行业，在房地产的产业链中处于末端，并且作为房屋消费的软件部分，由于其承担了政府管理城市的部分职能（让人印象深刻的莫过于SARS肆虐期间小区物业抗“非典”的赫赫战绩），因此出色的物业管理服务可以形成房地产的附加值，提升房地产的价

值，最典型的就是同一地段价格相仿的楼盘却由于不同品质的物业服务而左右“上帝”们的意志，如深圳、上海的消费者就曾一度以万科物业作为自己买房的重要参考依据；相反，低劣的物业管理水平却足以使一个优秀楼盘黯然失色，并大幅影响那些“只缘身在此山中”的业主们息息相关的生活质量，甚至生命安全。

上海就曾发生了由于物业公司管理缺位而致使业主在自己家中被害的惊天大案：

徐先生两年前买房时满怀喜悦地与物业公司签订了一份《公共契约》，契约约定由物业公司安排保安人员对住宅小区进行日常巡视，做好住宅区内的安全防范、治安工作，住宅区内的安全、保卫、巡检、警戒等为物业公司管理范围，物业公司违反契约应承担相应的法律责任，造成业主利益受损要承担赔偿责任。

因为该物业公司不允许小区居民自行安装防盗门窗，该小区居民曾于2001年2月以安全受到威胁为由联名写信向有关部门反映。但还未等物业公司对此作出反应，一起恶性入室盗窃凶杀案却于当年的3月5日凌晨发生。罪犯曲某（现已被判处死并执行）在1时许经敞开的铁门进入该小区，后翻墙进入徐先生家的北阳台，拧开门锁入室作案，被徐先生的女儿小徐发现后，残忍地杀害了小徐。悲痛的父母遂一纸诉状将疏忽职守的物业公司告上了法庭，经法院查明：当天凌晨1时25分，物业公司设置在小区内的红外线报警系统曾发觉徐宅附近有异常情况，但保安人员到现场察看后称未发现异常。最终，上海市第二中级院终审判决该物业公司向徐先生赔偿经济损失4万元人民币。

虽然，悲剧以物业公司赔钱了事而告终，但人死不能复生，金钱只是法律所能做的无奈而苍白的抚慰，而徐先生恐

怕一生都无法面对那段鲜血淋漓的回忆，因此只有从源头上尽力遏制惨案的发生才是对生命真正的尊重和关怀。

但物业公司的法律地位及与开发商的关系却始终是令消费者困惑的问题，因为若严格从法律上讲，物业公司与开发商是两个独立的民事主体，各自经营，各负其责。而现实中，物业公司却有80%从属于发展商，15%是由房管或后勤单位改制而来，真正产权自主的仅有5%。因此物业公司和开发商之间无论是人事任命还是资本往来都“有着千丝万缕的联系”，由于“出身”伊始便决定了物业管理公司必然要依附、受制于发展商、房管所或所在单位（据统计在物业管理纠纷中，有近七成是由开发商遗留的问题而引发的）。也因此在面对消费者时，“父子兵”们的立场完全一致，在某些极端的个案中甚至沆瀣一气，狼狈为奸，不仅演绎了一幕幕串通损害消费者利益的无奈闹剧，还严重影响了市场对整个房地产行业的积极评价。

这些情况的出现目前在我国还非常普遍，而消费者维权除了向媒体曝光和与开发商协商解决外，法律手段只能是保护自身的最后一道防线。

第二节 维权的法律依据

业主们运用法律武器捍卫自己的权益是有着深刻的学理基础、充分的法律规定和正当的合同依据的，以下将为您细说春秋。

一、痛苦的哲学家——维权之学理基础

民法为了迎和物业管理行业的诞生，发展出了一系列缜密的理论，从而又一次验证了“存在即合‘理’”。维权的学理依据主要指消费者所维之“权”在民法理论中是个何样“东东”。

在传统民法对权利的诸多分类方式中，物权与债权是最基本的两种权利类型，消费者购买房屋这样一种特殊商品的法律意义即在于成为该房屋的所有权人，而所有权人这一身份是由产权证来表征。但这种所有权的内容与拥有一枚五克拉钻石或万顷良田又有所不同，即这种所有权在绝大多数情况下是一种建筑物区分所有权。

所谓建筑物区分所有权，是指区分所有人对建筑物的专有部分和共有部分所享有的专有权与共有权的结合。[1]这种权利诞生的背景就是为了解决摩天大厦鳞次栉比和土地资源稀缺性之加剧，从而将共同共有与独立所有巧妙结合，使两者互不冲突又相辅相成。

其中专有权是指业主对其所购买房屋的权利，界限以隔墙

[1] 温世扬. 物权法要论. 武汉大学出版社

中心线为准，这种权利相比普通所有权有许多特殊之处，首先是客体的特殊性，即它所保护的是由建筑材料组成的四周上下均为封闭的建筑空间，相比传统所有权的保护对象是有体物，已有了一些概念上的突破；其次在权利的行使上，所有权人不得不受到一些限制，如装修时不得损害房屋的承重结构、转让必须经国家行政部门认可等；再次是相邻关系的处理上有其特性，由于房屋的排列是立体布局，因此采光、通风、噪声等问题比其他不动产之相邻关系更为敏感，纠纷的解决也更为不易。

而共有权则可理解为对公摊部分的权利，包括部分所有权和共同所有权。前者是指房屋所有权人对建筑物中对居住起辅助作用的部分（如通向自己房间的走道等）的所有权；后者则指全体居住人对整个建筑物的共有权，包括对建筑物地基土地的共有权利[1]。共有权附随专有权而存在，不得单独设定和转让，且共有权随专有权转让时，其他业主无优先购买权。正是由于这种权利自身的特殊性，使得享有它的业主在小区事务管理上体现出一种类似于股份有限公司股东权性质的社员权，后文还将详述。

二、獬豸[2]的忧喜——维权之法律规定

消费者维权的法律依据在国务院的《物业管理条例》出台后面貌大变。《物业管理条例》从行政法规的高度确立了业

[1] 孙宪忠. 德国当代物权法. 北京:法律出版社

[2] 獬豸（音 xie 去声,zhi 去声）：为中国上古传说中的一种神兽，它似羊非羊，似鹿非鹿，头上长着一只角，故又俗称独角兽。在中国古代的法律文化中，獬豸一向被视为公平正义的象征，它怒目圆睁，能够辨善恶忠奸，发现奸邪的官员，就用角把他触倒，然后吃下肚子。当人们发生冲突或纠纷的时候，独角兽能用角指向无理的一方，甚至会将罪该处死的人用角抵死。令犯法者不寒而栗。自古以来被认为是驱害辟邪的吉祥瑞物。此处引用獬豸的形象，取意于对中国传统司法精神的继承。

主、开发商与物业公司间基本的权利义务关系。

《物业管理条例》的横空出世为物业管理法律关系解决了这样几个难题：

（1）《物业管理条例》使得商业、办公等非住宅的物业管理活动有法可依，不再仅限于居住物业。

（2）《物业管理条例》明确规定了业主的权利义务、业主大会和业主委员会的权利与职责，以及三者间制衡与协助的关系，即业主大会应当代表和维护物业管理区域内全体业主在物业管理活动中的合法权益，业主委员会是业主大会的执行机构。

（3）破除了以往开发商同与其有着“天然血缘关系”的物业公司之间暧昧不清的关系，强制规定住宅的前期物业管理应当招投标。《物业管理条例》明确了房地产开发与物业管理相分离的原则，规定了住宅物业的建设单位应当通过招投标的方式选聘具有相应资质的物业管理企业进行前期物业管理。从制度建构的角度避免开发商、物业管理公司和业主间“扯不断，理还乱”的“三角纠纷”继续上演。

（4）明确物业服务收费原则。《物业管理条例》规定物业服务收费应当遵循合理、公开以及费用与服务水平相适应的原则，区别不同物业的性质和特点，由业主和物业管理企业按照有关部门制定的物业服务收费办法在物业服务合同中约定。而且还强调了业主应当按约交纳物业费，否则，物业管理企业可以向人民法院起诉。这样从物业服务关系的对立双方来进行约束，从而充分体现物业管理是平等民事主体间的事情，不存在过去所谓的“管理”概念。

（5）《物业管理条例》明确了老物业管理公司在向“新管家”交接时应当包括物业管理资料的验收、交接手续，否则将受到相应的行政处罚。

（6）《物业管理条例》明令禁止了物业管理公司擅自处分共用部位和共用设施的行为，并规定所得收益的用途应当是补充专项维修资金，当然也可以按照业主大会的决定使用，否则除了可能受到行政处罚外，给业主造成损失的，还要依法承担赔偿责任。

随着国务院《物业管理条例》的颁行，建设部又紧随其后发布了《前期物业管理招标投标管理暂行办法》、《业主大会章程》、《业主大会议事规则》、《业主公约》等一系列文件，各地方人民政府还结合自己城市的特点及物业管理行业状况出台了相应的地方法规和政府规章。以北京市为例，除了以上三部法规外，有关业主维权的法规还包括《城市住宅小区物业管理收费暂行办法》、《北京市物业管理招标投标办法》、《北京市普通居住小区物业管理服务收费暂行办法》、《北京市经济适用住房小区物业管理服务收费办法》、《北京市住宅公共维修基金使用管理办法》、《北京市居住小区物业管理服务标准》、《北京市居住小区机动车停放管理》等。

但消费者在适用这些法律文件保护自己时，还要遵循一些基本原则，如新法优于旧法、特别法优于普通法等，并且要留意它们之间是否有冲突存在，比较典型的是建设部发布的部门规章与地方法规或地方人民政府发布的政府规章间的内容差异。

由于我国《中华人民共和国立法法》规定了规章与地方法规具有同等效力，并赋予了国务院较大的裁量权以决定具体情况下的适用，即地方性法规与部门规章之间对同一事项的规定不一致，不能确定如何适用时，由国务院提出意见，国务院认为应当适用地方性法规的，应当决定在该地方适用地方性法规的规定；认为应当适用部门规章的，应当提请全国人民代表大会常务委员会裁决；部门规章之间、部门规章与地方政府规

章之间对同一事项的规定不一致时，由国务院裁决。但法院在审理案件时又只是参照部门规章和政府规章，因此最好先向当地的房地产行政主管部门及律师进行咨询，以确定权益如何保护。

三、城下之盟——维权之合同依据

合同也是消费者维权的重要依据，其功能类似于匕首，极适宜近身防守。消费者在选择接受物业管理服务的流程中一般要接触到以下三种合同：《业主公约》和承诺书、《前期物业管理协议》和《物业管理委托合同》。

（一）《业主公约》和承诺书

《业主公约》（又名《物业管理公约》）和承诺书是消费者在与开发商签署《商品房买卖合同》时就会遇到的，《业主公约》是一份体现业主自律意识的协议，一般先由开发商事先拟定。但这并不意味着开发商就可恣意妄为，以“霸王条款”对消费者的各种权益进行明火执仗的劫掠，相反，开发商必须参照建设部2003年11月发布的包含必备条款的示范文本制订公约，且内容不得与有关法规政策的强制性规定相冲突，此举深刻地体现了政府对房地产开发的监控与关注。

《业主公约》是物业管理活动中需制定的一份非常重要的法律文件，好比是一国之宪法，它通过明确规定业主在物业管理过程中的权利、义务关系而达到了制约业主、开发商、物业公司三者间行为规范的目的。《业主公约》里体现了法律关系的转换和调整，所以内容也较复杂，以至于许多人对其所表述的条款感到模糊不清，签订时困惑重重。

但消费者要清楚《业主公约》作为每一位业主在入住后必须遵守的行为准则，其每一条款都要体现出平等互利的精神以为将来的《物业管理委托合同》打下坚实基础，欺诈或不公

平条款是无论如何不应存在的。

根据目前我国关于物业管理的有关法律与规定，物业管理公司是受业主大会的委托才进入小区进行管理的。他们之间的关系是聘用与被聘用的法律关系。虽然在物业管理初期，由发展商自行管理或由发展商指定管理，但这都属于临时措施，所有业主并未因此而放弃重新选择管理公司的权利，而他人也不得剥夺业主的这种权利。

因此一个完善的、体现公平原则的《业主公约》应该由业主大会协商共同制定出来。《物业管理公约》关系到物业区内的每一位业主的利益，所以每一位业主都有权仔细阅读公约的每一条款，也都有权提出自己的修改意见。但这种意见应该通过业主大会反映出来。业主大会要认真反复研究，结合各物业区的特点，制定出切实可行的公正的《业主公约》。一个小区的物业管理只有在一份完善的管理公约基础上才能顺利开展 。

所谓承诺书则是开发商要求购房者同意按照《业主公约》中约定的权利、义务行事，是购房人、开发商和物业公司共同签订的三方协议，业主若违反《业主公约》中明定的义务，就要承担违约责任。

（二）《前期物业管理协议》

《前期物业管理协议》是消费者在签署了上述两个文件后，与物业管理公司签订的合同，此合同最大的特点即在于合同的另一方——物业管理公司是由开发商通过招投标程序选定的，而非消费者自由意志选择的结果，但这一结果也是由房地产开发的流程决定的，因为在小区大部分房屋未售出时，持有大产权证的开发商依然是小区最大的业主，由其选择物业管理公司完全有理论根据，且从实务操作上看，陆续住入小区的消费者们还处于零散状态，也无法组织起来形成

共同意志决定物业管理公司的聘用。

但此举之弊端在于开发商与其下属物业公司间自始至终的缠绵不清使得前期物业管理的责任承担与收费也变得自始至终的混沌不明。

（三）《物业管理委托合同》

《物业管理委托合同》则是指业主入住达到一定比率或经过法定期限后（北京市规定入住率达到50%以上或入住两年后），成立业主大会，由业主大会经过招投标程序选聘物业公司并与其签订的合同。

《物业管理合同》可以说是消费者在物业管理活动中手握的一把尚方宝剑，因为按照民法“意思自治”原则和民事责任的承担位序，违约责任居于首位。一旦发生纠纷，消费者首先就应查阅《物业管理合同》，看看其中是否规定了物业公司侵犯自己权益的行为所应承担的责任。

第三节 维权焦点

以下本文将结合《物业管理条例》及其他相应法律法规重点讨论业主在物业管理各阶段的权利与义务。

一、业主签署各种物业管理文件时应注意的问题

（一）签署遵守《业主公约》的承诺书时的注意事项

（1）合法有效的《业主公约》及承诺书所需的相关手续。各地房地局都会出台相应法规以约束《业主公约》及承诺书的成立并有效。以北京市为例，根据《关于加强“商品房业主公约”核准和监督管理工作的通知》（京国土房管物〔2002〕326号）的规定，开发商在销售商品房前，必须制订《业主公约》，并报北京市居住小区管理办公室备案；销售商品房时，还必须向购房人明示《业主公约》的内容，并与购房人和物业管理企业签署遵守《业主公约》的承诺书；在办理商品房预售许可证时，也必须提供经北京市居住小区管理办公室核准的《业主公约》。

（2）业主在与开发商签订《商品房买卖合同》及补充协议时应注意是否包括了《业主公约》的内容，如：物业公司的选择、缴付物业管理费的起始时间，以保证开发商对物业公司及业主的承诺保持一致，也避免开发商与物业公司串通一气，损害业主利益。

（3）若业主在签署《商品房买卖合同》时拒签遵守《业主公约》的承诺书，将有可能导致您与开发商所签订的《商

品房买卖合同》无法在房屋土地管理部门做预售登记，最终可能致使房屋买卖行为无法进行下去。通常情况下，房屋土地管理部门这样规定的出发点是为了限制开发商，惟恐开发商在出卖商品房时不将《业主公约》公示给购房人，导致购房人对入住后的物业管理及物业费用一无所知。但实际上此时的购房人是没有权利改变《业主公约》的内容的（已向政府主管机关报批备案，业主大会成立后可以重新制定或修改），只能在同意或不同意之间进行选择。因此，如果购房人一定要购买看中的房屋，则签署遵守《业主公约》的承诺书也就变成了购房人的一项义务。

并且按照北京市规定，自2002年5月1日起，各区县局在办理商品房交易过户手续时应将购房人签订的承诺书作为基本要件加以核验，因此若京城业主们拒签承诺书，则可能意味着购房人无法拿到小产权证或者无法将房产上市。

（二）签署《前期物业管理协议》时的注意事项

1. 是否和入住联系的问题

目前，有少数开发商以签署《前期物业管理协议》作为交钥匙的前提条件，但事实上，这种做法在法律上没有任何依据，消费者完全有理由拒绝开发商这种毫无道理的要求。但万一业主被迫无奈只能按照开发商的意思行事的话，权宜之计是要告诉广大业主，此《前期物业管理协议》是临时性的，一旦业主委员会成立之后，业主将有权参与制定新的《物业管理委托合同》并重新签署，也不失为一种解决问题的办法。

2. 前期物业费用的支付问题

前期物业管理费的收取也需按照地方人民政府的相关规定，容不得开发商胡来，但要提醒的是开发商作出的任何有

关物业费的单方口头减免承诺都是无效的，除非开发商拿出物业公司的有效书面授权，且写进合同，业主才可以理直气壮地抗辩物业公司。

3. 不满前期物业服务怎么办

现实中，有不少前期物业管理的物业公司因为受开发商“提携”，其自身的服务水平较差，但由于入住时即由开发商制定，业主们可谓有苦说不出，不过按照现在的法律规定，《前期物业管理协议》期限未满时，只要业主委员会与物业公司签订的《物业管理委托合同》生效的，《前期物业管理协议》即自动终止。

4. 其他提醒

建议买房人在《商品房买卖合同》中明确供水、供电、供热、燃气、道路等配套基础设施交付使用期限和有关权益、责任；明确物业管理区域内公共配套建筑的产权归属、物业管理用房的配置，以及物业区域符合成立业主大会条件后的多长时间内，物业开发建设单位履行首届业主大会筹备义务的承诺。

（三）签署《物业管理委托合同》时的注意事项

1. 《物业管理委托合同》的主要内容

（1）双方当事人的姓名或名称、住所：合同的甲方（委托人）为某物业的业主选举产生的物业管理委员会，乙方（受委托人）为物业管理公司。

（2）管理项目：即接受管理的物业名称、座落位置、面积、四至界限。

（3）管理内容：即具体管理事项，包括了房屋的使用、维修和养护；消防、电梯、机电设备、路灯、连廊、自行车房（棚）、园林绿化地、沟、渠、池、井、道路、停车场等公用设施的使用、维修、养护和管理；清洁卫生；车辆行驶及停

泊；公共秩序；房地产主管部门规定或委托管理合同规定的其他物业管理事项。

（4）管理费用：即物业管理公司向业主或使用人收取的管理费，物业管理的收费情况比较复杂，不同的管理事项，收费标准也不同。有的收费项目是规章明确规定的，如季节性的供暖收费；有的收费项目是同物业管理委员会洽商决定的，如停车场的停车费。这些收费，能明确的都应当在合同中明确规定。

（5）双方的权利和义务。

（6）合同期限：即该合同的起止日期。

（7）违约责任：双方约定不履行或不完全履行合同时各自所应承担的责任。

（8）其他事项：双方可以在合同中约定其他未尽事宜，如风险责任、调解与仲裁、合同的更改、补充与终止及双方当事人约定的所谓“个性条款”。

2. 物业费用是否合理与报批

物业管理企业资质等级自2003年起已开始实行分级评定制度，其中最高的一级资质由建设部审批，二级资质由市国土房管局审批，三级资质由企业注册所在地区县国土房管局审批。物业管理企业的资质等级每两年复核一次，不符合条件的将注销其资质等级证书。

因此从2003年起，业主就可依据物管公司的“星级”资质来作出选择了。按照中华人民共和国国家发展和改革委员会和建设部印发的《物业服务收费管理办法》（以下简称《收费办法》）中明确规定，物业服务收费应当区分不同物业的性质和特点分别实行政府指导价和市场调节价。具体定价形式由省、区、市价格主管部门会同房地产行政主管部门确定。物业服务收费实行政府指导价的，有定价权限的价格主管部门

应当会同房地产行政主管部门根据物业管理服务等级标准等因素，制定相应的基准价及其浮动幅度，并定期公布。具体收费标准由业主与物业管理企业根据规定的基准价和浮动幅度在物业服务合同中约定。实行市场调节价的物业服务收费，由业主与物业管理企业在物业服务合同中约定。物业共用部位、共用设施设备的大修、中修和更新、改造费用，应当通过专项维修资金予以列支，不得计入物业服务支出或者物业服务成本 。

并且《收费办法》中明确了业主与物业管理企业可约定采取包干制还是酬金制等形式计算物业服务费用。包干制是指由业主向物业管理企业支付固定物业服务费用，盈余或者亏损均由物业管理企业享有或者承担的物业服务计费方式。酬金制是指在预收的物业服务资金中按约定比例或者约定数额提取酬金支付给物业管理企业，其余全部用于物业服务合同约定的支出，结余或者不足均由业主享有或者承担的物业服务计费方式。实行物业服务费用包干制的，物业服务费用的构成包括物业服务成本、约定税费和物业管理企业的利润。实行物业服务费用酬金制的，预收的物业服务资金包括物业服务支出和物业管理企业的酬金。

《收费办法》同时规定，实行物业服务费用酬金制的，预收的物业服务费支出属于代管性质，为所交纳的业主所有，物业管理企业不得将其用于物业服务合同约定以外的支出 。

因此，在洞穿物业公司的收费黑幕时，首先应注意物业服务的收费是否在物价局备案；其次要注意对于那些已纳入物业管理范围的竣工但尚未出售，或者因开发商的原因未按时交给物业买受人的物业，开发商是否全额交纳了物业费；再次要警惕物业公司重复收费、收费不清或乱设收费项目的

行为。

物业管理公共性服务项目大致有八个方面：1）清洁卫生：楼宇内公共楼道的公共地方的卫生清洁，垃圾清运以及经常性的保洁；2）绿化物日常维护：对绿化物进行定期修剪、施肥、更新；3）治安管理：小区内治安秩序的维护；4）公共蓄水池维护：楼内公共蓄水池应定期清洗消毒；5）水电管理：对配电设备、水泵房及公共水电设施进行日常管理维修；6）排污设备管理：清疏和维修排水、排污下水管道、化粪池；7）高层楼宇增设的服务项目：配备专职电梯管理人员，搞好电梯维护、保养；8）根据需要增设的其他服务项目。

上述八项公共性服务项目的费用构成如下：管理、服务人员的工资和按规定提取的福利费，服务项目的物资损耗补偿费（含公用设施、设备的维护保养费），直接用于住宅小区物业管理的固定资产折旧费，法定税费及合理利润。

具体到产权人需交纳的物业管理费，又因经济适用房和商品房而不同，各地都按照自己的物价水平和居民的薪资状况作了相应规定。以北京市为例，就分别规定了经济适用房、普通住宅小区和高档住宅的物业管理收费办法。

物业公司收取物业管理费一般从购房人入住通知截至第二日起，按实测面积计取物业管理费。

此外，低层住户是否承担电梯费用一直存在着较大争议，有的认为电梯是楼内全体产权人的共用财产，因此电梯运行维护费用理应由楼内全体产权人共同承担；有的认为低层住户使用电梯频率低或根本不使用，不应承担这笔费用。现实中，各小区作法也迥异，有的统一收费，有的一层住

户不收，有的则对低层住户酌量收取。但无论如何，作为电梯运营管理部门，必须保证政府规定的电梯运行时间，即6：00~24：00不间断运行，24：00~6：00应有人值班，而且必须保证层层停梯（未设计的除外）。如果服务有折扣的，收费也应有折扣。

除了上述应注意的问题外，本书还不得不提醒新建小区的业主们一定要明察秋毫，并通过与物业公司反复过招、艰苦磋商的耐心和勇气来保障自己的权益。以下试举几例，也好让业主们不再雾里看花：

（1）小修费和小区共用设施维修费：按有关规定，产权人买房时须按购房款2%的比例缴纳共用部位共用设施设备维修基金，但消费者应在《业主公约》中明确约定维修哪些设施。另外相关法律规定已明令禁止缴纳房屋的大修费、房屋公共地方的中修费以及公共设施设备的更新、改造及大、中修费用，因此消费者应防止物业公司以“共用维修费”等含混词汇巧立名目。

（2）绿化费：部分小区入住若在秋、冬不宜种植的季节，小区绿地往往都未建成，而业主入住时却已缴纳了当年的物业费。次年绿地建成后，绿化费仍照收不误，因此消费者应明察秋毫，在《物业管理委托合同》中明确约定绿化费的使用年度。

（3）楼房外立面清洗费对于新入住的小区，两年不清洗外立面也看不出异样，但物业公司在向业主收取清洗费用时却毫不含糊，因此消费者不仅要在《物业管理委托合同》中明确约定外立面清洗的费用和次数，还要监督物业公司是否按照约定进行了清洗。

二、业主在物业管理关系中的权利

（一）自益权

自益权就是业主作为独立个体因纯粹私益而享有的权利。简而言之，业主所享有的此项权利就是心安理得地接受物业公司提供的服务，而且还能对物业公司的服务质量提出要求。由于物业公司提供的服务是一种特殊商品，具有无形性、不可替代性、难以保存性，因此如果业主对物业服务不满，可要求其承担继续履行、采取补救措施的违约责任。

此外，如果物业公司在提供服务的过程中损害了业主自身原有的人身、财产利益，如物业公司员工在维修屋顶时却不慎将昂贵的水晶吊灯打碎，或砸伤业主的头，就构成了民法上的“加害给付”责任。所谓“加害给付”是指在合同履行过程中，债务人的履行损害了债权人固有利益的行为。这种行为既是违约行为，也是侵权行为，因此构成了违约责任和侵权责任的竞合。物业公司员工维修屋顶却打碎吊灯、砸伤业主，

已造成了合同预期利益以外的固有利益损害。因此，业主可根据《合同法》第一百二十二条，针对自己的损害及诉讼预期[1]，在违约责任或侵权责任两者中比较后择一提起诉讼，以充分保护自己的利益。

当然，业主除了上述权利外，还可要求物业公司提供合同以外的服务，报酬另约。

（二）共益权

共益权是指业主作为小区公有部分的共同所有权人因公益而对小区公共事务管理享有的权利。

一座小区好比一家股份公司，买房就是投资入股，而小区的管理需要其中的每位股东——产权人或房屋使用人贡献智慧与努力，小区的生活才能既有光明又散发温暖。《物业管理条例》即采撷了《中华人民共和国公司法》的精髓和理念，通过规定业主们以下几种权利而使资本与民主尽可能互助互进，共同奔向幸福彼岸。

1. 提议权

《物业管理条例》规定若有20%以上业主提议，业主委员会就应组织召开业主大会临时会议。此举是为了避免业主委员会越权、擅权进而霸权，将全体业主的权利占为“己有”，最终取代全体业主的意志将业主委员会这样一个公益执行机构演变成专为一小撮人牟利的工具。

上海市××物业管理有限公司就在2003年9月上旬将上海××小区的业主委员会告上了法庭。据××物业有关负责人章先生介绍：××小区于2003年2月成立业主委员会，3月公开招聘物管公司，连同该公司在内的3家物管公司应邀投标应

[1] 诉讼预期是指在诉讼前或诉讼过程中，双方当事人根据案件的事实、证据及现有法律规定，对自己诉讼行为的结果所进行的预见。

聘，最终该公司以13票对10票在小区业主代表大会上经过合法程序胜出。

但时至今日，小区业主委员会主任却借故迟迟不与其签订《物业管理服务合同》。而业主们则普遍不能理解业主委员会的做法，认为现在的业主委员主任独揽大权，已使业主委员会取代了业主大会。有业主表示，小区的业主委员会未听取业主意见，业主甚至连有几家物管公司参加竞标都不知道，严重侵犯了他们的知情权。某些业主坦言，业主委员会迟迟不与胜出的物管公司签订合同，关键在于原物管公司不愿退出，业主委员会中的某些委员偏向原来的物管公司，从而给“新管家”设下障碍，导致其无法进入小区管理的局面。

于是在多次与该小区业委会主任交涉未果后，××物管公司终于与小区业委会对簿公堂。

事实上，新的《物业管理条例》明确规定选聘物管公司的最终决定权属于业主大会，而非业委会。业委会只是业主大会的执行机构，选聘物管公司及小区内所有涉及全体业主权益的事项，都应由业主大会决定，业委会不得擅自做主。值得一提的是，根据相关规定，若小区半数以上的业主或业主代表否决了业主委员会的决定，那么该小区业委会的决定不发生效力。

2. 建议权

《物业管理条例》规定业主有权就物业管理有关事项、制定修改《业主公约》和《业主大会议事规则》等事项向业主大会或业主委员会提出建议。此规定从泛化的角度来看是公民言论自由的具体表现，也是小区管理民主化的重要举措。但提建议的方式一定要注意，无论是撒泼耍赖、河东狮吼，还是横眉冷对、满街打滚，除了能证明您是一位悍夫或泼妇外，对问题的解决毫无帮助。

3. 监督权

本条规定再一次践行了“人民的眼睛是雪亮的”，业主不仅有权监督业主委员会的工作，物业公司及其工作人员的资质、资格，还有权监督物业管理企业履行物业服务合同（如，物业公司可分包但不得转包全部服务）及物业公用部位、共用设施设备、物业管理用房、专项维修资金的管理和使用。基本上，业主对物业管理活动的全程都可行使监督权，但业主们也要注意这项权利的行使不得干涉物业公司的正常合法经营，因为民法的重要理念之一就是个人在行使自己权利的同时不得侵犯他人权利，只有这样才能保证社会秩序的正常运转，同时也表达了对他人的一种尊重。

4. 投票权、选举权、被选举权

这三项权利也是业主管理小区的重要装备，为因业主大会和业主委员会全是由此孕育而来。关于投票权，法律法规规定首次业主大会业主的投票权，暂按其拥有的房屋建筑面积计算，住宅物业管理区域内的人防、停车库等地下空间不计算投票权，因此房屋面积大的业主可以对业主委员会及小区事务的决议有较大影响，这也符合资本说话的经济学原理。选举权和被选举权对权利主体有一定要求，《物业管理条例》中规定只有房屋的所有权人才能享有，而物业使用人无此资格。对夫妻而言，根据我国婚姻法的规定，若无特殊约定，婚后购买的房产归夫妻二人共同所有，因此夫或妻都是产权人，都有权行使业主的权利，但对其他家庭成员则不然，因不是所有权人，所以无此项权利。

5. 其他权利

全体业主还享有其他一些权利，如物业共用部位、共用设施设备的所用权或使用权及物业管理用房所有权，对于

这些共同共有的财产，建设单位和物业公司不得擅自处分或改变其用途，否则，全体业主完全可以主张法律的保护。

三、业主大会与业主委员会

（一）“两会”的法律地位

根据《物业管理条例》的规定，业主大会的功能类似于股东会，是小区内最高权力机构，是一种民主自治组织，以求最大限度反映小区业主们的民意；而业主委员会类似于董事会，是业主大会的执行机构，不是一个法律实体，没有承担民事责任的资格，对涉及小区管理的事项无权作出决定，只是辅助业主大会的一个常设组织，功能只是一名宰相，仍要对皇帝的“金口玉言”惟命是从；物业公司则是经理人，对小区事务进行具体管理。

（二）“两会”的筹备与成立

1. 业主大会的筹备与成立

（1）新建小区筹备成立业主大会的，应在物业所在地的街道办事处（包括乡镇人民政府，下同）、区县国土房管局指导监督下，由社区居委会、开发建设单位（公有住房出售单位）、业主代表组成业主大会筹备组（以下简称筹备组）。

（2）未建立社区居委会的新建小区，由物业所在地的街道办事处、区县国土房管局按照物业管理纳入社区建设的工作原则，指导监督该居住物业筹备成立业主大会。筹备组中，可邀请公安派出所代表参加。

（3）筹备组成员单位应在充分听取业主意见基础上确定筹备组中的业主代表成员，并在物业管理区域内公告筹备组全体成员名单。筹备组自公告之日起成立。

2. 业主委员会的筹备与成立

（1）条件　以北京市为例：

1）凡商品房、经济适用住房入住率超过50%，或首户入住已满两年的新建居住小区，应组建业主委员会；1994年底前投入使用的老旧小区，房改售房率超过50%的，应组建业主委员会。

2）《物业管理条例》施行前已组建的物业管理委员会，应按《物业管理条例》、《业主大会规程》和北京市物业管理纳入社区建设工作的要求，在物业所在地的街道办事处、区县国土房管局指导监督下，由原物业管理委员会、社区居委会组成筹备组，及时组织召开业主大会，将物业管理委员会名称变更为“业主委员会”，将《物业管理委员会章程》修订为《业主大会议事规则》，并制定《业主公约》。组建、换届改选业主委员会的，其组成人数一般为5~9人的单数。

3）根据《关于加快全市物业管理委员会组建工作的通知》（京国土房管物字[2001]516号）规定，小区符合组建业主委员会条件的，开发商及物业管理单位应在街道办事处、区县国土房管局的指导下，会同业主代表共同筹建业主委员会；开发商及物业管理单位没有积极性，在规定时间内没有开展筹建工作的，区县国土房管局可指定业主代表组建业主委员会。

（2）备案 业主委员会应当自选举产生之日起30日内，到物业所在地区、县国土房管局备案。备案时，须提交《业主委员会备案单》及以下材料：业主大会议事规则、业主公约、业主大会决议（附业主及投票权数清册）、法律法规规定的其他材料。

日前，北京市某区房地局就因不给业主委员会备案、偏为物业公司“撑腰”而在一审中输了官司。因为此前××业委会曾状告××物业，要求其退出小区，但某区房地局却为该物业出具了业主委员会未经备案，因此不具有合法资格的证明。

于是，××业委会转而状告该区房地局在收到其寄送的备案材料后长达一年的时间内不予备案是违法行为。法院在审理后认为，该区房地局在收到××业委会寄送的备案材料后，如认为其提交的备案材料不符合规定，应当要求其补正；如不予备案，亦应书面通知并说明理由，但始终无任何书面答复是违法的。由此提醒业主如果有充分证据证明房地局或其他行政主管部门未尽指导、监督职责，官司打到哪里都是成竹在胸。

（3）时限　再根据北京市《关于加快全市物业管理委员会组建工作的通知》（京国土房管物字[2001]516号）规定，业主委员会组建工作的完成期限一般不得超过四个月，特殊情况经批准可延长。

（4）人选　关于业主委员会委员的人选问题应符合以下几个条件：1）本物业管理区域内具有完全民事行为能力的业主或产权单位代表；2）拥护宪法，承诺遵守法律法规，遵守业主公约、业主大会议事规则、业主公约及其他物业管理规章制度，自觉维护小区安定团结；3）责任心强，公正廉洁，热心公益事业，具有良好的道德品质和社会公信力；4）具有一定组织能力；5）模范履行业主义务，欠缴物业管理费用的人不能担任业主委员会委员，已经担任的，业主委员会要采取停任措施，并经业主大会确认；6）具备必要的工作时间。

（5）津贴　业主委员会原则上不得领取工资，但考虑到委员有一定的劳动付出，可适当领取补贴，补贴数额可按社会平均工资适当的百分比（如10%）酌量收取，从物业管理费中划拨。发放津贴的对象、数额应由业主大会决议。

此外，根据《关于物业管理委员会委员补选、改选、换

届选举及变更事项的通知》（京房地物字[2001]1083号）规定，业主委员会缺额的，下一次业主大会召开时补选，缺额超过40%的，区县国土房管局应及时指导业主委员会召开业主大会进行改选。

（三）“两会”的职责

1. 业主大会的职责

（1）业主大会的职责　业主大会应在召开15日前通知业主，其职责主要是：1）制定修改《业主公约》和《业主大会议事规则》；2）选举更换业主委员会委员，监督业主委员会的工作；3）选聘解聘物业管理企业；4）决定专项维修资金使用（专项维修基金的用途，收取比例，小区办存留，依照业主大会的决议物业支取）、续筹方案并监督实施；5）制定修改物业管理区域内物业共用部位和共用设施设备的使用、公共秩序和环境卫生的维护等方面的规章制度；6）决定是否可以改变物业管理用房的用途。

（2）业主大会的决议　业主大会召开时应有物业管理区域内二分之一以上投票权的业主参加，对职责范围内的事项作出决议时须经与会业主所持投票权二分之一以上通过，并对全体业主有拘束力，因此只要有四分之一的业主就可对一般事项作出决议。

那么四分之一的业主通过决议是否影响四分之三业主的权利呢？不会，在我国物业管理发展更早、更成熟的香港地区，在特定条件下，5%的业主就能通过业主大会决议，但并未影响到95%业主的权益。原因很简单，那就是《物业管理条例》还规定了：“召开业主大会，应当于会议召开15日以前通知全体业主。”四分之一业主通过，没有限制业主不能参加会议，如果100%业主参加了会议，四分之一就变成了二分之

一。假使因一些业主没有参加会议，真的出现四分之一业主通过的决议侵犯了四分之三业主的权利，《物业管理条例》在第十三条中还规定了“经20%以上的业主提议，业主委员会应当组织召开业主大会临时会议。”这时，上次没有同意或参与表决的业主就可以通过新的决议否决原来的决议。并且，制定和修改《业主公约》、《业主大会议事规则》，选聘解聘物业公司，专项维修基金使用和续筹方案等关乎小区居民重大利益的决定，仍须物业管理区域内全体业主所持投票权2/3以上通过。

（3）特写：选聘“管家” 物业管理公司的选择作为业主大会的主要工作内容之一，一直以来也是物业管理活动的焦点，下面本章将结合《物业管理条例》、《前期物业管理招投标办法》和《北京市物业管理招标投标办法》为您分析一下物业管理招投标的个中乾坤。

所谓招投标，其本质依然是合同的要约和承诺，招标书是要约邀请，投标是要约，定标则是承诺，具体到物业管理行业：

首先，根据《物业管理条例》的规定，住宅物业的建设单位应当通过招投标的方式选聘具有相应资质的物业管理企业；投标人少于3个或者住宅规模较小的，经物业所在地的区、县人民政府房地产行政主管部门批准，可以采用协议方式选聘具有相应资质的物业管理企业。因此，住宅开发商必须进行前期物业招投标，且发招标邀请前还需备案。其中，前期物业管理招标的招标人应当在发布招标公告或者发出投标邀请书10日前，到市居住小区管理办公室备案；业主大会招标的，到项目所在区、县国土资源和房屋管理局备案。还要特别注意的是要做好标底的保密工作。

其次，通过招标投标方式选择物业管理企业的，招标人应当按照规定时限完成物业管理招标投标工作。以北京市为例，新建现售商品房物业应当在现售前30日完成；预售商品房物业应当在取得《商品房预售许可证》之前完成；自用物业则应当在入住前3个月完成；更换物业管理公司的物业招标投标工作，应在原（前期）物业服务合同终止前3个月完成。

再次，一个物业管理区域只能由一个物业公司进行管理，但由于以往法律规定粗略，业主内讧，一个小区内有几个业主委员会，竞相聘请不同的物业公司，导致小区内同时存在几家物业公司，除了造成小区内物业管理混乱，给业主的生活增添烦恼外，似乎没什么意义。

此外，物业管理招标还应注意，招标资格预审后的投标人一般不少于5个，应仔细审查评标委员会成员是否有回避的情况。有下列情形的，不得担任评标委员会成员：

（1）投标人或者投标人主要负责人的近亲属；

（2）与投标人有经济利益关系的；

（3）曾因在招标、评标以及其他与招标投标有关活动中从事违法行为而受过行政处罚或刑事处罚的。

评标委员会成员有上述规定情形之一的，应当主动提出回避。

最后，在新、旧"管家"之间办理物业承接验收手续时，物业公司应当在前期物业服务合同终止时将物业管理资料移交给业主委员会。

关于招投标的具体流程，各地规定略有不同，但基本都要遵照一些必需的步骤，下图仅以程序最为复杂的公开招标为例，希望业主们得以按图索骥。

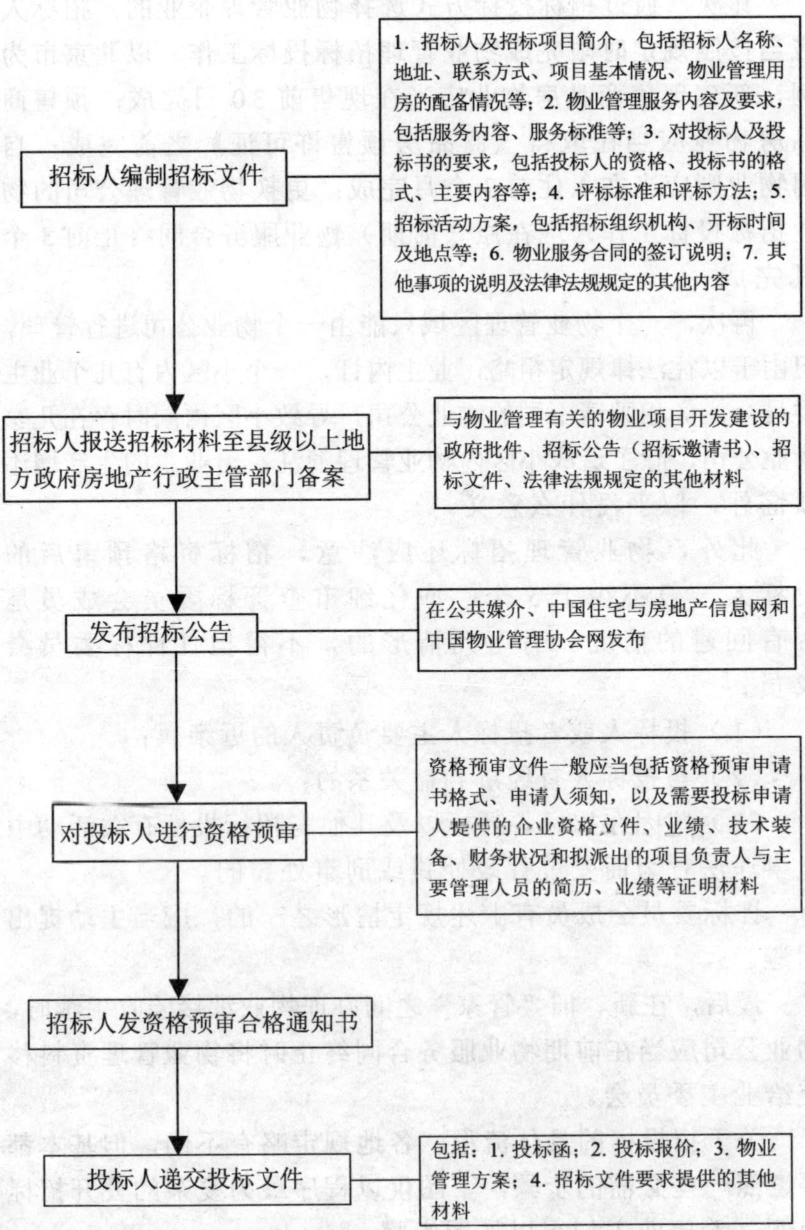

招标人编制招标文件

1. 招标人及招标项目简介，包括招标人名称、地址、联系方式、项目基本情况、物业管理用房的配备情况等；2. 物业管理服务内容及要求，包括服务内容、服务标准等；3. 对投标人及投标书的要求，包括投标人的资格、投标书的格式、主要内容等；4. 评标标准和评标方法；5. 招标活动方案，包括招标组织机构、开标时间及地点等；6. 物业服务合同的签订说明；7. 其他事项的说明及法律法规规定的其他内容

↓

招标人报送招标材料至县级以上地方政府房地产行政主管部门备案

与物业管理有关的物业项目开发建设的政府批件、招标公告（招标邀请书）、招标文件、法律法规规定的其他材料

↓

发布招标公告

在公共媒介、中国住宅与房地产信息网和中国物业管理协会网发布

↓

对投标人进行资格预审

资格预审文件一般应当包括资格预审申请书格式、申请人须知，以及需要投标申请人提供的企业资格文件、业绩、技术装备、财务状况和拟派出的项目负责人与主要管理人员的简历、业绩等证明材料

↓

招标人发资格预审合格通知书

↓

投标人递交投标文件

包括：1. 投标函；2. 投标报价；3. 物业管理方案；4. 招标文件要求提供的其他材料

开　标

1. 开标应当在招标文件确定的提交投标文件截止时间的同一时间公开进行；开标地点应当为招标文件中预先确定的地点。2. 开标由招标人主持，邀请所有投标人参加。开标应当按照下列规定进行：由投标人或者其推选的代表检查投标文件的密封情况，也可以由招标人委托的公证机构进行检查并公证。经确认无误后，由工作人员当众拆封，宣读投标人名称、投标价格和投标文件的其他主要内容。3. 招标人在招标文件要求提交投标文件的截止时间前收到的所有投标文件，开标时都应当当众予以拆封。4. 开标过程应当记录，并由招标人存档备查

评　标

1. 评标委员会由招标人代表和物业管理方面的专家组成，成员为5人以上单数，其中招标人代表以外的物业管理方面的专家不得少于成员总数的三分之二。2. 评标委员会的专家成员，应当由招标人从房地产行政主管部门建立的专家名册中采取随机抽取的方式确定。3. 与投标人有利害关系的人不得进入相关项目的评标委员会

招标人发中标通知书

双方签订物业管理委托合同并在市小区办及区县房屋土地管理机关备案

1. 招标人应当自确定中标人之日起15日内，向物业项目所在地的县级以上地方人民政府房地产行政主管部门备案。备案资料应当包括开标评标过程、确定中标人的方式及理由、评标委员会的评标报告、中标人的投标文件等资料。委托代理招标的，还应当附招标代理委托合同。2. 招标人和中标人应当自中标通知书发出之日起30日内，按照招标文件和中标人的投标文件订立书面合同；招标人和中标人不得再行订立背离合同实质性内容的其他协议

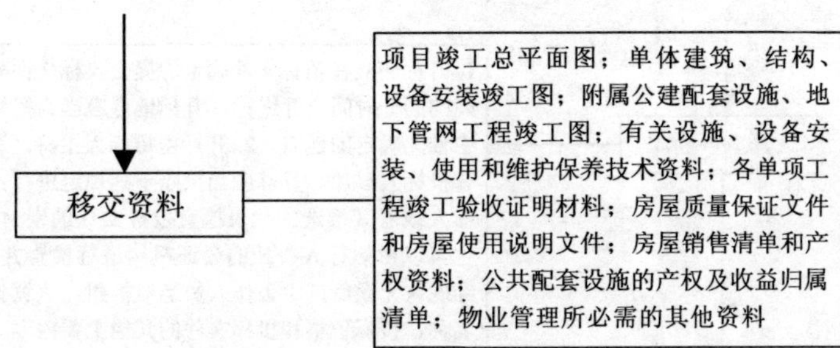

物业公司的招投标作为新制度在实践中运行还需一段磨合的时间，也可能不乏“暗箱操作”出现，但相信随着配套制度的完善，物业管理行业会因为招投标而逐渐走向公开、公平、公正。

2. 业主委员会的职责

（1）职责　业主委员会的职责与业主大会相比更微观、更琐碎些，主要表现为辅助业主大会的职能更好实现，包括：1）召集业主大会，报告物业管理实施情况；2）代表业主与业主大会选聘的物业公司签订物业服务合同；3）及时了解业主、物业使用人的意见和建议，监督和协助物业管理企业履行物业服务合同；4）监督《业主公约》实施；5）在前期、后期物业服务合同终止时将《物业管理条例》二十九条所列资料移交业主委员会；6）物业管理企业承接物业时，业主委员会应与其办理物业验收手续，并移交《物业管理条例》第二十九条中规定的资料。

（2）注意事项　业主委员会履行职责时要注意其与物业管理企业是两个平等的民事主体，双方是契约关系。因此，业主委员会没有权利干涉物业管理企业的内部运作，如人员安排、工资发放、财务管理等，原则上也没有权利对物业管理企业的财务进行审计，但如果小区收费采用成本加酬金的方式核算，双方可以在物业管理合同中约定业主委员会有权对物业

管理项目进行财务审计，通过委托共同认可的、具有资质的会计师审计事务所完成，审计结果对双方具有同等效力，费用由全体业主分担。并且业主委员会及成员的行为、言论不得违反宪法和法律法规及政策，不得危害国家和社会的安全与稳定，不得危害小区业主利益。

（3）与居委会的青梅竹马　业主委员会与居民委员会的关系颇值得一书。居民委员会作为计划经济时代下城市社区管理的产物，在21世纪依然有存在的意义，物业公司作为一个经济实体，以盈利为首要目的，国家无法强迫其承担过多的社会公益责任，业主委员会只是业主大会的一级执行机构，无太多实体权利和义务，且在现实中组织架构易流于松散，而居民委员会作为居民自治组织，在计划生育、外来人口管理、抢险救灾等社会公益事项上依然保持着高效和佳绩，令人不得不抱有敬意。

《物业管理条例》及相关规定也肯定了居委会在现代小区生活中的地位，认为业主委员会要在居委会的领导下组建，居委会要参加业主委员会和业主大会。业主大会、业主委员会应当配合公安机关，与居民委员会相互协作，共同做好维护物业管理区域内的社会治安等相关工作。在物业管理区域内，业主大会、业主委员会应当积极配合相关居民委员会依法履行自治管理职责，支持居民委员会开展工作，并接受其指导和监督。住宅小区的业主大会、业主委员会作出决定的，应当告知相关居委会，并认真听取其建议。居委会要指导业主委员会的工作，监督物业公司的服务，协调二者与社区居民之间的关系，积极处理物业管理纠纷。业主委员会如果作出违反法律法规和政府政策、影响社会秩序和侵害社区公共利益的决定，居委会有权加以制止。新住宅小区建成后，街道办事处应参加入住验收工作，对未按规划建设配套

公共设施或存在质量问题的住宅小区，有权提请规划、建设行政主管部门对此予以纠正。

如此规定不仅强调了业委会与居委会间的协调和配合，并给予居委会一定范围内的指导权和监督权，使得两者互助互进，共同为小区居民的生活添砖加瓦。

四、物业公司对业主应承担的义务

（一）物业公司与开发商的责任划分

物业公司一旦接手房屋的管理，就会与开发商在一切有关房屋而产生的责任承担上有一个基本划分，在交付房屋的一刹那，意味着房屋买卖合同双方的主要权利义务已履行完毕，而物业管理阶段的权利义务即刻发生，因此如果由于开发商提供的商品——房屋本身出现了质量问题，如主体结构等，则业主们应去找开发商讨个说法，但如果对物业公司提供的服务不满意，那就要向物业公司理论了。

物业公司与发展商的权利义务有区分，但也有衔接，主要表现为物业公司在规划设计期、项目建设期、物业验收期和业主入住前四个时间段提早介入，而其中物业验收又是最重要的一环，物业验收可以最大程度防止开发建设遗留的质量问题，避免影响业主利益，也影响物业公司的服务。

物业验收主要包括明确物业管理区域内公共配套建筑的产权归属、物业管理用房的配置，并对那些物业共用部位、共用设施设备进行查验，如有质量问题，开发商应立即予以整改，并承担相应民事责任。此外，开发商还应向物业公司移交相关资料，包括竣工总平面图，单体建筑、结构、设备竣工图，配套设施、地下管网工程竣工图等竣工验收资料；设施设备的安装、使用和维护保养等技术资料；物业质量保修文件和物业使用说明文件；物业管理所必需的其他资料等。

只有在物业具备交付使用的条件后，物业管理企业方可承接物业，这样也利于物业公司进入小区后迅速开展业务并在业主中树立良好形象，且有利于开发商进一步销售物业。

（二）物业公司的“十字架”

物业公司作为小区物业服务的提供者，与广大业主们的关系是合同聘用关系，用“衣食父母”四字来形容物业公司对业主们的依赖并不为过，因此从理论上讲，物业公司应尽最大的努力为业主们提供最优质的服务，以使得业主大会作出续聘的决议。

而物业公司对业主们应履行的义务就是依照《物业管理委托合同》的约定，提供相应的服务。物业管理服务的内容包括公共服务、代办服务和特约服务，其中公共服务占了绝大部分。

公共服务的范围涉及综合管理、装修管理、停车管理、消防、供水、电梯、保洁、保安、绿化及公共设施维修。《物业管理条例》规定了物业公司必须亲自管理物业，但也有将专项服务业务分包给专业性服务企业的权利，只是此种情况下明令禁止了非经业主或业主委员会同意，将全部服务转包给他人的做法。

代办服务的范围则以业主们与物业公司的约定为准，但物业公司代收小区内水费、电费、燃气费、供暖费、通讯费和有线电视费的不得收取手续费等额外费用。

特约服务则是业主由于自己的特殊情况需要物业公司提供《物业服务合同》以外的服务，报酬当然由双方另行自议。

此外，《物业管理条例》还规定了物业公司应当接受业主委员会和小区居民的监督，并按照业主或业主委员会的要求报告物业管理事务的处理情况，重大管理措施应提交业主委员会审议后经其认可方能实施等。之所以如此严格规定是为了避免

发生所谓的"内部人控制","内部人控制"是经济学术语,也是公司法理论中经常出现的词汇,是指掌握企业资源和信息的人利用企业资源和信息从事或建议他人从事谋取私利或满足个人欲望的行为。借用到物业管理行业,是指业主们精心挑选的如意"管家"却利用管理小区事务的职权便利从中谋私的行为。

物业公司除了上述约定义务外,依照《物业管理条例》还需承担一些法定义务,如"物业管理企业不得擅自占用、挖掘物业管理区域内的道路、场地,损害业主的共同利益;物业管理企业确需临时占用、挖掘道路、场地的,应当征得业主委员会的同意、物业管理企业应当将临时占用、挖掘的道路、场地,在约定期限内恢复原状";"物业管理企业应当将房屋装饰装修中的禁止行为和注意事项告知业主";"物业管理企业雇请保安人员的,应当遵守国家有关规定。保安人员在维护物业管理区域内的公共秩序时,应当履行职责,不得侵害公民的合法权益"。

因此,若物业公司违反了上述法定义务,业主们完全可要求其承担恢复原状或损害赔偿的法律责任。

(三)三支火枪

下面本书还将叙述物业公司经营行为中与业主利益切身相关的几个问题。

1. 经营权

在以往的物业管理案例中,不乏物业公司将建筑物屋顶、外墙或电梯内壁出租给他人用作设置广告牌或霓虹灯广告,却将收益占为己有的情况,很多业主对这部分营利的归属甚感困惑。

其实对那些临近商业区、高速公路等繁华地区,可以在上面安置广告牌或霓虹灯广告的建筑物屋顶、外墙,因为具有商

业利用价值，开发商往往会保留其广告专用权，因而此时广告位的任何收益就不是全体业主的共有收益；物业管理公司若从开发商处获得了广告专用权，广告位的收益自然就归属于物业管理公司和开发商，但这种约定合理与否尚值得商榷。根据物权法的基本原理，开发商在将房屋完全售出后即对小区的土地和楼座不再享有任何权利，只是通过补充协议单方将广告专用权留作自用，意图“肥水不流外人田”，实际上是损害了业主们的收益权。

如果物业管理合同或业主大会决议中明确允许物业管理公司设置广告位招租，物业管理公司自然就获得了招租广告位的权利，但广告位的收益属于全体业主，即使物业管理公司没有获得招租广告位的权利，但由于政府要求美化建筑物外观，并经政府批准设立了广告位进行出租，也是属于合法的，同时广告位的收益仍属于全体业主。

对于如何处理这部分共有收益，往往是业主和物业管理公司为此争议而形成纠纷的根本问题。无论是归物业管理公司所有，还是个别或部分业主所有，甚至归派出所、居委会所有，都是直接侵犯了全体业主的合法权益。

正确的做法是按以下顺序处理：1）支付广告位的成本费；2）支付政府要求美化建筑物外观的成本费；3）类似于处理物业管理商业用房收益的处理方法，弥补建筑物物业管理费的不足；4）作为建筑物维修基金储存起来，并设立单独账目，专项用于该幢住宅共用部位、共用设备的维修、更新，专款专用；5）如果还有多余，可根据业主大会决议按照业主所拥有共用部分的持分比例向全体业主分配。

此外，“人防”也是一个让业主们牢骚满腹的话题。根据相关法律规定，“人防”及设备的设置目的在于战时防空，虽然在每位业主买房时没有计入公摊，但在和平时期的使用方

式及收益归属一直为业主们所关注。有些物业公司自觉“天不知，地不晓”，将“人防”肆意出租，并将租金暗地里占为己有，同时因疏于管理，对业主的生活造成一定的影响，引起了业主们的强烈不满。事实上，人防按照国家相关规定，可以在和平时期用于经营，但使用时要严格按照人防要求，不得引起小区居民生活的混乱，且所得收益必须上交当地“人防办”管理。

2. 物业管理用房

物业管理用房包括物业办公、工作人员值班以及存放工具材料的用房。物业管理用房使用设计用途为物业管理、办公或住宅的房屋。在前期物业管理期间，提供给物业管理企业使用；业主大会成立后，无偿提供给业主大会，产权属全体业主所有。

关于物业管理用房的具体标准各地规定差异较大，如济南市规定得较为详细：“物业管理企业办公用房按不低于该物业管理区域内房屋总建筑面积的0.2%配置；总建筑面积在5万平方米以下的，按照不低于建筑面积100平方米配置。业主大会用房按不低于建筑面积30平方米配置”；北京市则规定为“每幢商品房所分摊的物业管理用房面积可占该幢商品房建筑面积的千分之四左右，但最高不得超过千分之六。按千分之六计算，分摊的全部物业管理用房面积不足一套或一间房屋建筑面积的，按该幢商品房设计的最小一套或一间房屋的建筑面积确认。商品房买卖合同中，买卖双方对分摊的物业管理用房面积另有约定的，从其约定。”

3. 人身安全责任

两年前发生在××花园的那起凶杀案足以让人们对物业公司在小区刑事案件中应负的责任驻足凝思一番：2001年4月15日两名罪犯携尖刀等凶器，先到北京丰台某小区伺机作案，由

于该小区保安员盘查，未能得逞。随后又来到××花园，因该楼值班保安员没有盘查，遂冒充物业人员以检修煤气管道为名，入室抢劫并将关先生惟一的儿子残忍杀害。

虽然犯罪分子不久即被抓获，但悲痛欲绝的关先生执意将疏于管理的物业公司告上法庭。法院认为，保安员并未对两名罪犯进行盘查，在楼宇中设置的保安设施、门禁系统和可视对讲系统也均已损坏，不能正常使用，使得犯罪分子小施伎俩即告得逞，物业公司应对原告损失承担相应的赔偿责任。法院一审判决北京市××实业总公司赔偿死亡补偿金、丧葬费和法医检测费共计 7 万元。

一直以来，物业公司是否要对小区刑事案件承担责任是让法官和物业公司老总颇为头疼的问题，法律空白与人命关天，罪犯逍遥法外与亡者家属的泪流成河、呼天抢地，使得法官和老总们处理此类问题时稍一不慎就会担上草菅人命、无视天理的千古骂名，何去何从，真是让人“才下眉头，却上心头”！

而《物业管理条例》的出台为今后人们在思考此类问题时提供了一个绝好的参考和旁证，《物业管理条例》将物业公司的安全义务分为法定和约定，约定义务理解起来比较简单，物业公司只要未能履行物业服务合同的约定，导致业主人身、财产安全受到损害的，就要责无旁贷的对业主承担相应法律责任。而法定义务与约定义务最大的不同即在于其界限较低，仅是“应当协助做好物业管理区域内的安全防范工作。发生安全事故时，物业管理企业在采取应急措施的同时，应当及时向有关行政管理部门报告，协助做好救助工作。”因此业主们若未在《物业委托合同》中明确约定物业公司在业主人身、财产安全受到损害后的违约责任的，小区刑事案件只有在物业公司未履行法定义务时才能要求其承担民事责任，且这种责任的程度也较轻。这两条规定将国家对公民生命及财产应承担的

保护义务与私法中的一家公司所能承担的合同义务作了合理区分，使得物业公司可以在力所能及的范围内向小区业主做出郑重承诺。因此，在与物业公司签订《物业管理合同》时，一定要细心看好物业公司在合同中约定的治安责任范围，如物业公司承诺“保证小区内无重大火灾、刑事案件和交通事故”，并约定了相应违约责任的，方可要求其赔偿，否则，物业公司只负责一般的治安秩序，即小区内的公共秩序和公共安全的防范。

五、物业管理中的“不可承受之轻”——业主注意事项

由于物业管理活动本质上受民事法律关系调整，是平等当事人间的权利义务关系，因此业主们除了享受主人的乐趣外，还必须承担一些义务，且如果拒不履行这些义务，不仅没了半点做主人的悠然，还可能端坐在被告席上，成为受法律谴责的对象。

首先，先谈谈业主对物业公司应承担的义务。物业管理中最简单不过的道理就是业主掏钱，物业公司提供服务，所以交纳物业管理费是业主最基本的一项义务，这在《物业管理条例》的第四十二条和六十七条明文规定，即“业主应当根据物业服务合同的约定交纳物业服务费用。业主若违反物业服务合同约定，逾期不交纳物业服务费用的，业主委员会应当督促其限期交纳；逾期仍不交纳的，物业管理企业可以向人民法院起诉。”也就是说，即使业主因物业公司的服务问题认为自己拒付物业费是天经地义，物业公司也完全有道理将业主一纸诉状告上法庭，而法庭也会完全依照法律判决业主向物业公司支付管理费。更何况现实中还有些业主在前期物业管理中，以自己与开发商间的房屋纠纷为由而拒付物业费，就更没有道理了。

其次，对于小区内全体业主应注意的几个问题：

（1）《物业管理条例》中规定业主不得擅自占用、挖掘物业管理区域内的道路、场地，损害业主的共同利益。因维修物业或者公共利益，业主确需临时占用、挖掘道路、场地的，应征得业主委员会和物业管理企业的同意。业主应将临时占用、挖掘的道路、场地，在约定期限内恢复原状。这是因为小区内的道路场地是由全体业主共同所有，是公共财产，业主不能为满足一己之私利而侵犯大家的权利。且如果因为擅自占用、挖掘小区内的道路场地而导致他人受伤甚至死亡，结果恐怕就不是“恢复原状”那么简单了，极可能要根据《民法通则》的相关规定承担损害赔偿的侵权责任。所以此处真诚奉劝业主们一句：若确需占用、挖掘小区道路场地的，还是先征得业主委员会和物业公司的同意，以免酿成大祸。

（2）还有一点必须提醒的是，装修房屋应事先告知物业公司，因为无论是塔楼还是板楼，都是按照精密严格的规范施工的，而大多数业主们非建筑行业的专业人士，在装修时很可能破坏房屋的承重结构，问题严重起来甚至会破坏整个楼身的稳固和安全，如有些业主不顾楼板的荷载能力和结构要求，使用超重灯饰、风扇或天花板，并在空心楼板或现浇楼板上随意钻孔打洞、凿钻楼板，致使楼板千疮百孔，楼板中的受力钢筋也被切断，严重破坏了楼板的结构性能；或者随意拆除墙体、梁、柱，破坏建筑物的承重结构、刚体和抗震结构；有的业主甚至还私自拆改燃气管道，造成安全隐患。想来业主们决不希望自己干劲冲天的装修却是无形中自掘坟墓吧?！所以希望业主在燃烧浪漫激情布置新居时还能保留那么一点点理性提醒自己务必先向物业公司告知一声，经物业公司批准后再行施工，而且一般还要与物业公司签订装修协议，明确装修的内容、装修时间、垃圾处理方式以及违约责任的处理等内容。

利人利己，何乐而不为呢？

（3）此外，《物业管理条例》第五十六条还明文规定业主所有的物业若存在安全隐患，危及公共利益及他人合法权益时，应及时维修养护，有关业主应当给予配合。若拒不履行维修养护义务的，经业主大会同意，可以由物业管理企业维修养护，费用由该业主承担。虽然中国曾一度猛烈批判过“各人自扫门前雪”，但若各人都扫了门前雪，这路也就好走了，所以作为小区一员还是要具备一份基本的公益心，即使拒不履行也依然要承担费用。

（4）业主不得在小区内私自搭建、不得随意改变公用建筑的使用性质，不得随意利用共用部位、共用设施设备进行经营，按照《物业管理条件》规定，利用物业共用部位、共用设施设备进行经营的，应当在征得相关业主、业主大会、物业管理企业的同意后，按照规定办理有关手续。业主所得收益应当主要用于补充专项维修资金，也可以按照业主大会的决定使用。《物业管理条例》之所以如此强调，还是因为业主虽然花了一大笔银子买了小区内的房子，但权利的行使必须得有个界限，就是不得随意占有、侵犯其他业主的权利。

譬如下面这起案例也许能为业主们提供一些警示：

“原告作为物业管理者，与业主间应当加强沟通。而被告作为业主，有权利对物业公司提出相应的批评意见及合理化建议，同时也应当积极配合、支持物业公司的管理工作。双方妥善处理好相互关系，共同维护小区整体形象，营造小区祥和的生活氛围。”这是北京市朝阳区法院在一起物业公司状告业主“私搭乱建”案件的判决末尾，向当事人的郑重告诫。

据查该业主在装修房屋时，将三层露台用塑钢和玻璃封闭成一个“玻璃屋”。但不久，即被物业公司告上法庭。

法院认为，业主入住时与物业公司签署了《业主公约》、承诺书及《异产毗连房屋装修管理协议书》。这三个法律文件都对业主可否搭建建筑物、装修及法律责任作了约定。但在物业公司提供的该业主装修申请表中，无此项目，且其无法证明经过物业公司同意。

于是法院一审判决该业主自行拆除露台上的“玻璃屋”。法院的判决理由是：业主应按照物业管理公约等文件的约定履行义务。该业主未经物业公司同意，就在露台上搭建“玻璃屋”，违反了约定，也给小区整体面貌造成了影响，物业公司要求拆掉违章建筑理由充分。

（5）若业主的房屋出租、出借或由他人使用，物业使用人不缴纳物业费及违反《物业管理条例》或《业主公约》的规定时，有关业主须承担连带责任。看到此条规定，有些业主可能颇觉得委屈，认为物业使用人不交钱或违法违约根本与自己无关，但条例之所以要让业主“无辜”地承担这样一份责任，是因为业主是该套房屋的所有权人，因此他也要对这套房屋的使用状况最终负责，相比被欠费的物业公司及其他主体，业主本人对物业使用人的联系更紧密些，对其行为的制约也更容易些，因此条例如此规定也是符合人情世故的。

（6）最后，再探讨一下业主与其他主体间的关系是否影响物业管理的问题，比如业主与供水、供电、供气、供热、通讯、有线电视等单位的关系。《物业管理条例》规定“物业管理区域内，供水、供电、供气、供热、通讯、有线电视等单位应当向最终用户收取有关费用。物业管理企业接受委托代收前款费用的，不得向业主收取手续费等额外费用”、“供水、供电、供气、供热、通讯、有线电视等单位，应当依法承担物业管理区域内相关管线和设施设备维修、养护的责任。前款规定的单位因维修、养护等需要，临时占用、挖

掘道路、场地的，应当及时恢复原状。”

因此，业主们以后首先可以理直气壮地拒绝物业公司代收水、电、气等费用时的手续费；其次，在供水、供电、供气、供热、通讯和有线电视的设备管线发生故障时可要求相应单位，即直接责任方进行维修、养护，而不必与物业公司扯皮纠缠。

第四节 维权方式

业主在与开发商及物业公司的斗争中可谓绞尽脑汁，斗智斗勇，其过程往往也充满着委屈、愤怒、失望和沮丧，甚至还会有“一把辛酸泪”，但我们在本书中想郑重提醒的是，消费者在物业管理活动中处于弱势也是一个不争的事实。如果业主一定要采取极端的非理性维权方式，不仅得不到您向物业公司应主张的权益，反而会受到法律应有的制裁。在我们无力改变整个社会大环境的前提下，首先要做的就是保护好自己及家人，而理性维权正是在保护好自己既有利益的同时又要向物业公司主张自己应得的权益。

说一千，道一万，维权是为了使我们的生活更美好，但若仅仅因为方法运用不得当反使得生活不仅丧失了以往的宁静与温馨，还增加了不必要的损失和痛苦，是否有些得不偿失呢？

下面即送三条锦囊妙计，以助业主们事半功倍。

一、小鸟在前面带路——业主委员会的作用

此计一般可用于解决一些对开发商和物业公司来说不痛不痒，但又会影响到每位业主每天生活方便与舒适的所谓“小问题”。

每位业主虽然都是小区的主人，但群龙无首就一定会变成一盘散沙，搞不好还是乌合之众，因此业主们应该充分运用聚沙成塔的原理，团结起来充分发挥业主委员会的作用和功能。业主委员会应当积极鼓励全体业主充分发表意见，并寻求事实和法律的根据，集思广益，然后将业主的意见统一起来，通

过法律赋予的权利与开发商及物业公司交涉。

这种方式既可节约单个业主的维权成本，省下更多的时间和精力，又能使单个业主的单声呐喊积聚成人民战争的汪洋大海，从而在与开发商和物业公司谈判时造成较大压力，迫使其充分重视起来，最终达到彻底解决问题的目的。

二、莫斯科不相信眼泪——解聘

此计可用于业主们在对物业公司质次价高的服务彻底绝望或对其痛改前非的美丽承诺深感无望时，坚定运用法律赋予的权利，将这个万恶的管家撵出自己可爱的家园。

《物业管理条例》中赋予了业主大会通过法定程序解聘物业管理公司的权利，并规定了物业公司必须将物业管理用房和相关资料（即前面提到的竣工总平面图等）交还给业主委员会。上文已有详细论述。但现实中，成功行使解聘权利的案例还是不多，较为常见的是，“新管家”已经请来，“旧管家”还赖着不走，并以物业管理用房和物业管理资料相要挟，因此而发生武力冲突的亦鲜有耳闻，因此提醒业主们在遇到此种情形时，应寻求公权力的保护，如起诉原来的物业公司，或请求房地产行政管理部门的支持。

三、众人拾柴火焰高——共同诉讼

此计可用于以下情形，即“秀才遇见兵，有理讲不清”。

纵然您使出浑身解数，却依然将物业公司奈何不得时，可以联合其他业主提起共同诉讼。因为这种方式可以最大限度地节省诉讼时间和费用，并避免人民法院在同一事件或同类事件上作出相互矛盾的判决。

科学技术的进步和人类活动的社会化，使得群体利益作为一种独立的利益形态已然形成。它不同于个人利益和国家

利益之处在于群体利益一旦受到侵犯，既会损害多个特定个体的利益，又会分割社会经济利益，而此时无数个体的利益受到损害，就演变成了社会问题。人们常说“法律是正义的最后一道防线”，法律不仅要保护个人权利，还要强调维护社会公共利益，于是法的精神也就逐渐从“个人本位”转向“社会本位”。但若在诉讼制度上，仍因循守旧，不做新的制度设置，直接利害关系人只可以提起为维护个体利益的诉讼，那么会产生诸多不利的影响。

此时共同诉讼便应运而生。共同诉讼就是原告或被告一方有两人或两人以上。在共同诉讼中，共同起诉或共同应诉的人就叫做共同诉讼人。原告为两人或两人以上的称为共同原告，被告为两人或两人以上的称为共同被告。

共同诉讼是诉讼主体的合并，实质上是把两个以上的单一诉讼合并在一起，但这种合并有是条件的，必须是两个以上的单一诉讼互相联系，或者是同一事件，或者是同类事件，不能把两个以上毫不相关的单一诉讼合并为共同诉讼。

共同诉讼有两种，一种是普通的共同诉讼，另一种是必要的共同诉讼。两者的区别即在于前者的诉讼标的是一种，人民法院认为可以合并审理并经当事人同意；而后者的诉讼标的是共同的，人民法院必须合并审理的诉讼。

简单说来，就是普通的共同诉讼可以是业主们因多件同种类或相似的委屈事儿一起向法院提起诉讼，当然，即使因合并审理而形成了共同诉讼，业主们在普通共同诉讼中的地位仍然是独立地使用自己的诉讼权利、履行自己的诉讼义务，并且还可分别委托诉讼代理人代理他们进行诉讼。可以这么讲，在进行诉讼时，业主们的诉讼权利和诉讼义务与独立进行时是一样的，且在诉讼中的诉讼行为也只对自己产生效力，对其他共同诉讼人不产生效力。共同原告之一撤诉或者放弃诉讼请求的，

不影响其他共同原告继续诉讼。共同被告之一同意或承认对方诉讼请求的，不代表其他共同被告不能反驳或否认，与此相应，人民法院也是分别作出判决确认业主们各自的权利和义务的 。

而必要的共同诉讼则只能是一件委屈事儿中牵涉到众多业主，业主们心怒难平而向法院起诉，所以如果一方起诉，法院也会追加另一方作为共同原告参与诉讼的。必要共同诉讼人在民事诉讼中有其共同的一面，也有其独立的一面。一方面，各共同诉讼人均是有民事诉讼权利能力的独立民事主体，其民事诉讼行为能力也是相对独立的。但是，另一方面，因其诉讼标的的共同性，其民事诉讼行为能力又具有一定的共同性，因而各必要共同诉讼人的民事诉讼行为能力的独立性是有限制的，即必要共同诉讼人在行使共同的权利和履行共同的义务时，应当共同进行。如果单独进行，单独进行人的诉讼行为只有经其他共同诉讼人承认，才能对他们发生法律效力。可见，与普通共同诉讼人相比，必要共同诉讼人在诉讼中的独立地位是受到一定限制的。

但不论是普通共同诉讼还是必要共同诉讼，法院的判决只对参加诉讼的业主们有拘束力，对那些没有参加诉讼的业主，虽然其权益也受到相似的侵害，却不具有法律效力。

现实中，物业管理纠纷往往两种共同诉讼都会涉及到，那么到底如何实施共同诉讼呢？

在当前的司法实践中，各地法院对共同诉讼主要是适用《中华人民共和国民事诉讼法》第五十三条、五十四条和《最高人民法院关于适用〈中华人民共和国民事诉讼法〉若干问题的意见》。归纳起来，在我国，启动共同诉讼需要同时满足以下几点：1）当事人一方人数达到10人以上，且在起诉时能够确定具体人数。2）诉讼标的种类相同或共同，即所有当

事人所涉及的法律关系是相同或同种类的，引发诉讼的事实和原因是相同的。3）原告一方当事人的诉讼请求能够协商一致。4）当事人自行推选代表2～5人进行诉讼活动，作为代表人须是集团中的成员。

此外，为了胜诉，一定要注意保存证据，比如因物业管理人员的失误致使您家中被淹，若及时处理积水，会使证据丧失，庭审时空口无凭，但若不及时处理积水，又会给生活造成不便，且扩大损失，所以不如采取公证这种方式，既可及时保存证据，又不会影响生活的正常节奏。

本章至此，已将物业管理活动中的热点问题做了一一点评。虽然中国的物业管理市场还存在着许多的缺陷与不规范，但相信随着房地产行业市场化程度的加深，改革力度的加大，信息不对称所引发的道德风险终将逐渐被遏制，从而形成良性循环，使得物业管理行业的赢利能力愈来愈强，消费者的生活也最终得到了细腻、体贴而温暖的熨烫。

第九章 维权途径

第一节 引 言

某项目早在1994年就已经开盘，入住后发现房屋质量有问题，业主于是自发去物业管理公司，并发生激烈交锋。有的业主经过调查发现，不但房屋质量存在问题，还不可能按时拿到产权证。究其原因是因为开发商的开发面积已经超出了政府的批地面积，开发商还没等拿到销售许可证等相关法律文件，就开始售房。于是业主开始了长达八年的维权活动，但最终并未取得理想的效果。

日前，100多位业主向开发商提出了集体诉讼，诉讼请求主要有：开发商在商品房销售过程中，存有欺诈销售、虚假宣传等非公平交易行为，严重侵害了消费者利益。

正如马克思哲学所教导的那样，“运动是绝对的，静止是相对的”，在我们的社会生活尤其是商品关系中存在许多潜在的纠纷，从提供商品、服务到支付酬金等方面都可能发生纠纷，所以在这里也可以把这句话改编为“纠纷是绝对的，无纠纷是相对的”。确实，可以说任何房地产开发商都会有让业主不满意的地方，就连很多金牌开发商也出现了轰轰烈烈的消费者维权事件。因此作为消费者来说，在与开发商打交道时擦亮眼睛，保留好必要的材料，做到防范于未然，对于在未来可能的纠纷中保护自己的合法权益具有重要作用。

从看中某开发商开发的楼盘、开始与开发商接触，到订立合同、入住，消费者将巨额血汗钱投入到其中，并付出无数的体力与脑力劳动，可以说是费尽心机。但是，这还不够！在现阶段，大家都知道房地产行业合同履行周期很长，纠纷发

生的概率较大，为了日后发生纠纷时能够切实保护自己的权益，消费者应该从看房开始就保存好与所购买房屋相关的一切资料，以便作为有利的证据。这些相关的材料通常包括：

1. 开发商在报纸、杂志等媒体上刊登的相关广告

这些广告能够一定程度上证明开发商对于房屋品质、配置、规格等方面的承诺，尤其是对于某些在销售合同及其附件中无法体现的内容，这些广告是非常重要的证据。即便不一定能够作为要约直接证明开发商应承担责任，也能够对维权产生一定的帮助，对开发商产生一定的影响。因此，消费者在准备购买房产时，应当注意收集相关的广告，并妥善保存，以备不时之需。

2. 所购买楼盘的楼书、装修配备标准等资料

这是可以直接证明消费者所购买房屋情况的证据。楼书上标明的绿化率、层高、景观、立面以及装修配备标准里面确定的建材品牌等，都是对开发商的约束。应当注意的是，同一楼盘的楼书等资料在不同时期可能会有不同的版本。因此，消费者应当确保自己持有的楼书资料与自己购买的房屋相匹配。

3. 相关法律法规以及判例

虽然通过谈判的方式来解决纠纷可以不受法律规定的束缚，但消费者应当明确的是，法律规定的支持才是真正使开发商能够与自己进行谈判的最重要依据。只有当消费者按照法律的规定能够得到一定利益时，开发商为了防止败诉的风险，才有可能通过谈判这种成本最低的方式来解决问题。换句话说，法律规定所赋予的权利是消费者理论上所能够获得的最大利益，而谈判所要做的就是在这一额度之下寻找消费者和开发商都能够接受的平衡点。因此，消费者首先要了解与纠纷相关的法律法规，了解依照此规定所能够取得的利益，

在此基础上与开发商进行谈判才是最有效的。与此同时，消费者应该尽量收集与其纠纷相关、且已经由法院做出了审理结果的案例。虽然我国是成文法国家，判例不具有法定约束力。但是在实际审理案件的过程中，由层级较高的法院做出的相关判决，通常都能够在一定程度上影响法官的判断，因而具有一定的参考价值。

在与开发商发生纠纷时，消费者应当认识到可以用来保护自己的各种途径，并且根据实际情况充分利用这些途径来维护自己的权利。通常情况下，消费者的维权途径主要包括以下几种：

（1）与开发商谈判；

（2）向新闻媒体曝光，寻求舆论监督和支持；

（3）向仲裁机构提起仲裁；

（4）向法院提起诉讼。

第二节　你情我愿——协商

对消费者来说，与开发商协商解决问题是第一选择，因为这相对于其他方式来说更加省时省力，不用再付出更多的成本。同时，由于消费者与开发商是“抬头不见低头见”，保持较好的关系也颇为重要。事实上，在出现纠纷时，消费者都是首先找开发商协商，而不是诉诸法庭。

在任何社会任何时代，通过谈判协商来解决问题都是切实可行的，而且往往具有最高的效率。一方面，双方都是当事人，因此对于发生纠纷的事实情况有最直接的了解和最深切的体会，能够更容易地找到双方争议的焦点以及症结所在，因此最有条件来找出解决的办法。另一方面，因为这一结果是双方共同达成的，体现了双方的意志，反映了双方的利益与需求，所以如果双方能够通过这种方式达成解决方案，则此方案能够得到最有效的执行。通常情况下，经谈判协商达成的结果能够由当事人自己主动执行。

从法律的角度看，消费者通过与开发商谈判来解决纠纷是完全符合私法自治原则的。罗马法中一个重要的法律分类标准就是私法和公法，其区分标准主要是调整方式、调整目标、价值取向等方面的差异，私法主要包括民法（含合同法）、商法，公法包括宪法、诉讼法等。私法有一个重要的基本原则就是私法自治，顾名思义，就是由私法的主体——自然人或法人——在不损害他方利益的前提下完全按照自己的意愿进行活动。具体到各部门法中，合同法所确立的基本原则之一就是平等自愿。自愿不仅包括在订立合同时的自愿，而且还包括履行

合同以及解决合同纠纷时的自愿，合同的当事人经过一致协商，可以变更或者废止已经成立或者生效的合同，也可以就合同问题达成解决方案。《合同法》第七十七条第一款规定："当事人协商一致，可以变更合同"，第九十三条第一款规定："当事人协商一致，可以解除合同"，第一百二十八条第一款规定："当事人可以通过和解或者调解解决合同争议"。

消费者在与开发商进行谈判的过程中，需要注意方式和技巧。主要有以下两个方面。

首先，消费者应当做到有理有据，需要在谈判之前进行比较充分的准备，对于纠纷背后的法律法规有基本的了解。这样，在谈判中，就不至于漫天要价或者开价过低。在法律规定的基础上与开发商展开谈判，而不是单纯从感情等非理性因素出发，有利于顺利解决与开发商的纠纷，因而也能更好地维护消费者自身的权利。

其次，消费者还应当注意方式方法。一方面，消费者在谈判中应当坚持自己的立场，不能突破底线，任何谈判都应当在此基础上进行，否则宁愿选择诉讼方式来解决问题；另一方面，消费者也应当尽量从感情的角度与开发商磋商，要求开发商从商誉、消费者感情等角度考虑，维护消费者的合法权益。

再次，消费者还应注意寻求专业人士的帮助。消费者要想在与开发商的谈判中把握主动，需要掌握一定的专业知识，必要的时候，可以聘请房地产专业律师，将律师在谈判阶段引入可以促进问题的解决，同时可以为仲裁或诉讼提前做好准备。

但是，消费者必须清楚的是，协商会因不同的谈判对象而产生不同的效果，很难有万事皆准的规则，这就要求当事人知道自己底线的同时要灵活，谈判结果的些许差异是与谈判者的

技巧、时间、耐力等相联系的，个性问题个性解决会有比较好的结果。

协商的目的是为了用更低的成本更有效地解决纠纷，因此如果消费者发现开发商不能满足自己的合理要求，导致谈判协商丧失意义的时候，消费者就可以考虑通过向新闻媒体寻求舆论帮助，或者选择诉讼或仲裁等其他渠道来解决问题。现在的法制环境总的来说是倾向于保护作为相对弱势的消费者的，法律制度本身对消费者的保护也日益完善，因此在协商不成时选择法律手段不失为一个好的选择。

第三节　众说纷纭——媒体

向媒体曝光以获得舆论支持，从而向开发商施加压力已经成为消费者日益熟悉的维权方式，“××公共维修基金事件”、“××城氨气房”等都是由媒体首先抖出，这确实给开发商造成了很大的压力，使其不得不认真考虑消费者的权利。

在信息爆炸的今天，由于新闻媒体在社会生活中发挥着越来越大的作用，人们需要依赖媒体来获得需要的信息，也通过媒体来表达思想和进行沟通。对于商业企业来说，媒体更加是他们最爱又最怕的东西，因为公众经常被媒体的观点所引导，因此媒体的吹捧能够造就一个商业神话，媒体的大力抨击也可能对一个企业造成致命的伤害。在生活中，开发商也会尽量改善与各大媒体的关系，希望能够得到媒体的帮助，或者至少不惹上麻烦。在这样一个背景下，通过媒体的力量来解决消费者与开发商之间的问题就成为可能而且在某种情况下是非常有效的方式。在报纸或者电视的监督、曝光下，开发商往往迫于舆论的压力，从公司长远利益出发而不得不履行其对消费者应尽的义务。

从法律上来说，消费者通过媒体的力量来维护自己的权利是完全正当的。宪法赋予了人们言论自由的权利，这当然也包括通过新闻媒体来主张权利。虽然宪法不能成为具体行为的指引，但是由于私法所确定的“法律未明文禁止的皆可为”原则，消费者通过媒体曝光等方式对开发商施加影响，从而争取自己的合法权利是值得鼓励的，至少不会带来任何

的负面影响。

消费者如果希望利用媒体的力量来维护自己的权利，必须要了解何种媒体对于开发商有直接的影响。在笔者看来应当包括：首先是在开发商所在区域具有广泛影响力的公众媒体，例如电视台、报纸等。这类媒体所面对的受众是该地区不同类别、不同层次的人，因而能够对该地区的舆论导向有较大的影响。如果在这类媒体上有对开发商不利的报道，则可能降低开发商的信誉，对开发商的潜在客户产生负面影响。因此，开发商对此类媒体会保持密切的关注，也会迅速做出反应。另外一类媒体是开发商所在专业领域具有较大影响的媒体，比如楼市追踪、房地产专业报刊等。由于此类媒体在专业领域具有较大的影响力，其受众多为具有购买意向的群体。开发商也会十分关注此类媒体对他们的评价。

由于媒体不是司法机关，相对而言没有非常严格的制度限制，所以消费者在媒体上利用的材料范围更加广泛。除了开发商的广告、楼书以及与开发商签订的合同等在法律上具有证明力的材料之外，还可以是一些在法律上难以举证的内容比如售楼人员的口头承诺、开发商的态度等等。但是有一个重要的原则是宣传报道应当实事求是、公正客观，不能无中生有、甚至伪造材料，以至损害开发商的商誉。开发商作为法人，其商誉权与普通自然人的名誉权一样受法律的保护，如果消费者捏造事实，并且通过媒体进行传播，则可能会侵犯开发商的商誉权，开发商甚至可能因此向法院起诉，要求消费者和相关媒体承担停止侵害、消除影响、赔偿损失等方面的责任。从舆论导向上来说，也会对消费者自身不利。因此，把握好这个宣传的度，既有助于维护自己的合法权益，又不至于侵犯开发商的商誉权，这对于试图通过媒体来维权的消费者来说非常重要 。

消费者还应当清楚的一点是，由于新闻媒体始终只是通过施加外部压力来促使开发商履行义务，而不能直接要求开发商做出行为，因此从本质上来说只能作为一种辅助手段，这一方式在某些时候可能会引发大规模的社会谴责，在一定程度上能够帮助消费者解决纠纷。但是因为媒体对开发商经营的实际影响并不明显，而且类似的曝光日益频繁也降低了公众的关注程度，因此在更多的时候这一手段无法取得实际的效果。在这样的情况下，建议消费者采用更加有效的手段，比如诉讼或者仲裁的方式，要求开发商履行义务。

第四节　一锤定音——仲裁

通过仲裁解决纠纷已经成为许多企业的选择，仲裁是指双方当事人通过协议将争议提交仲裁机构，由其对争议的是非曲直进行评断并作出裁决的一种争议解决方式。相对于诉讼来说，仲裁双方可以选择自己认可的仲裁员，对做出裁决的人的素质有更好的保障，而且由于仲裁裁决是终局的，对双方都具有约束力，并可以申请法院执行仲裁裁决。因此仲裁的总体成本更低而效率更高。消费者可以通过在合同中约定采用仲裁方式解决纠纷，以避免陷入时间更长、效率更低的诉讼过程中。

仲裁委员会根据当事人之间订立的提交仲裁委员会仲裁的仲裁条款和一方当事人的书面仲裁申请，受理经济纠纷案件；当事人从仲裁委员会仲裁员名册中选定仲裁员或委托仲裁委员会主任指定仲裁员组成仲裁庭；仲裁庭根据事实，依照国家法律或参考有关惯例等，对案件独立地进行审理并作出裁决。仲裁裁决是终局的，对双方均有约束力。仲裁具有其他争议解决方式所不能及的优势，主要表现在：

（1）自治性　当事人可以通过自愿达成的仲裁条款来选择仲裁机构、仲裁地点及限定仲裁事项的范围等，从而可以使仲裁满足当事人的特别需要。这些可以由当事人控制和“自治”的因素，成为仲裁流行的主要因素之一。

（2）中立性　仲裁独立于法院之外，受司法制度和公共政策等的影响更小，仲裁机构的这种“中立性”可以避免当事人的抵触情绪，有利于争议的公正解决。

（3）专业性　各仲裁机构的仲裁员裁决一般由产业界、贸易界和科技界的专家或知名人士担任，他们对有关业务很熟悉，因而能够准确判定问题，保证仲裁裁决的公正性。

（4）保密性　仲裁案件不公开审理，仲裁裁决一般也不公开，这样可以保护当事人的商业秘密和声誉，而且有利于败诉方自觉履行裁决。

（5）可执行性　根据民事诉讼法的规定，法院有义务承认及执行仲裁裁决，如果裁决作出后，一方不自动履行，另一方就可以依据该裁决向有管辖权的法院申请强制执行。

（6）终局性　仲裁裁决一般是一裁终局，有利于迅速解决争议，节省时间和费用。而且，按照仲裁法的规定，仲裁庭应当在仲裁庭组成后四个月（不包括鉴定期间和公告期间）内，作出仲裁裁决。这些都使得仲裁比诉讼更加高效。

对消费者来说，若选择通过仲裁方式解决与开发商之间的纠纷时，要注意以下几个方面的问题。

1. 制定完善的仲裁条款

仲裁条款作为仲裁机构受理案件的依据，它妥善与否，直接关系到当事人的切身利益，关系到争议能否得到合理解决，因此仲裁协议应尽量规定得明确、具体，除明确表示仲裁的意愿外，还应对仲裁机构名称、仲裁地点、仲裁事项、裁决效力等事项进行约定，以免事后发生争议。

2. 当事人申请仲裁时最好委托熟悉仲裁程序的律师参与仲裁

因为仲裁专业性很强，关于仲裁申请的撰写、仲裁员的选择以及回避等问题对于普通人来说非常陌生，许多当事人对仲裁程序不了解，不能很好地维护自己的利益，因此委托律师代理仲裁是十分必要的。

3. 在仲裁程序中一定要注意书面文件的制作

在仲裁程序中，一份条理清晰、重点突出的仲裁申请书或答辩书往往会起到重要的作用，书面证据和材料往往是仲裁庭审理案件的首要依据，如果没有书面材料，即使理由很充分，也可能因为没有书面材料供仲裁员查阅而被遗忘或忽略。

4. 仲裁程序与财产保全

为了防止开发商非法转移资产、降低偿还能力，导致当事人胜了仲裁仍得不到应有的补偿，在当事人发生纠纷后，如果开发商有可供执行的财产，则当事人可在申请仲裁的同时向仲裁庭提出财产保全的申请。以使将来裁决得以顺利履行。《中华人民共和国仲裁法》第十九条规定："一方当事人因另一方当事人的行为或者其他原因，可能使裁决不能执行或者难以执行的，可以申请财产保全。当事人申请财产保全的，仲裁委员会应当将当事人的申请提交被申请人的住所地或者财产所在地的人民法院裁定。申请有错误的，申请人应当赔偿被申请人因财产保全所遭受的损失"，第二十条规定："在证据可能灭失或者以后难以取得的情况下，当事人可以申请证据保全。当事人申请证据保全的，仲裁委员会应当将当事人的申请提交证据所在地的基层人民法院裁定。"

5. 仲裁裁决的强制执行

虽然仲裁为一裁终局，且裁决对双方都有约束力，但裁决作出后，有时败诉方不在裁决规定的期限内自动履行，这时就需要胜诉方及时地按照《中华人民共和国民事诉讼法》的规定向相关法院申请强制执行。"申请执行的期限，双方或一方当事人为公民的为 1 年，双方是法人或其他组织的为 6 个月"。

6. 仲裁裁决的撤销

当事人提出证据证明裁决有下列情形之一的，可以在收到仲裁裁决书之日起 6 个月内，向仲裁委员会所在地中级人

民法院申请撤销裁决：（1）没有仲裁协议的；（2）裁决的事项不属于仲裁协议的范围或者仲裁委员会无权仲裁的；（3）仲裁庭的组成或者仲裁的程序违反法定程序的；（4）裁决所根据的证据是伪造的；（5）对方当事人隐瞒了足以影响公正裁决的证据的；（6）仲裁员在仲裁该案时有索贿受贿，徇私舞弊，枉法裁决行为的。

第五节　天网恢恢——诉讼

历史发展到今天，上法庭打官司已经越来越耳熟能详了，这一点对于中国人来说是一个不小的变化。在中国的传统文化中，对簿公堂是一件丢面子的事情，它不仅伤了和气，往往还不能真正有效地解决问题，故此“厌讼”心理成为中国传统法律文化的一个特点。这一点即使在21世纪的今天仍然有所体现，在我们的民事诉讼法中，贯穿始终的调解制度就是一个反映。

但是事实往往不能以我们的主观意志为转移，即使我们再讨厌诉讼，我们也仍然还是要把诉讼当作维护自身权利的最后一道、也是最有力的一道防线。当协商不成、新闻媒体的舆论压力也不奏效、又没有选择仲裁的时候，向法院起诉开发商来主张自己应有的权利就成为消费者不得不面临的选择。

诉权是诉讼法学中的重要概念，民事诉权是公民请求法院行使审判权解决民事纠纷或保护民事权益的权利，它是一种向法院的请求权、是公民平等享有的一种宪法基本权利。作为一个公民，有要求国家司法机关保护其权利的权利。这是一项宪法性的权利，也是民事诉讼立法的根源。

民事诉讼是诉诸国家公权力来解决民事主体之间纠纷的方式，因此对于诉讼的过程以及要件等方面有严格的要求。消费者最好能够聘请律师为自己服务，防止因为对程序的陌生而丧失本该属于自己的权益。

按照民事诉讼法的规定，证据有下列几种：（1）书证；

（2）物证；（3）视听资料；（4）证人证言；（5）当事人的陈述；（6）鉴定结论；（7）勘验笔录。这一规定几乎包含了可以证明争议事实的所有材料，因此消费者应当从制定购房计划时开始注意收集能够维护自身利益的各种资料，包括广告、楼书、房型图、宣传册等。在签订合同时，消费者一定要注意把开发商所承诺的内容写入合同或者作为合同的附件，这样在发生纠纷时，消费者的权利才能得到证据的支持，否则很难得到法律的保护。

2002年，最高人民法院审判委员会结合民事审判经验和实际情况制定了《最高人民法院关于民事诉讼证据的若干规定》，并于2002年4月1日起开始施行。该规定第六十八条在总结审判实践经验的基础上，结合我国国情，重新设置非法证据的判断标准，即以侵害他人合法权益（如违反社会公共利益和社会公德、侵犯他人隐私）或者违反法律禁止性规定的手段（如擅自将窃听器安装到他人住处进行窃听）取得的证据外，其他情形不得视为违法证据。按照这一新的规定，公民个人在未经对方了解并同意的情况下进行的录音一般来说能够得到法院的认可，这对普通公民来说不啻为一个福音，对维护权利有十分积极的意义。因此，消费者可以对销售人员所说的能够证明自身权利的承诺、说明进行录音，以备不时之需。

在许多楼盘的售楼现场，都出现过公证人员随同消费者参加与销售人员谈判的情况。由于经过公证的材料效力更容易得到人民法院的认可，因此对于重要的事实进行公证不失为保护自身权利的好办法。根据《中华人民共和国公证暂行条例》规定，公证是指国家专门设立的公证机构根据法律的规定和当事人的申请，按照法定的程序证明法律行为、有法律意义的文书和事实的真实性、合法性的非诉讼活动。公证机构是最先参与社会民事、经济活动，为公民和法人提供法律服务和法律保

护的法律部门，通过公证活动，帮助、指导公民、法人依法设立、变更法律行为，平衡当事人之间的关系，剔除纠纷隐患和不真实、不合法的因素，促进法律行为的履行。有统计指出经公证的合同的履约率在98%以上，而未经公证的合同履约率只有70%左右。

对于可能因开发商的行为或者其他原因，使判决不能执行或者难以执行的案件，消费者可以根据民事诉讼法的规定申请人民法院作出财产保全的裁定。如果因情况紧急，不立即申请财产保全将会使消费者的合法权益受到难以弥补的损害的，消费者也可以在起诉前向人民法院申请采取财产保全措施。申请财产保全，申请人应当提供担保。应当注意的是，财产保全限于请求的范围，或者与本案有关的财物。而且如果事后证明申请有错误的，申请人应当赔偿被申请人因财产保全所遭受的损失。

一般民事案件中，对法人或其他组织提起民事诉讼，由法人住所地人民法院管辖；同一诉讼的几个被告住所地或经常居住地在两个以上人民法院辖区，可向其中的任何一个辖区的法院起诉。在民事诉讼法上，有一个重要的概念是“级别管辖”，意思就是说对于不同的案件，根据其标的数额或者案件类型等方面的不同，第一审的法院也不尽相同。比如普通案件的一审由基层人民法院受理，而涉外案件的一审法院一般为中级法院。但因不动产提起的诉讼，应向不动产所在地法院起诉，即消费者所购房屋所在地的人民法院。

从与开发商协商到寻求媒体的力量，从仲裁到诉讼，这一系列的制度编织了一张保护消费者的大网。只要充分利用这张保护网，相信消费者的合法权益一定能够得到最大程度的保护。

后　记

自古以来，国人就对“书”赋予了一种神奇的魔力与期待，否则，也就不会有颜如玉和黄金屋的掌故了。而我们创作这本书的初衷正是要给予消费者一种魔力与期待、一种知识和力量，从而去维护自己对家的梦想与努力。

书诞生的过程并非如小儿涂鸦般轻松，相反，它凝聚了我们这个集体无数次唇枪舌剑的争执和无数个冥思苦想的月夜。每个人都是那样珍惜这份“写字”的权利，它既代表了我们对整个房地产行业法律环境的洞察与思考，也代表了我们对消费者维权的关注和诚挚。

我们也同每位消费者一样，深切地希望房地产业能在法治的引领下发展、成熟，正如一株菩提的矗立要经历四季轮回的流浪和风霜雨雪的酝酿，房地产业因其自身的复杂也不可能在朝夕之间就彻底实现法治的理想，只能像一个努力学习走路的孩子一步步地蹒跚前行。但我们坚信在社会各方的执着推动和促进下，房地产业一定能在公平与效率间求得自己的均衡，从而既能实现企业赢利的日标，又能“安得广厦千万间，大庇天下寒士俱欢颜”！

只是当我们为广大消费者呈上这本心血之作时，依然有些许的不安，惟恐因自己学养不足而未能彻底解答消费者的疑问。但因书的出版恰逢“3·15 消费者日”的来临，因此我们还是衷心地希望这份努力能使消费者的购房维权之路变得更平坦些……

U0938222